프랜차이즈
창업이나 해볼까?

프랜차이즈 브랜드
10,000개 시대

프랜차이즈
창업이나 해볼까?

서민교(맥세스컨설팅 대표) 지음

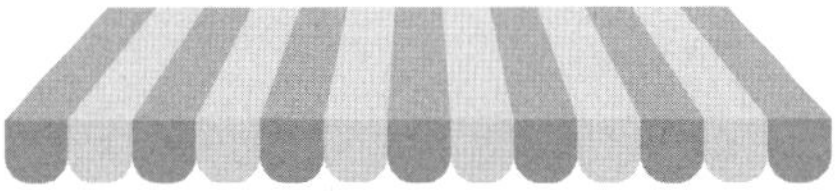

중앙경제평론사

◀ 추천사 ▶

가맹점 창업 입문 실용서! 저자의 경험과 이론을 바탕으로 예비 가맹점사업자가 아이템 선정부터 가맹본부 선택 후 창업에 이르기까지 올바른 선택과 창업을 할 수 있도록 돕는 길라잡이 역할을 할 것이다.

_정보연(이연에프엔씨 '한촌설렁탕' 대표이사)

맥세스컨설팅이 조사한 '2020년 프랜차이즈 산업현황보고'에 따르면 프랜차이즈 산업에서 2년 이상 존속하는 가맹본부 수는 49.7%로, 전체 프랜차이즈 본부의 절반에도 미치지 못하고 있는 게 현실이다. 이렇듯 정글과도 같은 프랜차이즈 산업에서 어떠한 가맹본부를 선택하느냐에 따라 가맹점 창업의 결과가 달라질 것이다. 따라서 이 책은 성공한 가맹본부 선택의 '노하우'를 찾는 올바른 방법을 제시할 것이다.

_이영존(푸드죤 '피자마루' 대표이사)

가업으로 이어받은 영주의 작은 분식집이 '정도너츠'라는 토종 프랜차이즈 도너츠 브랜드로 자리매김할 수 있었던 것은 서민교 대표의 꾸준한 멘토링과 이 한 권의 책 때문이라고 해도 과언이 아니다.

_황보준(정도너츠 '정도너츠' 대표이사)

프랜차이즈 산업의 도입기, 성장기, 성숙기 등 라이프 사이클과 함께한 서민교 대표는 컨설턴트로서의 올곧음과 전문성, 혜안을 고루 갖춘 저자다. 이 책은 가맹점 창업을 희망하는 예비 창업자뿐 아니라 가맹본부에서도 필독도서로 지정할 만큼 프랜차이즈 창업 지침서로서 최고의 역할을 할 것이다.

_박천희(원앤원 '원할머니 보쌈' 대표이사)

100세 시대. 창업은 선택이 아닌 필수로 서민경제 생활 속 깊숙이 뿌리내리고 있다. 매출이 높게 나오는 아이템이라고 브랜드 조사나 경험 없이 창업에 뛰어드는 '묻지마 창업'은 가맹본부와 예비 창업자 모두에게 '독'임에 틀림없다. 오직 준비된 창업만이 생존률을 높일 수 있다. 따라서 이 책은 예비 창업자가 반드시 읽어야 할 실용서이자 예비 창업자의 교과서라고 해도 과언이 아니다.

_김슬기((주)세광그린푸드 대표이사)

이 책은 프랜차이즈 창업의 1:1 멘토링과 같은 역할을 한다. 마치 약국체인 선두주자인 옵티마케어의 약사가 한 명 한 명에게 맞춤형 건강기능식품을 제안해 주듯, 이 책 또한 프랜차이즈 가맹점 창업 희망자 한 명 한 명에게 맞춤형 멘토링을 제안한다.

_김상민(옵티마케어 '옵티마케어' 대표이사)

◀ 머리말 ▶

성공한 사람에게는 성공의 비결이 있다

무한경쟁 시대를 살아가는 현대인들은 이제 더 이상 '평생직장'에 대한 불신을 부인하지 않는다. 현재 열심히 충성을 다하고 있는 직장생활 또는 현재 성업 중인 자기 사업도 내일의 새로운 경제 환경 속에서 어떤 모습으로 어떻게 변할지 그 누구도 장담하지 못한다. 그래서 많은 사람들이 미래를 준비하려고 한다. 사랑하는 가족의 풍족한 생활과 자신의 편안한 노후를 위해 변화하는 세상의 흐름 속에 역동하는 주체가 되길 원하는 것이다.

그러나 정작 무엇을 어떻게 준비해야 할지 그 방법에 대해서는 막연하다. 대부분 사업에 대한 경험이 미숙하고 사업자금도 넉넉지 못하다. 또 당장 내일의 환경이 어떻게 달라질지 매우 불확실하다. 그래서 새로운 사업을 시작하기를 주저하면서 현실에 안주하고 싶어 한다. 또 사업에 대해 자신이 없는 사람일수록 신선한 사업 아이템만을 최고로 여긴다.

이런 측면에서 프랜차이즈는 전도유망한 사업 아이템 중 하나다. 적은 자본과 부족한 사업 경험이나 지식만 갖고서도 시행착오를 극소화시키며 이미 소비자 시장에서 확인받은 상품이나 서비스를 취급하는 것은 매우 흥미 있는 사업이 될 수 있다.

프랜차이즈 가맹본부는 사업에 대한 아이디어를 이미 시장에 전개해 가능성을 확인했고, 이 가능성을 어떻게 성공적으로 달성할 수 있느냐에 대한 상품, 시장, 광고전략 등도 이미 확보하고 있다.

따라서 프랜차이즈 가맹점사업자는 사업 결정 이전에 이러한 내용들을 충분히 검토하고 확인하기만 하면 된다. 사업을 시작하면 프랜차이즈 가맹본부로부터 회사의 상품이나 서비스뿐만 아니라 다양한 관리기법 등 영업에 필요한 대부분의 사업 노하우를 제공받으면 된다.

그러나 이처럼 사업 실패율을 최소화할 수 있다는 막연한 낙관론에 빠져 많은 사람들이 프랜차이즈 사업의 실체를 알지도 못한 채 막대한 비용을 들여 가맹계약을 체결하곤 한다. 필자는 이렇게 해서 짧은 기간 안에 사업 실패를 겪는 많은 사람들을 보아왔다.

30여 년 전 한국 땅에 외국 프랜차이즈 가맹본부가 처음 들어와 가맹사업을 활성화시킨 그 시기부터 지금까지 근거 없는 낙관론에 빠져 막연한 기대감으로 사업을 시작한 사람들이 실패에 실패를 거듭하는 사례들은 무수히 많다. 그 모습을 지켜보면서 그동안 다양한 업종의 프랜차이즈에서 실무 경험을 쌓아온 필자는 어떤 의무감 같은 것을 절실히 느꼈다. 그것은 프랜차이즈에 대한 정확한 인식 없이는 사업의 성공은커녕 씁쓸한 패배만이 뒤따른다는 사실을 사람들에게 주지시켜주어야 한다는 것이다.

프랜차이즈는 분명 좋은 사업이다. 미국의 한 유명한 학자는 '프랜차이즈를 한다는 것은 성공을 위한 처방전(formula for success)을 사는 것'이라고 했다.

그러나 가맹을 위한 사업 검토부터 점포입지, 상권조사, 업종 선택, 계약 체결, 점포 경영관리, 상품관리 등 매우 복잡하고 어려운 일이 산재해 있는 가맹사업에 애정을 갖고 책임감 있게 일할 사람은 의외로 찾아보기 어렵다. 가맹사업의 A부터 Z까지 모든 것을 파악하고 진정한 사업의 주체가 되지 않는 한, 창업을 했다 하더라도 그 사업은 남의 것이나 다름없다.

이 책에서는 이전까지 프랜차이즈 관련 책들에서 거의 다루지 않았던 프랜차이즈 사업의 이면을 심도 있게 다루어보고자 했다.

오랜 기간 프랜차이즈 업계에 몸담아오면서 느낀 단 하나의 진실은 '성공한 사람에게는 성공의 비결이 있다'는 것이다. 성공은 그 누구도 가져다주지 못한다. 일확천금을 노릴 생각이라면 차라리 복권을 사서 긁는 편이 훨씬 낫다. 사업은 정직한 것이다. 사업에 대한 깊은 고민과 애정으로 창업 초기부터 발로 뛰며 체득할 때 비로소 나만의 사업 노하우가 생기고 비로소 성공의 문 앞에 서 있게 되는 것이다.

프랜차이즈 창업을 꿈꾸는 많은 이들에게 작으나마 도움이 되길 바라며 이 책을 바친다.

서민교

◂ 차례 ▸

2장
실전 프랜차이즈 창업 11단계

1단계
정보습득

2단계
업종 선택

3단계
가맹상담

1장

프랜차이즈 시스템의 의의와 창업 프로세스

프랜차이즈 시스템의 의의

프랜차이즈의 개념과 프랜차이즈 창업 환경

프랜차이즈(franchise)란 사용되는 분야에 따라서 그 의미가 약간씩 달라지지만 상업적인 관점에서는 보통 다음과 같이 정의하고 있다.

- 특정 사업에 대한 사업권, 판매권, 경영권 등의 권리를 설정받고, 사업자의 영업표지(상호, 상표, 로고, 기업이미지)를 사용해 사업자의 경영지도와 통제하에 특정 사업을 배타적으로 영위할 수 있는 권리.
- 제품을 제조하고 판매하는 메이커 또는 판매업자가 프랜차이저(franchisor : 가맹본부)가 되어 독립 소매점, 즉 프랜차이지

(franchisee : 가맹점)를 통해 소매 영업하는 시스템.

• 일정 조건하에 특정 제품, 서비스, 판매 방법 등의 판매권을 일정 지역의 판매업자에게 주어 판매 활동 권리와 특권을 부여함으로써 일정한 로열티 내지는 노하우(사용료)를 취득하는 시스템.

"가맹사업"이라 함은 가맹본부가 가맹점사업자로 하여금 자기의 상표·서비스표·상호·간판 그 밖의 영업표지(이하 "영업표지"라 한다)를 사용하여 일정한 품질기준이나 영업방식에 따라 상품(원재료 및 부재료를 포함한다. 이하 같다) 또는 용역을 판매하도록 함과 아울러 이에 따른 경영 및 영업활동 등에 대한 지원·교육과 통제를 하며, 가맹점사업자는 영업표지의 사용과 경영 및 영업활동 등에 대한 지원·교육의 대가로 가맹본부에 가맹금을 지급하는 계속적인 거래관계를 말한다.

(출처 : 〈가맹사업거래의 공정화에 관한 법률〉)

이상과 같이 볼 때 모두 특별한 계약 관계에 의해서 성립하는 것을 전제로 개념이 정의되고 있다.

결론적으로 사업조직 형태로서의 정통 프랜차이즈 체인 시스템이란 일정한 가맹본부 조직과 경영 노하우를 가진 기업이 상품, 서비스, 집기, 장비 등의 판매권과 영업표지, 즉 브랜드 동일화 시스템, 이미지 등의 사용권을 가맹점에게 부여해주는 것을 뜻한다.

즉, 가맹본부는 ① 정확한 시장조사를 통한 우수 입지 선정 ② 입지 계약 ③ 점포 레이아웃 설계 및 인테리어 공사 ④ 교육훈련

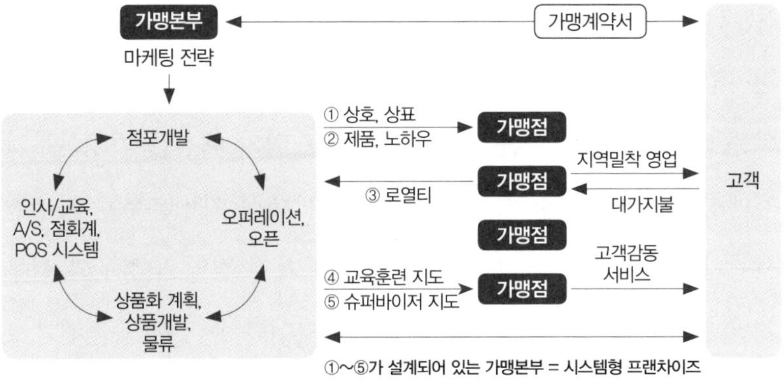

〈그림 1〉 프랜차이즈 Biz 모델

실시 ⑤ 상품 입점 ⑥ 개점준비까지 가맹점 운영 전반의 경영지도를 행할 수 있는 시스템 구축으로 '프랜차이즈 Biz 모델'이라는 양질의 서비스를 최종고객에게 토털로 제공한다. 대신 가맹점사업자에게는 가맹본부 규약의 영업활동을 부여하고 그에 따른 로열티를 받는다.

그러나 최근 들어 한국시장의 프랜차이즈 체인 시스템의 개념이 조금씩 변화되고 있다. 즉, 가맹본부가 가맹점사업자에게 상표, 상호, 서비스표(영업표지)의 사용 허가 및 광고지원, 상품공급, 경영 노하우를 제공해주고 로열티를 받는 대신 기계, 장비, 인테리어 금액에 로열티 금액을 포함시키는 형태로 변이되고 있다. 가맹점사업자 입장에서는 표면적으로 로열티를 내지 않지만 계약 기간 동안 지급해야 할 많은 로열티를 묵시적으로 일시에 지급하는 셈이다.

〈그림 2〉의 상하 두 그림의 가장 큰 차이점은 가맹본부와 가맹점사업자가 상호 유대관계에서 쌍방 독자적 관계로 변이되고 있다는 것이다. 정통 프랜차이즈 체인 시스템의 핵심은 가맹본부가 가맹점사업자로부터 로열티를 지급받는 대신 가맹본부는 가맹점사업자에게 성공적 점포로 이끄는 여러 가지 경영 노하우와 실무제반 교육과 경영지도(SV)를 제공하는 것이다. 이것은 동맹관계로 강하게 결속된다는 뜻이며 서로가 지속적으로 성장하는 배경이 된다.

그러나 최근 한국시장에서 프랜차이즈 개념이 변이되는 것은 가

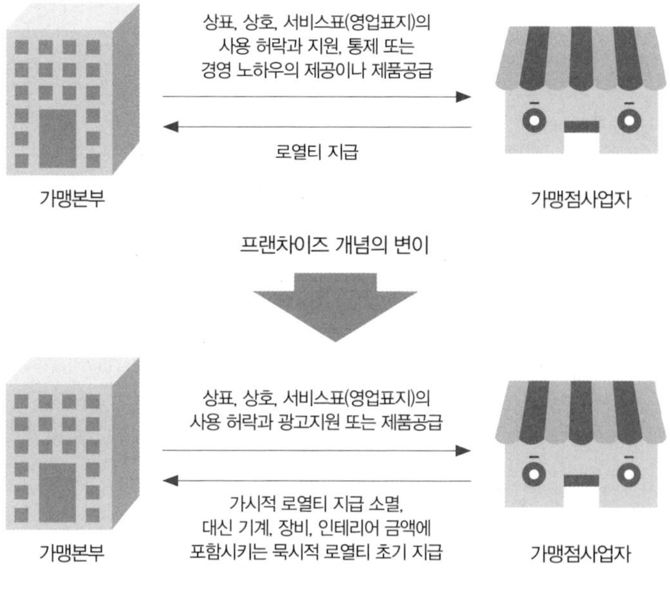

〈그림 2〉 프랜차이즈 개념의 변이

맹본부의 가맹점사업자에 대한 경영 노하우 및 실무 제반 교육과 경영지도 제공이 미비하다는 것을 의미한다. 즉, 가맹본부가 가맹점사업자에게 개점 시 필요한 최소한의 내용, 즉 상표, 상호, 서비스표(영업표지)의 사용허가 및 광고지원, 상품공급만 제공하고 나면 가맹본부와 가맹점사업자는 쌍방 독자적인 관계, 쉽게 말하자면 '나 몰라라'식의 관계가 된다는 것이다.

안타깝지만 한국시장의 프랜차이즈가 이런 개념으로 흘러가고 있는 게 현실이며, 또한 사실상 많은 사람들이 프랜차이즈를 이렇게 이해하고 있다. 따라서 빠른 시간 내에 공정화에 관한 법률상 프랜차이즈 정의를 수정할 필요가 있다.

1989년 편의점을 선두로 국내에 본격적으로 도입된 시스템형 프랜차이즈 체인 시스템은 아직 미완성 단계로, 정통 프랜차이즈 시스템을 적용해 운영하는 업체 및 업종은 조금씩 증가 추세에 있는 것으로 나타나고 있다.

〈표 1〉 프랜차이즈 본부 사례

(단위 : %)

구분	우량점 (경상이익 월 300만 원 이상)	계륵(현상유지) (경상이익 월 0~300만 원까지)	부진점 (경상이익 –점)
O 부대찌개	37	42	21
N 보쌈	30	45	25
S 편의점	39	44	17

〈2020년 12월 기준〉

〈표 1〉에서 보듯 현재의 대표업종 프랜차이즈 체인 시스템에서 부진점의 비율은 30% 이하로 나타나고 있다. 이 상태에서 가맹본부와 가맹점주가 상호 유대관계를 맺는 정통 프랜차이즈 시스템으로 회귀해 경영 노하우와 로열티 지급의 거래가 형성된다면 우량점의 비율이 무려 60%까지 끌어올려질 것이라고 필자는 확신한다.

프랜차이즈 시스템의 특성

프랜차이즈 시스템에서의 가맹본부와 가맹점사업자 양자의 관계는 공존공영의 관계다. 즉, 상호 신뢰를 바탕으로 공동투자에 의해 분업의 협력계약을 맺고 가맹본부와 가맹점 간에 명확한 역할분담과 상호협력을 통해 동일자본의 경영효과를 발휘하는 시스템인 것이다. 이는 가맹본부와 가맹점 간의 기능 분화가 명확해지고, 프랜차이즈 계약 내용이 경영 전체에 대한 포괄적인 것이기 때문에 가능하다.

즉, 가맹본부는 입지 선정 지도와 상품의 구성, 공급 및 시스템 운영에 필요한 설비와 시설에 대한 지도, 그리고 영업전략 수립과 영업지도, 교육, 홍보 등의 역할을 담당하고, 가맹점은 가맹본부가 제공하는 서비스를 바탕으로 자기 영업점에서 상품판매와 대고객

서비스에만 전념한다.

따라서 자본을 달리하는 독립된 사업자 간에 계약 관계를 기초로 기능을 분담하고 상호협력함으로써 동일자본으로 조직된 직영점 체인(regular chain)과 같은 경영효과를 얻을 수 있게 된다. 이것이 프랜차이즈의 본질적인 특성이다. 이는 프랜차이즈 계약이 가맹점사업자에게 영업활동에 필요한 단순 권리만 부여하는 계약이 아니라 영업권의 설정과 더불어 상호, 상표, 로고 및 이미지 등 영업 전반에 걸친 권리를 부여하는 포괄적인 복합계약이기 때문에 가능한 것이다.

이로 인해 소비자에게 자본을 달리하는 독립 사업자 간의 계약에 의해 동일자본으로 운영되는 것과 같은 이미지를 심어주고, 경영효율의 성과도 동일자본의 기업체 이상으로 가맹본부와 가맹점이 공유하게 된다. 이것이 바로 프랜차이즈 시스템이 갖는 가장 큰 장점이자 특징이다.

프랜차이즈의 종류

프랜차이즈의 종류를 형태로 나누어보면 결합관계에 따른 분류, 업종에 따른 분류, 제공 내용에 따른 분류, 지역권한 범위에 따른 분류로 나눌 수 있다.

결합관계에 따른 분류

결합관계에 따른 분류에는 수평적 결합과 수직적 결합이 있는데 수평적 결합은 제공자 및 이용자 간의 동일한 유통단계에서의 결합을 뜻한다. 수직적 결합은 상이한 유통단계에서의 결합관계로 제조업자와 도매상 간의 프랜차이즈, 제조업자와 소매상 간의 프랜차이즈, 도매상과 소매상 간의 프랜차이즈, 제조업자와 도매상 및 소매상 간의 프랜차이즈가 있다.

업종에 따른 분류

업종에 따른 분류에는 외식업 프랜차이즈, 소매업 프랜차이즈, 서비스업 프랜차이즈가 있다.

제공 내용에 따른 분류

제공 내용에 따른 분류에는 상품·상호형과 사업형이 있으며 상품·상호형은 가맹본부가 제조한 상품을 프랜차이즈의 상호 및 상표하에서 판매하는 형태의 프랜차이즈다. 이 형태의 가맹본부는 가맹점사업자에게 상표, 상호 등의 영업표지 사용 허락과 상품만을 공급하고 경영 노하우를 제공하지 않는 점이 특징으로 자동차 딜러, 주유소, 청량음료 대리점 등이 대표적이다.

사업형 분류는 일명 패키지 프랜차이즈로서 상호, 상표 등 영업표지의 허락과 상품공급은 물론 점포 입지 선정, 판매전략, 운영매뉴얼, 경영조직, 종업원 교육, 시장조사, 선전광고, 정보수집, 전달 등 영업 전반에 관한 노하우를 제공한다. 즉, 사업운영 전반에 걸친 일정한 방식을 가맹점사업자에게 부여하고 긴밀한 관계를 확립하는 것으로 편의점, 패스트푸드점, 부동산, 교육, 기타 소매업 등 매우 다양한 범위를 가지고 있다.

지역권한 범위에 따른 분류

지역권한 범위에 따른 분류에는 단일지역 프랜차이즈와 복수지역 프랜차이즈가 있다. 단일지역 프랜차이즈는 일정 기간, 일정 지역 내에서 어떤 개인에게 하나의 점포에서만 가맹영업을 하도록 하는 것이다.

복수지역 프랜차이즈에는 지역개발 프랜차이즈와 지역분할 프랜차이즈가 있다. 지역개발 프랜차이즈는 일정 기간, 지역 내에서 어떤 개인에게 수 개의 점포에 대해 가맹점 경영을 하도록 하는 것으로 가맹점사업자가 가맹본부와 지역개발 계약을 체결 후 개발수수료를 지급한 뒤 일정 지역의 개발권을 매입하는 것을 말한다. 지역분할 프랜차이즈는 일정 기간, 지역 내에서 어떤 개인에게 가맹본부로서의 권리를 부여하고 권리를 부여받은 분할지역 가맹본부가 다시 최종 가맹점사업자에게 하나 내지 수 개의 가맹점 경영을 하도록 하는 것으로 국제적인 프랜차이즈와 미국 내 주(州) 간의 프랜차이즈에 이용된다.

프랜차이징은 가맹본부가 규칙화한 매뉴얼에 의해 시스템 전체의 통합과 통일성을 유지하고, 또한 유지하기 위해 집기구매, 상품구성, 상품구매, 거래선, 가격 등을 가맹점이 지도하고 통제한다. 이때 가맹점은 가맹본부의 경영지도 및 상호, 상표, 로고 사용에 대한 대가로 로열티를 지불하게 된다.

이러한 구조로 보아 많이 이용되는 종류는 지역권한에 의한 분류로 단일지역 프랜차이즈가 보편적이고 전형적으로 이용된다.

프랜차이즈의 경제적 의의

프랜차이즈 시스템은 가맹점사업자와 가맹본부 간의 긴밀한 협조와 상호 보완관계가 잘 유지되면 상호 간에 경제적, 사업적으로 보다 많은 이익을 얻을 수 있는 시스템이다. 반면에 역기능도 존재한다. 프랜차이즈 시스템이 상호 독립된 사업자인 가맹점사업자에게 미치는 장단점을 살펴보면 다음과 같다.

가맹점사업자에게 유리한 점

① 독립사업체 운영에 대한 부족한 지식과 노하우를 가맹본부로부터 지원받아 사업경영 실패율이 낮다.

② 가맹본부 자산인 유명 상호나 상표, 서비스표 등의 영업권 사

용으로 대고객 이미지가 상승한다.

③ 가맹본부의 입지 선정, 상품개발 및 구성, 그에 따른 물류 시스템화로 상품공급, 직원교육, 체계적인 영업지도에 따른 전반적인 운영상의 도움을 받아 이익을 창출할 수 있다.

④ 가맹본부의 광고, 홍보, 판촉행사 캠페인의 이익을 누린다.

⑤ 경험 있는 가맹본부의 경영지도 등으로 사업 실패율이 적다.

⑥ 일정 기간 경과 후 사업 능숙 시 다점포 경영 및 지역권한을 받아 프랜차이즈 사업을 할 수 있다.

가맹점사업자에게 불리한 점

① 비체인 가맹본부보다 시장변화 대처 능력이 떨어진다.

② 비체인 가맹본부보다 초기 원가율이 높다.

③ 사업경험 부족으로 인한 초기 투자비용이 비체인 가맹본부보다 높다.

④ 상호, 상표, 상품, 경영의 동일성 유지를 위한 가맹본부 지도와 통제가 있다.

⑤ 가맹본부와 점주 간 구속력이 있는 계약서에 의한 규제와 통제가 있다.

⑥ 가맹본부 의존도가 높아 자신의 노력과 무관하게 가맹본부의 영업실적에 따라 영향을 받는다.

⑦ 가맹점사업자가 가맹본부의 시스템에 의존함으로써 간접 경

영에 따른 이익창출 감소가 있을 수 있다.

가맹본부에게 유리한 점

① 적정 중앙조직만으로 커다란 위험부담 없이 이윤을 획득할 수 있다.
② 가맹점사업자 자금으로 가맹점이 개설되는 경우 직영 프랜차이즈와 같이 거대한 자금투입이 없어도 소규모 자본의 투자, 경영의 합리성을 유지하면서 전국적으로 효율적인 유통망을 구축할 수 있다.
③ 유통비용 경감과 로열티 등 정기적 수입원이 확보된다.
④ 지역 상권에 밝은 가맹점사업자의 관리로 효율적이고 안정된 프랜차이즈를 경영할 수 있다.

가맹본부에게 불리한 점

① 가맹점사업자의 자율성 증대로 가맹본부 힘이 약화될 수 있다.
② 단위 가맹점 폐점 시 가맹본부의 신용이 하락할 수 있다.
③ 통일된 시책 입안 실시로 특정 가맹점 실정에 맞지 않을 수 있다.
④ 이익 측면에서 직영점보다 적을 수 있다.
⑤ 가맹점사업자의 기본적 독립성에 따른 경영지도 불응, 매뉴얼 미준수, 장래의 경쟁자 양성과 높은 탈퇴 가능성이 있다.

⑥ 가맹점사업자의 가맹본부 의존도가 떨어질 가능성이 있다.

국민경제적 측면의 이점

① 소액자금만 있고 사업경험이 적거나 전혀 없는 개인에게 사업주가 될 기회를 제공, 즉 사업기회 공여 및 민주적 사업 단위의 창설 기능을 하고 있다.

② 프랜차이즈의 높은 신용과 이미지를 나타내는 상표 등을 사용, 가맹본부에 의한 가맹점사업자의 판매와 경영방식 등 사업 전반에 대한 지도와 실질 지원에 대한 경영 노하우를 전수해 사업성공 확률을 높이거나 실패 위험을 경감시킨다. 즉, 경영 노하우를 전수, 사업성공률 증대 및 위험 경감 기능이 있다.

③ 가맹본부의 직영점 경영에 따른 유통분야의 수직적 통합과 비교해 경제적 집중을 완화, 즉 경제적 집중을 억제하는 기능이 있다.

④ 유통분야의 근대화, 합리화, 효율화를 가져오고, 유통분야의 손익분기점을 낮춤으로써 소비자에게 저렴한 가격으로 다양한 상품, 서비스를 공급한다. 따라서 공공정책적 관점에서 경영 노하우 전수 기능과 그 효과로서 유통 효율화 달성 및 소비자 이익증진 기능을 높게 평가해 프랜차이즈의 규제에 있어서도 이 점을 유지, 촉진시키는 배려가 필요하다.

국민경제적 측면에서의 폐해

① 가맹본부의 가맹점사업자에 대한 우월적 지위의 남용이 있을 수 있다. 가맹본부는 풍부한 자금과 사업경험, 전국적 체인망을 구축, 사업을 원활히 전개해나간다.

반면 대부분 영세한 가맹점사업자들은 자금부족, 사업경험이 미숙한 데다 프랜차이저의 부대계약 조건에 따라 가맹하게 되므로 탈퇴·가맹조건 갱신이 자유롭지 못하다. 때문에 귀중한 투자금에 대한 손해를 보지 않기 위해 가맹본부의 요구에 다소 무리가 있어도 가맹점을 이끌어갈 수밖에 없다.

② 각종 부당한 구속 등에 의해 공정한 경쟁과 거래가 제한받는다. 즉, 프랜차이즈는 필연적으로 가맹본부에 의해 판매 및 경영방식 등에서 실질적 규제와 지원을 받기 때문에 재판매가격설정, 거래처 지정, 타협판매 현상과 프랜차이즈 계약의 부당한 중도해약 및 갱신거절 등이 나타난다.

프랜차이즈 창업 프로세스

창업 프로세스의 중요성

프랜차이즈 사업으로 성공하기 위해서는 다음 그림에서 보는 11단계 창업 과정을 하나하나 체크하며, 체계적으로 준비해야 한다. 1단계에서 정보를 습득하던 초보 예비 창업자가 갑자기 7단계 가맹계약이나 11단계 점포운영을 할 수는 없다. 계단을 올라가는 것처럼 한 단계 한 단계 차근차근 준비해 진행해야만 프랜차이즈 창업에 성공할 수 있다. 절대 잊지 말아야 할 것은 엘리베이터를 타고 1단계에서 7단계나 11단계로 바로 갈 수는 없다는 것이다.

2장에서는 11단계 프랜차이즈 가맹점 창업의 단계별 세부 내용을 이해하기 쉽게 설명할 것이다. 예비 가맹점사업자들이 프랜차이즈 가맹점을 창업할 때 지침으로 삼길 바란다.

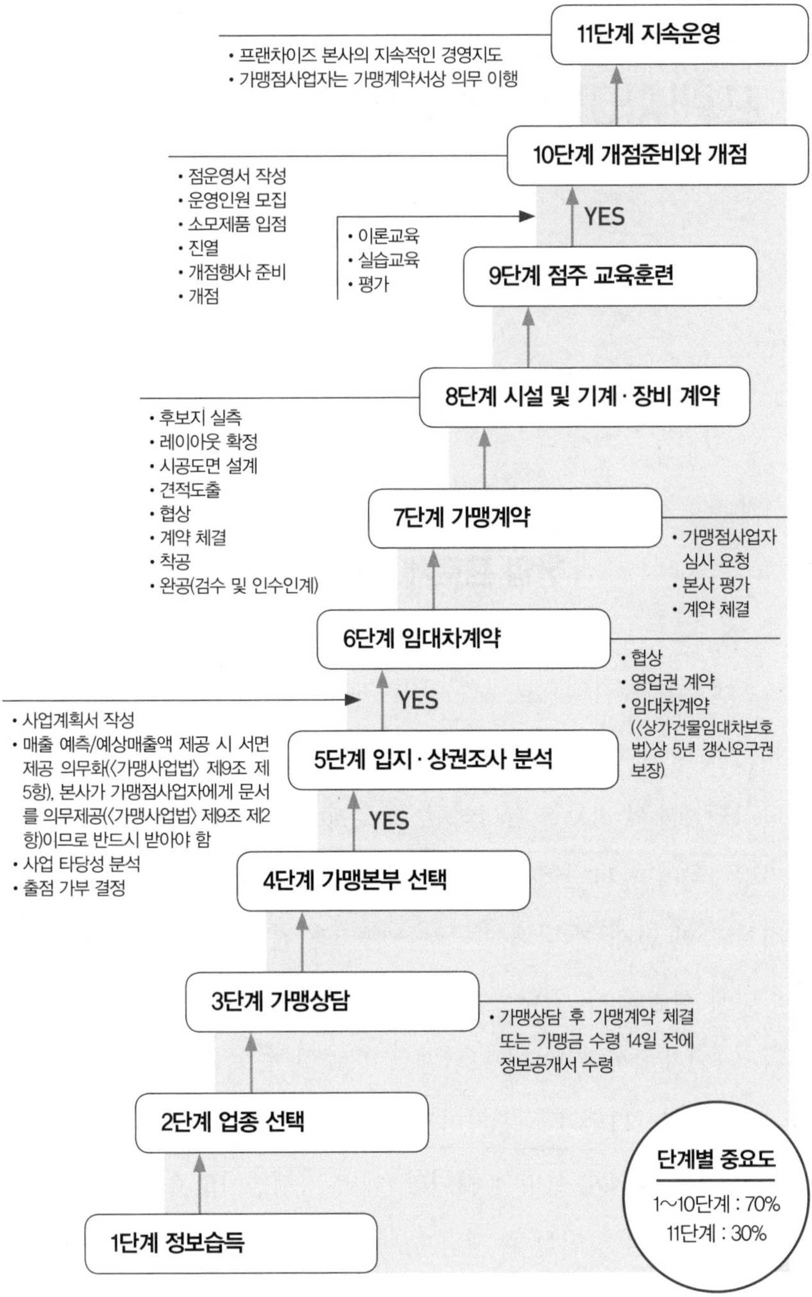
11단계 지속운영
• 프랜차이즈 본사의 지속적인 경영지도
• 가맹점사업자는 가맹계약서상 의무 이행
10단계 개점준비와 개점
• 점운영서 작성
• 운영인원 모집
• 소모제품 입점
• 진열
• 개점행사 준비
• 개점
YES
• 이론교육
• 실습교육
• 평가
9단계 점주 교육훈련
8단계 시설 및 기계·장비 계약
• 후보지 실측
• 레이아웃 확정
• 시공도면 설계
• 견적도출
• 협상
• 계약 체결
• 착공
• 완공(검수 및 인수인계)
7단계 가맹계약
• 가맹점사업자 심사 요청
• 본사 평가
• 계약 체결
6단계 임대차계약
• 협상
• 영업권 계약
• 임대차계약 (《상가건물임대차보호법》상 5년 갱신요구권 보장)
YES
• 사업계획서 작성
• 매출 예측/예상매출액 제공 시 서면 제공 의무화(《가맹사업법》 제9조 제5항), 본사가 가맹점사업자에게 문서를 의무제공(《가맹사업법》 제9조 제2항)이므로 반드시 받아야 함
• 사업 타당성 분석
• 출점 가부 결정
5단계 입지·상권조사 분석
YES
4단계 가맹본부 선택
3단계 가맹상담
• 가맹상담 후 가맹계약 체결 또는 가맹금 수령 14일 전에 정보공개서 수령
2단계 업종 선택
단계별 중요도
1~10단계 : 70%
11단계 : 30%
1단계 정보습득

2장

실전 프랜차이즈 창업 11단계

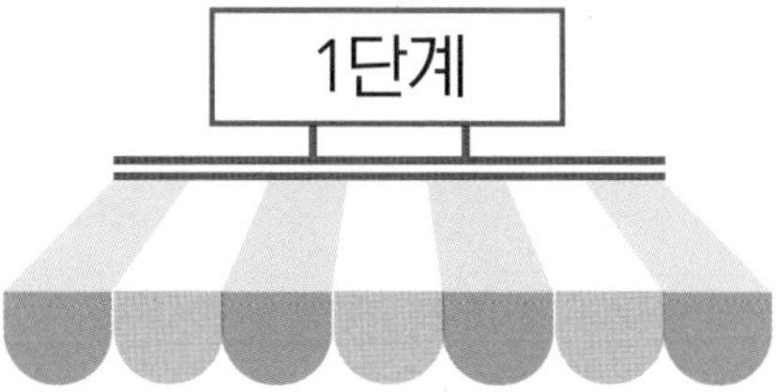

정보습득

예비 창업자가 손쉽게 습득하는 가맹정보는 어떤 형태로든 프랜차이즈 본부의 입장을 대변하고 있다는 점을 먼저 이해하고 있어야 한다.

프랜차이즈 정보의 의미

정보의 공급자와 수급자는 누구인가

가맹사업 정보는 전달하는 입장인가, 받아들이는 입장인가에 따라 그 의미가 완전히 달라질 수 있다. 그 해석의 정도에 따라 사업 방향 및 결과가 바뀔 수 있다.

가맹사업 정보를 전달하는 입장의 경우 프랜차이즈 가맹본부는 가능한 한 많은 가맹점 개설을 통해 이윤을 추구할 목적으로 예비 가맹점사업자에게 가맹사업에 대한 정보를 전달하는 데 의미를 둔다.

반면 예비 가맹점사업자는 가맹사업 창업을 위한 준비 과정으로 프랜차이즈 정보를 수집하게 되는데 그 정보가 올바른 정보인지 또는 잘못된 정보인지 분석·평가하기가 쉽지 않다.

이처럼 가맹사업 정보는 창업에 대한 의사결정 지원이라는 중요한 기능을 갖고 있지만 현장에서는 가벼이 다뤄지는 경향이 있다.

프랜차이즈 정보는 어떻게 습득하나

정보습득의 1차·2차·3차 경로

예비 창업자가 가장 촉각을 곤두세우는 것은 가맹사업에 대한 다양한 정보다. 그러나 그 정보의 출처를 의심해본 사람은 많지 않을 것이다. 가맹정보를 습득하게 되는 1차경로는 주로 프랜차이즈 가맹본부가 운영하는 직영점이나 이미 개설된 가맹점을 살펴본 후, 혹은 가맹본부가 주최한 사업설명회나 상담 직원의 설명을 통해 전달된다.

또 2차경로는 가맹안내서를 접하거나 TV나 인터넷, 신문, 잡지, 소셜미디어 같은 대중매체를 통해 간접적으로 전달된 광고를 뜻한다. 3차경로 역시 창업안내 책자나 컨설팅업체를 통해 어떤 목적에 적합하도록 가공된 정보를 의미한다. 따라서 예비 창업자가 습득하는 가맹정보는 어떤 형태로든 프랜차이즈 가맹본부의 입장을 대변하고 있다는 점을 먼저 이해하고 있어야 한다.

1차경로를 예로 들면 예비 창업자는 매장의 외형, 점주가 말하는 운영 현실, 가맹본부가 전달하는 사업상의 장점만을 여과 없이 받아들이게 되며, 이때 그가 확인하는 정보는 '객관성'과는 무관한 것이다.

또 예비 창업자가 기존 가맹점을 방문해 점주에게 상담하는 경우가 있는데 '가맹점이 많아야 상품원가 등이 낮아져 수익률을 높일 수 있다'는 것이 가맹본부의 입장이므로 사업상의 단점을 발설하지 않는 것은 이미 가맹점을 운영하고 있는 사람이 갖게 되는 당연한 심리다.

더욱 심각한 것은 2, 3차경로를 통해 정보를 습득하는 경우인데 대중매체나 창업안내 책자, 소셜미디어 등을 통해 인지도가 생기면 예비 창업자는 프랜차이즈 가맹본부에 대해 막연한 신뢰를 갖게 된다. 신문이나 잡지, 소셜미디어 등에 실리는 정보라면 모두 신뢰해도 좋다는 턱없는 믿음이 생기는 것이다.

프랜차이즈 가맹본부의 가맹사업 정보 전달 경로

첫째, 정보제공자로부터 직접 얻을 수 있는 1차정보 전달 방법으로는 운영 현실을 기 개설된 매장(직영 또는 가맹점)에서 눈으로 직접 보고, 듣고, 느끼게 하는 방법 및 프랜차이즈 가맹본부의 사업설명회, 박람회, 직원의 구두 전달로 직접 느끼게 하는 방법 등이 있다.

둘째, 어떤 매체를 통해 정보를 전달하는 2차정보 전달 방법에는 TV, 인터넷, 라디오, 신문, 잡지, 소셜미디어와 같은 대중매체 및 프랜차이즈 가맹본부의 가맹안내서가 있다.

셋째, 1차 및 2차정보를 어떤 목적에 맞게 재가공한 책자(프랜차이즈 정보, 창업서적)나 컨설팅업체가 전달하는 3차정보의 전달 방법이 있다.

예비 가맹점사업자의 정보습득 경로를 도식해 정리해보면 〈그림 1-1〉과 같다.

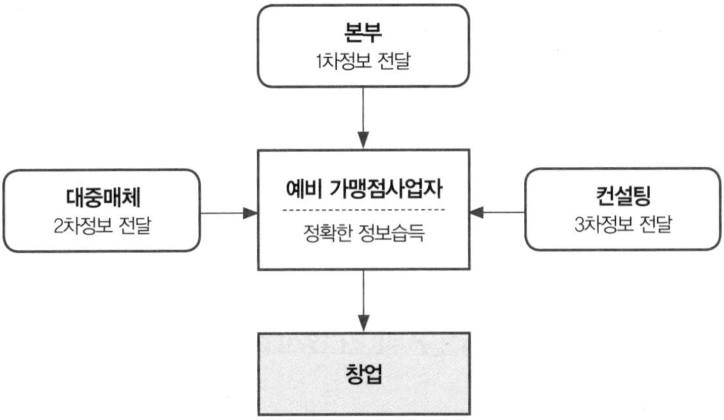

〈그림 1-1〉 예비 가맹점사업자의 정보습득 경로

프랜차이즈 가맹본부가 전달하는 정보에 유의할 점

기 개설된 매장을 예비 가맹점사업자에게 보고, 듣고, 느끼게 하는 1차정보습득은 프랜차이즈 가맹본부가 예비 가맹점사업자에게 창업 의사결정에 대한 확신을 심어주기 위한 방법 중 하나이다. 예비 가맹점사업자는 매장 운영의 외형적인 현상, 또는 점주의 운영 현황 등 프랜차이즈 장점 정보에 대해 보고, 듣고, 확인하기 때문에 여과 없이 받아들이게 된다.

또 예비 가맹점사업자가 매장을 방문상담할 경우, 기존 가맹점사업자는 '자기 점포 이외에 많은 가맹점이 개설되어야 상품원가 등이 낮아져 내 수익에 효과가 있다'고 프랜차이즈 가맹본부로부터 교육받기 때문에 사업에 대한 단점보다는 장점 정보를 더 많이 제공할 수 있다.

2, 3차정보 전달 방법에 의해 예비 가맹점사업자가 정보를 습득하게 되면 프랜차이즈 가맹본부에 대해 검증할 수 없는 신용과 믿음이 쌓이게 된다. 1차정보는 보고, 듣고, 확인이라도 할 수 있지만, 2, 3차정보는 예비 가맹점사업자가 분석 및 평가해 유용한 정보로 활용하기가 매우 어렵다.

따라서 TV, 인터넷, 신문, 잡지, 책자, 소셜미디어 등에 소개되는 2차 및 3차정보는 막연히 우수한 창업정보로 오인할 수 있으므로 주의해야 한다.

〈표 1-1〉 예비 가맹점사업자 창업 정보습득 경로

피자P 기업 경로별 계약 비율

가맹점 상담을 하기 전에 '피자P'를 어떻게 알고 연락하셨습니까?

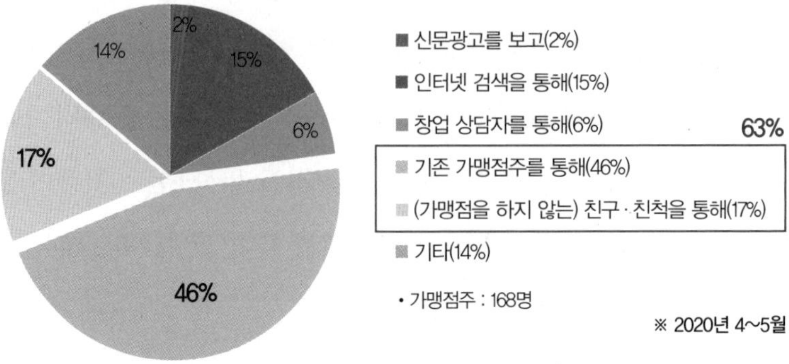

• 피자P 가맹점 창업 경로는 '기존 가맹점주를 통해'(46%)가 가장 많았으며, 기존 가맹점주의 만족도와 구전에 크게 의존하는 예비 창업자의 특성을 고려할 필요가 있음.

〈표 1-1〉은 예비 가맹점사업자가 프랜차이즈 정보를 습득하여 계약을 하게 되는 경로를 분석한 사례이다.

〈표 1-1〉에서 보듯 프랜차이즈 창업 시 예비 가맹점사업자의 정보습득 방법으로 1차정보 중 기존 가맹점주 상담(46%)이 제일 높게 나타나는 것은 객관성의 여부와 상관있으며, 직접 보기 때문에 확인이 용이하고, 또한 습관적으로 이를 맹신하려는 경향 때문이다. 그다음 정보습득 경로로 친구 · 친척 등 지인이 17%, 인터넷 검색 후 상담이 15%로 높은 것도 나름대로 위험성이 도사리고 있는 것은 마찬가지다.

대부분의 프랜차이즈 가맹본부는 사업 초기 주요 상권에 우수한 모델점 2, 3개를 개점해 홍보점으로 활용하기 때문에 일반사업자가 이를 기준으로 삼아 투자를 결정하게 되거나, 창업에 대한 전문지식이 없는 상태에서 프랜차이즈 가맹본부 직원들이나 영업대행(인큐베이팅) 권유로 창업을 하게 되면 낭패를 볼 우려가 있다.

〈표 1-1〉과 같이 피자P 프랜차이즈 가맹본부 가맹점의 2020년 정보습득 경로 조사 결과를 보면 예비 가맹점사업자들은 기존 가맹점주들로부터 창업정보를 습득하여 창업하고자 하는 업종의 브랜드를 선정하는 것이 안전한 창업 방법이다.

그 이유는 피자P 168명의 가맹점주분들이 기존 가맹점주를 통하거나 친구·친척 등 지인을 통해 계약을 한 경우가 10명 중에 6명이기 때문이다.

올바른 프랜차이즈 창업정보 고르기

예비 가맹점사업자가 창업정보를 수집하는 데 있어 다음과 같은 법률 조항이 있음을 알고 이를 십분 활용한다면 훨씬 유리할 것이다.

제9조 (허위 · 과장된 정보제공 등의 금지)

① 가맹본부는 가맹희망자나 가맹점사업자에게 정보를 제공함에 있어서 다음 각 호의 행위를 하여서는 아니 된다.

1. 사실과 다르게 정보를 제공하거나 사실을 부풀려 정보를 제공하는 행위(이하 "허위 · 과장의 정보제공행위"라 한다)
2. 계약의 체결 · 유지에 중대한 영향을 미치는 사실을 은폐하거나 축소하는 방법으로 정보를 제공하는 행위(이하 "기만적인 정보제공행위"라 한다)

② 제1항 각 호의 행위의 유형은 대통령령으로 정한다.

③ 가맹본부는 가맹희망자나 가맹점사업자에게 다음 각 호의 어느 하나에 해당하

는 정보를 제공하는 경우에는 서면으로 하여야 한다.

1. 가맹희망자의 예상매출액 · 수익 · 매출총이익 · 순이익 등 장래의 예상수익상황에 관한 정보
2. 가맹점사업자의 매출액 · 수익 · 매출총이익 · 순이익 등 과거의 수익상황이나 장래의 예상수익상황에 관한 정보

④ 가맹본부는 제3항에 따라 정보를 제공하는 경우에는 그 정보의 산출근거가 되는 자료로서 대통령령으로 정하는 자료를 가맹본부의 사무소에 비치하여야 하며, 영업시간 중에 언제든지 가맹희망자나 가맹점사업자의 요구가 있는 경우 그 자료를 열람할 수 있도록 하여야 한다.

⑤ 제3항에도 불구하고 다음 각 호의 어느 하나에 해당하는 가맹본부는 가맹계약을 체결할 때 가맹희망자에게 대통령령으로 정하는 예상매출액의 범위 및 그 산출 근거를 서면(이하 "예상매출액 산정서"라 한다)으로 제공하여야 한다.

1. 중소기업자(〈중소기업기본법〉 제2조 제1항 또는 제3항에 따른 자를 말한다)가 아닌 가맹본부
2. 직전 사업연도 말 기준으로 가맹본부와 계약을 체결 · 유지하고 있는 가맹점사업자(가맹본부가 복수의 영업표지를 보유하고 있는 경우에는 동일 영업표지를 사용하는 가맹점사업자에 한정한다)의 수가 대통령령으로 정하는 수 이상인 가맹본부

⑥ 가맹본부는 예상매출액 산정서를 가맹계약 체결일부터 5년간 보관하여야 한다.

⑦ 공정거래위원회는 예상매출액 산정서의 표준양식을 정하여 사용을 권장할 수 있다.

정보공개서는 인근가맹점 현황문서와 함께 〈가맹사업거래의 공정화에 관한 법률(이하 "〈가맹사업법〉"이라 한다)〉상 가맹금을 최초로 지급하는 날부터 14일 전, 가맹계약을 체결하는 날부터 14일 전에

예비 가맹점사업자가 가맹본부에게 요구할 수 있으므로 프랜차이즈 가맹점 창업 정보습득 시 이 점을 유념해 선택해야 할 것이다.

1차광고의 유형별 특징

가맹점의 광고전략 파악하기

프랜차이즈 관련 광고에는 여러 가지 유형이 있어 예비 창업자의 경우 자칫 광고의 함정에 빠질 우려가 있으므로 정보습득 과정에서 프랜차이즈 광고의 허와 실을 읽을 수 있는 안목을 기르는 것이 매우 중요하다. 무엇보다 공신력과 신뢰성을 이용한 과대광고 유형을 파악해 피해가는 것이 창업 성공의 지름길이다. 일반적으로 신뢰성을 의심하게 하는 가맹정보의 유형은 다음과 같다.

유형 1 사업 성공에 대한 확실성을 강조한 광고

오른쪽의 다양한 광고 사례와 같이 예상수익 상황에 관한 정보를 가맹본부가 제공하는 경우 가맹본부는 수익률의 표시·광고 또는 설명에 대한 객관성 있는 자료에 대해 〈가맹사업법〉 제9조 제4항에서 규정한 '대통령령이 정하는 자료', 즉 48쪽 아래와 같은 자료를 가맹본부의 사무소에 비치해야 한다. 따라서 업종과 가맹본부를 선정한 예비 가맹점사업자는 가맹본부가 비치해야 할 자료

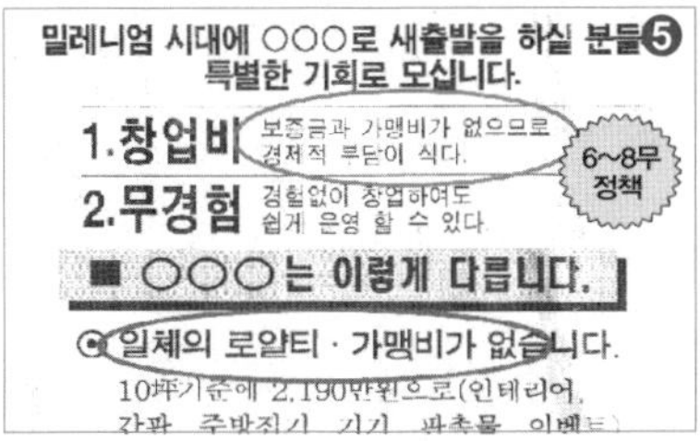

❶❷ 소자본 투자로 고소득을 보장한다는 과장형 광고 ❸ 가맹점사업자가 광고지에 등장해 신뢰성을 유도하는 광고 ❹ 마진율이 높음을 강조하는 광고 ❺ 보증금, 가맹비 무료로 투자자를 유혹하는 광고 ❻ 복합 아이템(5~6개) 효과의 극대성을 강조하는 광고 ❼ 신규 이색업종의 장점 및 성공 가능성을 강조한 광고 ❽ 창업 후 손해보상 조건을 강조한 광고

객관적 근거가 없는 매출액 과장 사례 수익 구조(부대찌개)

월 매출액 4,500만 원 (일 매출액 150만 원 / 30일 기준)	
원재료비 최저 1,620만~최대 1,800만 원	지출총액 3,137만~ 3,870만 원
인건비 785만~1,035만 원	
일반관리비 366만~585만 원	
임차료 366만~450만 원	
순이익 630만~1,363만 원	

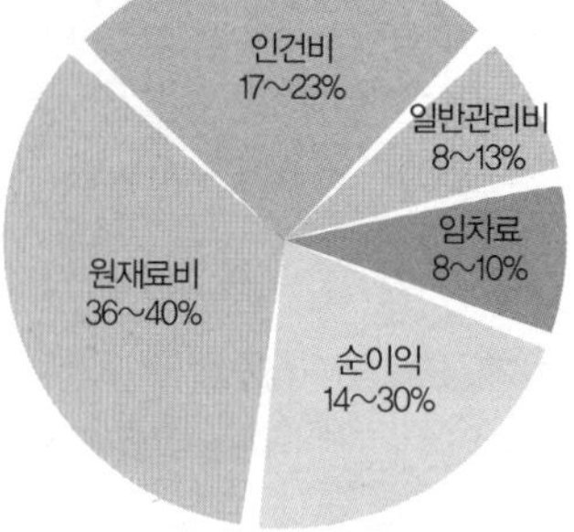

※ 제시된 수익률은 점포 및 원재료의 상황에 따라 달라질 수 있습니다.

를 반드시 확인한 후 가맹계약을 하는 것이 바람직하다.

또한 〈가맹사업법〉에서는 예상매출액을 제공 시 서면으로 ("예상매출액 산정서"라 한다) 제공하도록 하고 있다. 예상매출액의 범위는 가맹희망자의 점포 예정지에서 영업 개시일부터 1년간 발생할 것으로 예상되는 매출액의 최저액과 최고액으로 확정된 범위를 말하는 것으로, 이 경우 그 매출액의 최고액은 그 매출액의 최저액의 1.7배를 초과해서는 아니 된다고 하고 있다.

① 현재수익 또는 예상수익의 산출에 사용된 사실적인 근거와 예측에 관한 자료
② 현재수익 또는 예상수익의 산출근거가 되는 가맹사업의 점포(직영점과 가맹점을 포함한다. 이하 같다)의 수와 그 비율
③ 최근의 일정 기간 동안에 가맹본부나 가맹중개인이 표시 또는 설명하는 현재수

익 또는 예상수익과 같은 수준의 수익을 올리는 가맹점사업자의 수와 그 비율(이 경우 최근의 일정 기간에 대하여 시작하는 날짜와 끝나는 날짜를 표시하여야 한다)

(시행령 제9조 참조)

유형 2 공신력을 강조한 광고

주로 유명 연예인과의 사업 연관성(단순 광고모델이 아님) 혹은 공신력 있는 기관이나 단체의 추천, 수상 사실 등을 광고 아이템으로 이용한다.

❶ 유명제품 생산업체가 사업하는 것처럼 홍보하는 경우(프랜차이즈 본부 표기가 없고 가맹안내 전화번호만 표기한다). ❷ 주요 단체나 기관의 추천, 유망업종 선정 사실을 강조하는 광고

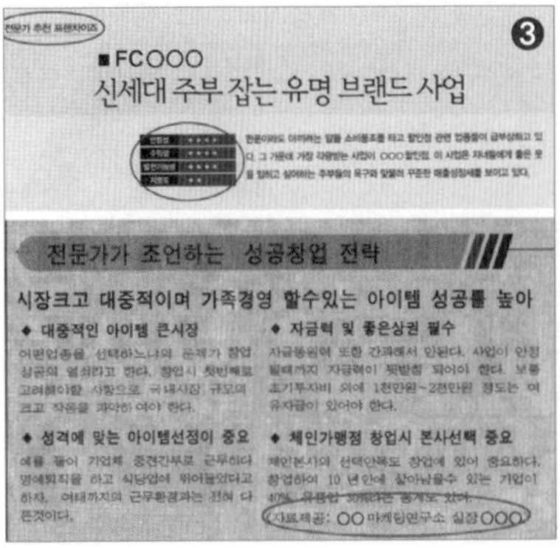

전문가 추천 프랜차이즈

❸

■ FC○○○

신세대 주부 잡는 유명 브랜드 사업

전문가가 조언하는 성공창업 전략

시장크고 대중적이며 가족경영 할수있는 아이템 성공률 높아

◆ 대중적인 아이템 큰시장

어떤업종을 선택하느냐의 문제가 창업 성공의 열쇠라고 한다. 창업시 첫번째로 고려해야할 사항으로 국내시장 규모의 크고 작음을 파악하여야 한다.

◆ 자금력 및 좋은상권 필수

자금동원력 또한 간과해서 안된다. 사업이 안정될때까지 자금력이 뒷받침 되어야 한다. 보통 초기투자비 외에 1천만원~2천만원 정도는 여유자금이 있어야 한다.

◆ 성격에 맞는 아이템선정이 중요

예를 들어 기업체 중견간부로 근무하다 명예퇴직을 하고 식당업에 뛰어들었다고 하자. 여태까지의 근무환경과는 전혀 다른것이다.

◆ 체인가맹점 창업시 본사선택 중요

체인본사의 선택안목도 창업에 있어 중요하다. 창업하여 10 년안에 살아남을수 있는 기업이 40%, 유통업 30%라는 통계도 있다.

자료제공: ○○마케팅연구소 실장○○○

○○○전문점, 주부창업 각광 ❹

홈인테리어 제품 인기

주부들을 위한 프랜차이즈로 ○○○ 전문점이 주목받고 있다. '○○○○○'는 국내 ○○○전문점 브랜드로 '○○○○○○○'에서 가맹점과 직영점을 운영하고 있다. 이 전문점은 팬시제품이 주류인 일반 터 숍과는 달리 주방, 거실, 욕실 용품과 소가구 등 홈 인테리어 제품이 주된 취급 품목이며 10대부터 30대 초반의 여성이 주 고객이다.

순수 국내 브랜드여서 비싼 로열티를 지불하지 않기 때문에 고객들에게 상품 가격이 합리적이란 느낌을 준다고 회사측은 설명한다.

본사는 전문 매장관리사를 두고 있다. 직영점에서 훈련된 이들 매장관리사는 가맹점의 경영 및 마케팅 지도를 맡고 있다.

제품관리는 일단 가맹본부에서 맡아 재고 부담을 덜 수 있다. 가맹비나 초도상품 비용도 없다. 매장에서 취급하는 상품은 본사에서 일괄 공급하고 매장의 매출에 따라 판매 수수료 형태로 이익을 나누는 시스템이다. 본사 관계자는 "매출의 30%가 점주 몫으로 돌아가며 신용카드 수수료 등 부수적인 비용은 본사가 부담한다"고 말했다. 가맹본부 (02) 797-0000

❸ 전문가의 추천, 조언을 강조하는 경우 ❹ 활자 기사로 홍보하는 경우

왜 이렇게 현실과 동떨어진 과장광고를 하는 것일까

사업성 있는 업종, 업체라는 것을 광고해 잠재되어 있는 예비 가맹점사업자들을 모집하고, 그들을 대상으로 더 많은 가맹점을 개설하기 위해서 현실과 동떨어진 과장광고를 할 수 있다.

따라서 위와 같은 유형의 창업정보가 발견되면 예비 창업자는 과감히 이 업체들을 사업 파트너 명단에서 제외해야 할 것이다. 미련을 버리지 못해 '그냥 알아보기만 하자'는 심정으로 전화를 걸면 십중팔구 가맹본부의 설득에 넘어가 수익성도 없는 사업에 전 재산을 날려버리게 된다.

이들은 어쨌든 가맹점을 유치하는 일로 먹고 사는 프로들이다. 제아무리 공부를 많이 한 사람이라도 이들에게 설복당하는 것은

아주 잠깐이다. '나 역시 호락호락한 사람이 아니다'라는 쓸데없는 자신감이 결국 부실 가맹사업에 뛰어들어 화를 자초하게 된다는 사실을 명심해야 한다.

유명 연예인의 인기를 이용하거나 유령단체·기관 등을 내세우는 경우에도 실제로 이들은 사업과는 상관없이 단지 일정한 대가를 받고 명의를 빌려주는 일이 허다하다. 이 경우 창업 후 수익성이 없음을 알게 되더라도 그 피해는 고스란히 가맹점사업자에게 돌아올 수밖에 없다(유명 연예인이 등기이사로 등재된 경우는 예외).

가장 우려되는 것은 역시 대중매체를 통해 보도되는 창업정보의 신뢰성이다.

활자 광고는 해당 업체의 자료를 제공받아 이를 토대로 기사화하는 것에 불과하므로 신뢰성에 있어서는 일방적인 1차정보와 다를 바가 없다. 오히려 이런 홍보성 기사의 위험성은 더욱 심각하다. 자칫 매체의 공신력을 믿고 창업정보의 신뢰성을 맹신해버릴 위험이 있기 때문이다.

그렇다면 범람하는 허위 과대광고 속에서 어떻게 올바른 창업정보를 가려낼 것인가?

[유형 1], [유형 2]의 사례와 유사한 광고를 보면 '이런 프랜차이즈 사업도 있구나'라는 수준에서 읽어보고 잊어버려야 한다. 왜냐하면 사업 성공에 대한 확실성을 마진이 높고, 입지·상권조사가 확실하며 투자비가 저렴해 고소득을 보장하는 듯 가맹점사업자까

지 앞세워 광고하는 것은 예비 가맹점사업자를 현혹하기 위한 것이기 때문이다.

또 공신력을 내보이기 위해 유명 연예인, 신문활자 광고, ○○단체의 추천업체, 우수업체, ○○년도 유망업종이라 광고하는 경우 공정성 및 객관성에 문제가 있다. 가맹본부는 공신력을 이용해 예비 가맹점사업자를 모집하고, 공신력 있는 단체는 그에 따른 이익(수익금)만 추구하면 되므로 결국 창업 후 일이 잘못되더라도 예비 가맹점사업자만의 피해로 끝나기 쉽기 때문이다.

따라서 신문정보의 올바른 정보 판단 기준은 다음 메시지를 담고 있는가 하는 점이다.

① 과학적인 프로그램에 따라 입지·상권조사 및 분석을 하여 가맹희망자에게 예상수익 상황에 관한 정보를 서면으로 제공한다.

② 가맹본부의 선진화된 운영 노하우 보유로 가맹점을 체계적으로 관리할 수 있는 슈퍼바이저 시스템이 갖추어져 있다(1인 슈퍼바이저가 30개 이하 매장을 관리한다).

③ 〈가맹사업법〉 제2조 9항, 제7조에 따라 정보공개서의 제공의무를 준수한다는 광고문구 등이 삽입되어 있다.

④ POS(판매관리 시스템)를 통한 과학적인 점포관리를 하여 가맹점 매출을 올리는 방법이 명확하다.

특히 "프랜차이즈 패키지 지원 시스템을 보유하여 가맹점 지원을 하기 때문에 가맹점 운영에 어려움이 없다"라고 하는 광고문구는 주의 깊게 살펴봐야 한다. 프랜차이즈 가맹본부가 운영 노하우 자체를 단시간에 보유하기가 사실상 어려우므로 자사가 프랜차이즈 패키지 지원 시스템을 보유하고 있어서 그 시스템에 따라 지원할 수 있다는 얘기는 쉽게 광고하기 어려운 부분이기 때문이다.

기타 2차정보 광고

TV, 인터넷, 라디오, 잡지, 소셜미디어 같은 2차정보는 공신력을 강조하는 광고

대중매체의 힘을 빌려서 광고를 하므로 광고된 정보에 대해 맹신하는 것은 주의해야 한다. TV, 인터넷, 라디오, 소셜미디어 등에 소개된다고 해서 사업성이 확실한 업체는 아니니다.

포털사이트 기사의 경우 제3자의 정보제공에 따라 해당 신문사 기자가 작성한 공신력 있는 기사일 수도 있으나, 한편으로는 그 해당 기사 업종 및 업체에 대한 홍보기사인 경우도 많기 때문에 홍보성 신문기사를 통한 정보습득도 주의해야 한다.

유튜브의 경우에도 한두 개 정도의 점포를 운영해본 경험으로 유망업종을 추천하고 투자비 등을 제시하는 일이 허다하다. 물론 이들의 지명도도 역시 매스컴에 의해 부풀려진 부분이 있다는 사실을 감안해야 한다. 사실 이들의 창업 경험만으로는 성공 노하우를 장담할 수 없다. 그래도 유튜브를 참고해야 한다면 가급적 창업 경험과 성공 경험이 많은 유튜버의 정보를 고르는 것이 좋은 방법이다.

가맹안내서에서 올바른 창업정보 고르기

가맹안내서는 프랜차이즈 가맹본부가 대외적인 홍보수단으로 가장 애용하는 매체이다. 직원 권유 시, 점포방문 시, DM 송부 시, 사업설명회 등에서 적극적으로 사용하는 프랜차이즈 가맹본부의 얼굴이다.

그런데 점포투자에 관한 사항을 총액 금액 및 평당 투자금액으로 표시한 가맹안내서는 가맹점사업자가 가맹계약 후 공사 진행 시, 추가공사 금액 요구 시, 계약 시 항목을 잘 모른 채 추가금액을 지불할 수도 있기 때문에 면밀히 살펴야 한다.

시설비에 대한 세부 내역 표시, 상품공급 및 거래조건의 세부 내역 표시, 지원 사항의 세부 내역 표시, 설비·기기소요 세부 내역에 따른 규격 및 가격을 표시한 가맹안내서가 올바른 정보이다. 왜냐하면 가맹계약 후 가맹안내서 표기 내용 이외에 추가로 비용을 요구할 수 없으며, 또한 정보공개서상 표기하게끔 되어 있기 때문에 프랜차이즈 가맹본부는 표기해야 할 의무가 있다.

소셜미디어(포털)에서 창업정보 고르기

주의!! 프랜차이즈를 어떻게 시작하실 건가요?

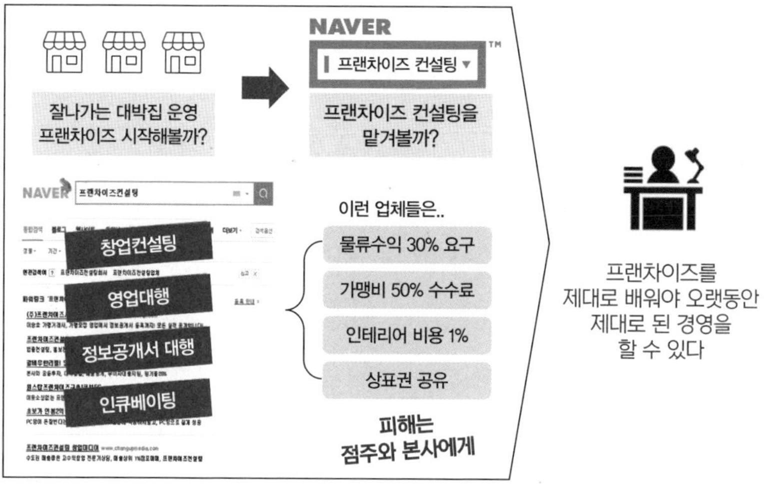

가맹점 투자안내서 사례(외식의 경우)

OO 가맹점 투자 안내서 표기

	내역	금액	비고사항
가맹비	지역적 판권, 상권보호, 노하우 전수, 오픈시 조리장 파견, 개점전 준비사항, 조리교육, 마케팅 전략 수립, 점포입지선정, 전단지 大(8,000부), 小(2,000부), 액자 5종(참치종류, 가격표, 참치 선단, 주류액자등) 주방가운(4벌), 주방장 모자(4EA), 점주명함(1통), 주방 노랭이(2조), 바텐 노랭이(32EA), 냅킨(10,000장), 수저집(8,000장)등 다수		본사와의 계약금
	소계	6,000,000	V.A.T 별도
인테리어	목공사, 도장공사, 전기공사, 주방설비공사, 타일공사등	800,000	일반형 평당 80만원
	의자(일반형-32,000원, 고급형-50,000원)	480,000	고급형 평당 130만원
	소계	8,480,000	본인 시공 가능
간판	전면 : 4,000 X 1,200(회배당 120,000원)	480,000	
	돌출 : 700 X 1500(양면)	330,000	
	입 간판(개당 150,000원)	150,000	
	선팅, 깃발	100,000	
	기둥간판(2개)(개당 70,000원)	140,000	
	소계	1,200,000	본인 시공 가능
주방설비 및 집기	냉동 냉장고 - 25BOX	400,000	
	가스 사라만다 - 900 X 400 X 637	370,000	
	2조 씽크 테이블 - 1200 X 600 X 800	110,000	
	개수대 - 800 X 500 X 500	80,000	
	작업대 大 - 900 X 600 X 800 / 작업대 小 - 600 X 600 X 800	180,000	
	참치 초저온 냉장고 - 900 X 610 X 830(230 리터)	1,550,000	
	보냉 테이블 - 1200 X 600 X 800	490,000	
	벽 선반 - 900 X 350 X 550	80,000	
	3구렌지 - 900 X 600 X 800	200,000	
	그릇류 70종 외다수	1,326,800	
	소계	4,786,800	본인 구입 가능
오픈행사	도우미, 각설이, 풍선아치, 조명, 앰프, 라이타 등	982,000	본인 행사 가능
	총계금액	₩21,448,800	10평기준 (가맹비 포함)

※ 가맹비를 제외한 전 품목 본인 시공 가능하며 위 단가표는 본사 협력업체 단가임.
※ 공정거래위원회 표준 약관을 준수합니다.

〈표 1-1〉 사례와 같이 관심업체의 가맹점포를 직접 방문할 경우

대개의 예비 창업자들은 관심 있는 업체의 가맹점포를 방문하게 되면 외관만을 보고 창업에 대한 환상에 빠지기 쉽다. 흔히 '내 눈으로 직접 점포를 보고 왔으니 믿을 만하다'며 가맹점 창업을 서두르는 것이다. 이것은 프랜차이즈 사업의 본질을 잘 모르기 때문에 생기는 현상이다.

점포에서 올바른 정보습득 방법

사업 초기 직영점은 홍보숍 성격이 강해 투자비를 고려하지 않고 개설되었기 때문에 매출이 매우 높다. 따라서 홍보숍과 같은 창업을 검토하는 것은 곤란하다. 그야말로 홍보숍은 운영 형태 파악 수준에서 상담을 끝내는 것이 좋다.

기 가맹점사업자와의 상담 내용을 크게 신뢰할 필요성은 없다. 왜냐하면 대부분 운영 현실에 대한 내용을 정확히 밝히지 않고 장점만을 강조해 자기와 같은 새로운 가맹점이 탄생하기를 기대하기 때문이다.

따라서 간접적인 경로를 통해 정보를 습득하는 것이 바람직하다. 즉, 유사업체 가맹점사업자에게 상담하게 되면 현재의 운영 고충을 자연스럽게 토로하므로 정확한 실상을 파악할 수 있다. 상품

공급, 영업지도, 애프터서비스 등 개점 전과 개점 후에 프랜차이즈 가맹본부가 약속한 내용의 이행 여부를 가맹점사업자에게 체크하게 되면 운영 현실에 대한 올바른 정보를 선택할 수 있다.

정보습득의 일반적인 경로와 대처 방법

프랜차이즈 가맹본부 직원의 권유

지속적인 개점을 통해 프랜차이즈 기 가맹점들의 이익을 도모함은 물론 프랜차이즈 가맹본부의 이윤추구와 부수적으로 개설 상담자의 회사 내 개인 목표 및 성과급 때문에 창업을 권유하는 경우가 있다.

프랜차이즈 가맹본부 관련업체의 권유

프랜차이즈 가맹본부와 연관된 업체 및 관계사들이 특정업체 가맹을 권유하는 이유는 이들이 프랜차이즈 가맹본부와 하청관계 및 협력사로서 회사 간 이익 관계 때문이라고 볼 수 있다.

기 가맹점사업자의 권유

앞에서도 설명한 것과 같이 자기와 똑같은 가맹점이 많이 개설되어 원가 감소를 통해 나에게 더 많은 기대이익이 있기 때문에 권유한다(프랜차이즈 가맹본부의 사전 교육의 영향). 물론 운영하고 있는 가맹점 손익이 우수하고, 업체 지원이 뛰어나므로 권유하는 경우도 있다.

창업 컨설팅업체 및 가맹점 개발 대행업체의 직간접적인 권유

예비 창업주들의 이익 창출을 통한 창업 성공을 위해 많은 정보를 수집 분석해 우수한 업종이나 업체를 권유하는 반면 창업 컨설팅업체 및 가맹점 개발 대행업체 역시 사업 목적이 이윤추구에 있으므로 상담을 통해 예비 가맹점사업자를 사전 계약된 업체로 직접 유도하거나, 신문매체에 특정업체 홍보를 게재해주고 다수의 예비 가맹점사업자들을 알선하기도 한다.

사업설명회, 창업박람회에서의 권유

이런 행사는 프랜차이즈 가맹본부가 많은 예비 가맹점사업자를 확보해 그들로 하여금 가맹점 개설을 하도록 유도하기 위해 실시하는 것이므로, 사업설명회 장소에서 예비 가맹점사업자의 신분을 정확히 기록하거나, 다른 예비 가맹점사업자가 계약을 체결한다고 해서 가계약을 하는 어리석은 행동은 금물이다.

왜냐하면 예비 가맹점사업자는 사전 지식이 없으므로 사업설명회 업체의 직원으로부터 설득될 가능성이 있기 때문이다. 설득당하는 것이 결과적으로 좋을 수도 있으나 이것이 100% 성공을 보장해주지 않는다는 사실을 알아야 한다.

예비 가맹점사업자가 의도한 정보습득

많은 정보의 수집과 분석을 통한 자료에 바탕을 두고 창업 업종을 선정한 후, 가맹상담 시 프랜차이즈 가맹본부 직원, 가맹본부 관련업체 및 관련자, 가맹점사업자, 컨설팅업체에게 권유를 받는 것은 좋지만, 어떤 업종을 선택해야 할 것인가를 모르는 상태에서 제3자에게 권유받는 것은 곤란하다.

왜냐하면 기본 지식이 없는 상태에서 권유받게 되면 프랜차이즈 가맹본부 직원이나 컨설팅업체 등에게 세뇌될 가능성이 크기 때문이다. 즉, 의도한 계획된 정보습득이 아니라 권유에 의한 정보습득이 되기 때문이다.

따라서 사전에 수집·분석한 자료를 토대로 권유자의 권유 내용과 비교하고 이해득실을 따져봐야 한다. 즉, 스스로 정보를 수집하고 분석하는 자세가 필요하다.

필자의 가맹상담 경험에 의한 충고

한때 프랜차이즈 가맹본부의 가맹점 개설 상담 직원이었던 필자의 경험으로 보면 프랜차이즈 창업에 대한 정보나 지식이 부족한 예비 가맹점사업자를 만났을 때 창업을 권유하기가 훨씬 편했고, 계약 체결도 쉬웠다. 설득하기가 쉬운 만큼 사업성 고려 이전에 프랜차이즈 가맹본부의 출점 목표에 맞추기 위해 가맹점 개설을 유도하기도 했다.

그러므로 먼저 전화상담을 통해 정보를 습득하는 것은 좋으나, 사전 정보습득을 통한 프랜차이즈 정보분석 자료가 없을 경우 프랜차이즈 가맹본부 개설 상담원과의 대면상담은 피하는 게 좋다.

최선의 정보습득 방법은 다양한 경로를 통해 수집한 정보를 비교 분석하여 자기 나름의 안목을 기르는 것이다. 쉽게 습득한 정보, 즉 값싼 정보, 많은 사람이 알고 있는 일반적인 정보는 그만큼 실패의 대가가 클 수 있기 때문이다.

사전 정보습득으로 분석된 지식이 부족할 경우 가맹본부 직원 권유 및 관련업체 및 관련자, 가맹점사업자, 그리고 부동산 컨설팅, 창업 컨설팅업체 권유를 가벼운 정보습득 차원에서 받아들이면 된다. 의존하거나 맹신하는 태도는 금물이다.

창업자금 마련 방법

창업자의 창업 성공의 기본적인 조건과는 다른 의미로 창업을 성공케 하는 결정적인 요인이 있는데 이는 바로 창업자금이다. 대부분의 창업자들은 그들이 창업하는 분야에 있어서 이미 전문가인 경우가 많다. 대부분 전문 분야에서 10년, 20년을 지내온 경험을 가지고 있어 그들이 맡고 있는 일은 차이가 있을 수 있지만 그 일에 대해서는 웬만하면 알 건 다 안다고 자부하는 사람들이다.

그러나 통계자료에 따르면 불행히도 창업을 한 후 3년 이내 문을 닫는 업체가 70%를 넘는다고 한다. 그 이유는 무엇일까? 창업자의 경영관리 미숙과 시장확보의 실패 또는 급변하는 사업환경에 능동적으로 대처하지 못한 것 등 여러 가지 사유가 있을 수 있겠지만 결정적인 사업 실패의 원인은 창업자금의 부족에 있다.

주변을 살펴보면 빠듯한 창업자금, 아니 오히려 적정 규모에 모자라는 창업자금으로 사업을 시작하는 창업자들을 볼 수 있다. 숙련된 기술과 정열적인 노력으로 작업장이나 거래처를 열심히 뛰어다녀보지만 사업 초기는 모든 것이 뜻대로 되지 않는 경우가 많다.

예를 들어 며칠을 기다리던 결제가 지급기일이 3개월짜리인 돌리기도 어려운 어음으로 들어오는 경우도 흔하다. 이럴 경우 자칫하면 기술이나 신용이 없어서 혹은 물건을 못 팔아서가 아니라 몇 개월 버틸 수 있는 자금이 부족하여 치명타를 입게 되는 것이다.

창업 기간 내에 사업체를 움직이게 하는 핏줄과 같은 창업자금의 경화증은 그동안의 꿈과 노력을 헛되게 만들 수도 있는 것이다. 따라서 성공적인 창업을 하기 위해서는 충분한 창업자금의 확보

〈표 1-2〉 은행대출의 일반적인 절차(FC대출/FC협회와 외환은행/일반대출)

순서	구분	내용
1	대출상담	대출상담에 필요한 서류를 갖추어 대출담당자와 융자상담을 한다.
2	대출신청	대출조건과 자격이 인정되면 차용신청서에 구비서류를 첨부하여 대출신청을 한다.
3	신용조사	은행에서는 대출신청자와 개인 또는 기업신용을 조사한다.
4	담보평가	부동산담보부 대출인 경우에 담보로 제공되는 부동산(대지, 건물, 공장 등)의 평가를 한다.
5	대출결정	자금의 용도(사업계획), 신용 및 담보평가서를 바탕으로 한 여신 심사과정을 거쳐 대출 여부를 결정한다.
6	약정계약	대출 결정이 되면 은행과 여신약정 및 계약을 체결한다.
7	대출실행	은행은 제공되는 부동산에 담보권을 설정하고 대출을 실행한다.

가 선행되어야 하며, 이는 곧 창업 성공의 결정적인 요인이 된다.

창업자금이 부족하여 대출을 받는 일은 흔히 있을 수 있으나, 이 과정에서 가장 중요한 것은 '과도한 차입은 금물'이라는 사실이다. 은행이자가 아무리 낮다고 해도 창업자본금 규모의 절반에 해당하는 금액을 대출받아 사업하는 사람들이 있는데, 이것은 거의 도박에 가깝다.

적정 수준의 대출은 1년에서 2년 이내에 상환 가능한 규모 정도를 차입하는 것이다. 따라서 창업 시 영업이익을 면밀히 검토하여 반드시 상환 능력에 맞는 자금을 차입해야 한다.

다시 말하면 영업이익 대비 50% 금액과 24개월의 곱을 차입금에 대한 상환 가능 금액으로 설정할 수 있는데, 예를 들어 한 달 영업이익을 200만 원으로 설정한다면 이에 대한 50% 금액인 100만 원의 24개월 어치인 2,400만 원이 차입금에 대한 상환 가능 금액으로 볼 수 있다.

업종 선택

올바른 정보습득 방법을 통해 프랜차이즈 정보를 습득했을 경우 올바른 프랜차이즈 업종을 선택할 수 있다. 왜냐하면 올바른 정보습득 방법으로 정보를 선택했을 경우 적어도 부실한 프랜차이즈 업종을 피할 수 있기 때문이다.

창업자가 손쉽게 습득하는 가맹정보는 어떤 형태로든 프랜차이즈 본부의 입장을 대변하고 있다는 점을 먼저 이해하고 있어야 한다.

프랜차이즈 업종의 탄생

불과 30년 전만 하더라도 '양조장집 주인' 하면 으레 동네 유지로 행세하고, 또한 그렇게 대접받는 것이 자연스러웠다. 어려운 시골 살림일망정 대소사(大小事)에 막걸리 한 잔 내놓지 않는 집은 매우 드물었고, 본격적인 농사철에는 하루 몇 차례씩 배달 자전거가 동네를 들락거릴 만큼 폭넓은 수요가 뒷받침되었기 때문에 치부(致富)를 위해 양조업만한 유망사업이 없었던 것이다.

그러나 1980년대 이후 국민소득이 급격히 높아지면서 양조업은 맥주나 양주 같은 고급주에 밀려 어느덧 사양산업으로 전락하고 말았다. 그런데 2000년대 초 전통을 중시하며 막걸리가 대우를 받는 아이템으로 등장하여 전문점들도 꽤 많이 탄생하기도 했다.

한 업종의 탄생과 소멸은 이렇듯 나날이 변하는 소비자의 취향에 따라 좌우되며, 시대 흐름에 뒤처지거나 새롭게 개량되지 않는 업종은 자연히 시장에서 도태될 수밖에 없다.

업종이 탄생되는 유형

프랜차이즈 사업도 이러한 소비자 취향을 민감하게 반영하는 업종이다. 프랜차이즈 업종이 탄생하는 과정은 먼저 사업자가 미국, 일본 등 선진국의 유망업종이 국민소득 몇 천 달러에서 호황을 누렸는지를 파악한 뒤 현재 국내 국민소득 수준에 적합한 업종을 선택해 라이선스 계약을 맺고 도입하는 방법이 있다.

또 하나는 국내의 소비 유행을 고려해 국내에서 자체 개발하는 방법이 있다. 이 두 번째 방법은 다시 소비자의 고급화 욕구에 따라 프랜차이즈 가맹본부가 프랜차이즈가 가능한 업종을 독자개발하는 방법과 외국에서 유행하는 업종 가운데 국내 국민소득 수준에 적합한 업종을 라이선스 계약을 통하지 않고 벤치마킹을 하여

Before 아이템		After 전문점(프랜차이즈 점)
구멍가게 · 소형 슈퍼마켓	▶	편의점(CVS)
원두커피 판매점	▶	커피 전문점
양산 베이커리	▶	베이커리 전문점
양산 아이스크림	▶	아이스크림 전문점, 아이스크림 카페
분식 · 토스트	▶	토스트 전문점, 토스트 카페

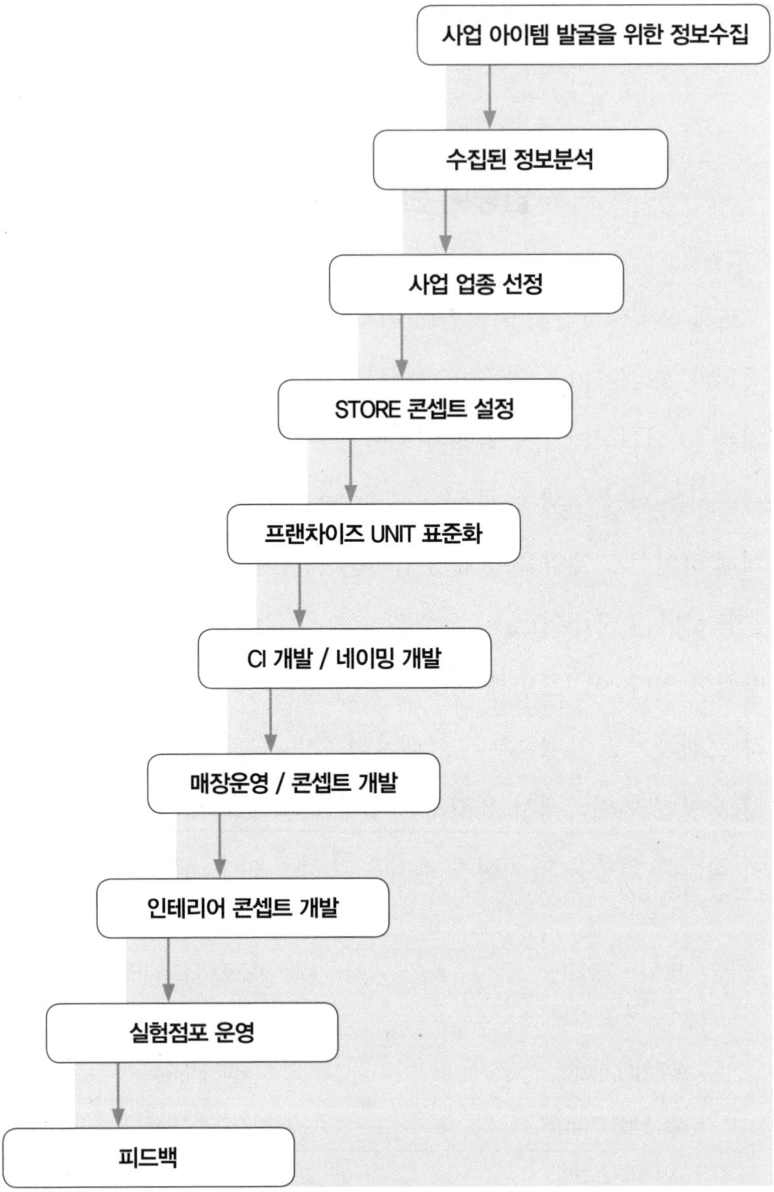
사업 아이템 발굴을 위한 정보수집
수집된 정보분석
사업 업종 선정
STORE 콘셉트 설정
프랜차이즈 UNIT 표준화
CI 개발 / 네이밍 개발
매장운영 / 콘셉트 개발
인테리어 콘셉트 개발
실험점포 운영
피드백

〈그림 2-1〉 업종개발 절차

개발하는 방법이 있다.

업종은 시대 흐름에 따라서 개량되거나 과거에도 현재에도 재래 업종 형태로 시장에 존재하고 있는 상품이 소비자의 소득 수준 증가 및 그에 따른 고객의 소비욕구 변화에 맞추어 전문점 업종 형태로 탄생되기도 한다.

프랜차이즈 사업을 하기 위한 업종개발 절차는 〈그림 2-1〉과 같다. 정보수집을 통하여 수집된 정보를 분석하고 사업업종을 선정한다. 그 업종의 주고객층을 선정한 다음 시장 상황을 고려해 스토어(store) 콘셉트를 잡고, 그에 따라 프랜차이즈 Biz 모델을 설정하여 프랜차이즈 UNIT 표준화를 구상한 다음 브랜드 및 CI를 개발하며 이어서 매장운영 콘셉트를 개발하는 것이 일반적인 수순이다.

이렇게 확정된 브랜드 네이밍과 CI 개발을 통해 매장 인테리어 콘셉트를 개발하고, 인테리어 콘셉트와 매장운영 콘셉트를 접목해 실험 점포를 개점해 운영한 결과를 피드백하게 된다. 또 피드백한 결과에 따라 사업을 지속적으로 전개할 것인가 또는 철회할 것인가를 결정하게 된다.

결과적으로 부실 프랜차이즈 업종은 이러한 절차를 무시하고 직영점 개점과 동시에 검증기간을 1년 이상 숙고하지 않고 가맹사업자를 모집하기 때문에 운영 면에서 많은 허점을 노출할 수밖에 없다. 몇 년 전 대단한 인기를 누렸던 일부 저가형 삼겹살 전문점, 불닭 전문점 역시 충분한 검증도 없이 가맹점 모집에만 급급하다가 피해자를 양산한 사례로 꼽을 수 있다.

이런 졸속 아이템은 일시적인 유행이 사라지고 나면 더 이상 경쟁력을 유지할 수 없는 것이 당연한 결과다. 이에 따라 2021년 3월 23일, 신규 가맹본부에 한해 1년 이상 직영점 1개 이상을 의무적으로 운영해야만 정보공개서 등록이 가능하도록 직영점 운영 의무화를 골자로 한 개정안이 국회 정무위원회 법안소위를 통과하였으며, 2021년 11월 19일부터 시행되었다.

업종의 생명주기

업종의 생명주기는 콘셉트의 생명주기와 동일하다

업종개발 절차에 따라 많은 시간과 비용을 투자해 프랜차이즈 업종 콘셉트(브랜드, 상품, 인테리어, 매장운영 콘셉트)를 개발해 시장에 진입시키지만 업종 콘셉트의 유지 및 개선, 개량과 적절한 대응 변경이 지속되어야 그 업종이 시장 환경에 적응하고 정착해 유망업종이 될 수 있다. 만약 콘셉트의 유지 및 발전을 소홀히 해 업종의 콘셉트가 불분명해질 경우 성장률 둔화와 함께 경쟁력 상실이라는 결과로 나타나기 마련인 것이다.

부실 프랜차이즈 업종은 이럴 때 지금껏 취급하던 상품과 다른 다양한 아이템을 도입해 매출 부진을 만회하려는 것을 자주 볼 수 있다. 그러나 한 가지 콘셉트로 출발한 전문점에서 잡화점처럼 성격이 다른 여러 가지 상품을 취급하게 되면 상품 간 충돌현상이 발생해 가맹점의 매출 하락은 더욱 가속화된다.

결국 이런 업종은 처음부터 전문점의 아이템으로 부적합했다는 것을 스스로 시인하는 꼴이지만 그 피해와 부담은 고스란히 가맹점사업자가 떠안을 수밖에 없다. 그러므로 안전한 업종을 선택하기 위해서는 가급적 여러 각도에서 업종의 생명곡선을 가늠해볼 필요가 있다.

보통 프랜차이즈 가맹본부가 일정 규모 이상의 가맹점을 개설하기 전까지는 안전성을 장담할 수 없다는 것이 전문가들의 견해다. 물론 여기에는 짧은 기간에 급속히 가맹점을 확산한 이른바 '유행업종'은 제외된다.

따라서 일정 규모 이상의 가맹점을 보유한 업체들이 포진해 있는 업종을 선택하고 〈그림 2-2〉와 같은 방법으로 생명곡선을 가늠해보는 것도 좋은 방법이며, 정보공개서상에서 출점 점포 수와 폐점 점포 수가 유사할 경우 그 브랜드는 피해가는 것이 좋다.

콘셉트가 불분명해지는 이유

[출점 가맹점 수 = 폐점 수(양도, 해지, 계약만료)가 유사할 때(±5% 이내)]

콘셉트가 불분명해지면 나타나는 순차적인 현상은 매출 하락 →

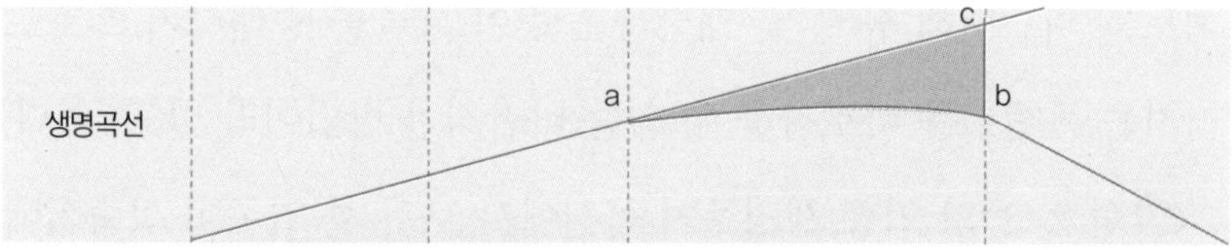

구분	도입기	성장기	성숙기	쇠퇴기
현상	• 콘셉트 검증이 어렵다 • 체인본부 검증이 어렵다 – 운영력, 점포개발력, 가맹점 지원 시스템 • 기간이 짧다		• 고객접점 확산 • 시장개척률 감소 • 콘셉트 유지/개발 (△abc에 도달) • 본부지원 상황 파악이 어렵다 • 기간이 길다	• 콘셉트 유지/개발의 실패 • 기간이 짧다
전략	초기 시장진입	점포확산	침투 : 기존 시장을 빼앗는다	전략의 실패
업종 선택	일반적인 선택 시기		△abc : 안정적 선택 시기	
업종 선택 우선순위	3	2	1(△abc)	

〈그림 2-2〉 업종 생명주기 곡선

손익구조 악화 → 폐점이다. 따라서 매출 하락이 장기간 지속되면 상품 콘셉트가 다른 다양한 아이템을 취급해 매출 증대를 꾀한다. 그러나 상품 콘셉트가 다른 아이템을 취급할 경우 상품 간 충돌현상이 발생해 오히려 매출이 하락하게 되는 경우가 있다. 이때 점포 콘셉트가 불분명해진다.

흔히 이럴 때 삼겹살을 주종으로 팔다가 장사가 안 되면 설렁탕을 파는 격이라고 한다. 따라서 초기 설정된 브랜드, 상품, 운영 콘셉트를 피드백해 유지 및 개발하는 것이 매출을 증대시키고 흐트러지는 콘셉트를 바로잡을 수 있는 바람직한 방법이라 할 수 있다.

〈그림 2-2〉의 업종 생명주기 곡선에서 보듯 한 업종이 성숙기에 접어들 때쯤이면 사업성 자체는 검증되었다고 볼 수 있다. 이러한 업종에 한해서 보통 △abc 단계일 때를 가맹사업의 최적기로 보는 견해가 일반적이다. 〈그림 2-2〉의 △abc 유지를 지속시키는 것이 프랜차이즈 가맹본부의 역할이라 볼 수 있다. 신규 개점 가맹점 수 대비 양도양수/폐점/계약만료 수 합이 동일하거나 더 많을 경우는 최적기 업종으로 볼 수 없다(정보공개서에서 확인 가능).

중요한 것은 프랜차이즈의 생명력은 점포상품(메뉴)력과 마케팅의 변화를 통해서 계속 유지된다는 것이다. 따라서 사업 초기의 고유한 아이템이 흐려진 업종이라면 우선순위에서 제외시켜도 큰 무리는 없다.

어떤 업종이 유망업종인가

유망업종은 예비 가맹점사업자를 위해 존재하지 않는다

유망업종은 예비 가맹점사업자를 위해 존재하지 않는다. 다만 예비 가맹점사업자는 정보습득 단계에서부터 지속운영 단계까지 체계적으로 준비해 창업에 성공했을 경우 그 업종이 나에게 유망업종이며, 성공업종인 것이다. 우리나라 프랜차이즈 시장의 현실로 보아 예비 가맹점사업자가 철저하게 준비해 창업에 성공하는 것은 그다지 쉬운 일이 아니다.

유망업종이란, 프랜차이즈 가맹본부는 가맹점에 상표, 상호, 서비스표 등의 사용 허락과 지원·통제 또는 경영 노하우의 제공이나 상품공급을 하고, 가맹점은 그에 상응하는 대가를 지불하는 방식의 업종, 즉 이러한 시스템을 갖춘 프랜차이즈 가맹본부가 개발하고 또한 지속적으로 유지 보수해주는 업종이라고 할 수 있다.

일반적으로 TV, 인터넷, 라디오, 신문, 잡지, 소셜미디어 등의 대중매체에서 광고 선전을 많이 한다거나 대기업이 운영한다고 해서 혹은 점포수가 많다고 해서 유망업종이 되는 것은 아니다. 엄밀히 말해서 유망업종은 예비 가맹점사업자를 위해 존재하는 것이 아니라 프랜차이즈 가맹본부를 위해 존재한다고 보면 된다.

왜냐하면 가맹점들의 성공도 아니고 실패도 아닌 '현상유지(계륵)율'이 도입기 및 성장기에 있는 업종의 프랜차이즈 가맹본부나 성숙기 및 쇠퇴기에 있는 업종의 프랜차이즈 가맹본부를 비교해 볼 때 구성비는 〈표 2-1〉과 같이 현상유지(계륵)율이 유사하다는

〈표 2-1〉 본부 가맹점 손익분포율

구분		짬뽕 전문점 I사	부대찌개 O사	프리미엄 독서실 T사
성장주기 상황	–	도입기	성장기	성숙기
영업 기간 적용	–	2020년	2020년	2020년
분포율	돈 번다 (월 300만 원 이상)	17.6%	42.6%	40%
	현상유지(계륵) (월 0~300만 원 이하)	35.4%	32%	45%
	망했다 (마이너스)	47%	25.4%	15%

※ 분포율 선정 기준 : 가맹점사업자들이 일반적으로 셈을 하는 방식적용(영업이익 기준으로 감가상각비 및 점주 인건비 제외)

것이다. 그렇기 때문에 유망업종이 곧 성공업종이고, 또한 우수한 프랜차이즈 사업을 전개한다고 볼 수 없는 것이다.

따라서 〈표 2-1〉의 결과로 보면 유망업종의 기준은 도입기, 성장기 업종, 상권과 업종 궁합이 잘 맞는다는 등의 단순한 이유 한 가지만으로 적용될 수 없다.

왜냐하면 분포율이 도입기, 성숙기, 쇠퇴기 업종에서 흥하고 망하는 구성비가 유사하기 때문에 어느 한 가지 이유로 적용되는 것이 아니고, 앞에서도 말한 바와 같이 프랜차이즈 패키지 시스템이 뒷받침되어 그 업종이 유지·보수될 수 있어야 유망업종이라 할 수 있다.

그렇기 때문에 가맹점사업자는 1단계 정보습득에서 11단계 지속운영까지 전 과정을 하나하나 체크하며, 체계적으로 준비해야만 창업으로 더 나은 삶을 위해 돈을 벌 수 있는 20~40% 이내에 들어갈 수 있다는 것을 명심해야 한다.

업종 선택 이렇게 하라

적극성을 가져라

피상적인 업종 선택을 피해야 한다. 왜냐하면 가맹정보를 정보 발생자로부터 직접 얻을 수 있는 1차정보 습득 및 어떤 매체를 통해 정보를 습득하는 2차정보, 또는 1, 2차정보를 목적에 맞게 가공한 3차정보의 경우 정보제공자가 공신력을 바탕으로 정보를 제공하므로 정보제공자가 의도하는 대로 유도되어 예비 가맹점사업자는 올바른 업종 선택이 어렵다.

따라서 습득한 정보를 분석하고 분류해 옳고 그른 업종을 스스로 판단해 자신에게 적합한 업종을 선택하는 적극적인 노력이 필요하다.

필자의 경험으로 보면 대부분의 예비 가맹점사업자들은 정보 전달 경로를 통해 체계적으로 정보를 습득·분석하는 노력보다는 단순한 의사결정 사항을 기준으로 업종 및 업체를 동시에 결정하려고 한다.

즉, 프랜차이즈 가맹본부나 가공한 정보를 제공하는 정보제공자에게 업종 및 업체선택 또는 가맹계약까지 한꺼번에 해결하려는 예비 가맹점사업자들이 의외로 많다. 하지만 정보제공자는 가맹점사업자의 성패를 절대 책임지지 않는다는 사실을 명심해야 한다.

경험에 준해서 선택하라

예비 창업자들은 기왕이면 과거 직업 경력과 연관이 있는 업종 중심으로 창업 업종을 선정하려고 하지만 쉽지 않다. 창업주들의 사례를 살펴보면 창업주 전직 중 제일 높은 비율이 회사원이다. 회사원들의 사무 관련 업종과 알맞은 업종이 그렇게 많지 않고, 또한 있다 해도 그다지 수익성이 높지 않기 때문이다.

이처럼 자신의 직장 경험을 창업에 연결시키는 것이 여의치 않을 경우 일상생활에서 많이 이용해본 경험이 있는 업종 중심으로 선택하는 것도 바람직하다. 이때 예비 가맹점사업자는 단시간에 프랜차이즈 업종의 시장흐름을 파악할 수 있으며, 한 지역 거주 기간 동안 이용한 경험으로 그 업종이 성장기 및 성숙기에 도달해

〈표 2-2〉 창업주 전직 현황

전직 업종	분포(명)	분포율(%)
주부	132	22
무직	48	8
자영업	60	10
회사원	360	60
계	600	100

자료 : 편의점 D사의 2020년 가맹점 개설자료

시장에 안정적으로 진입했다는 증거를 직접 확인할 수 있기 때문이다.

안전성을 고려해 선택하라

일정 규모의 점포수에 도달한 업종을 선택해야 한다. 일정 규모의 점포수에 도달한 업종이란 약 60점포수를 기준으로 한다. 이것은 시장 진입이 안정적으로 되었을 때의 규모를 말하며, 가맹본부 조직과 지원 시스템 구축 완료시점 기준을 점포수 60점포 이상으로 설계하기 때문이다.

일정 규모의 점포수에 도달하지 않은 업종을 선택할 경우 창업주는 프랜차이즈 가맹본부의 프랜차이즈 패키지 설계(〈표 4-1〉 참조) 및 가맹본부 노하우 축적의 테스트 대상으로 활용될 가능성이 있으므로 안정적인 창업에 위협을 받을 수 있다. 따라서 일정 규모의 점포수에 미도달한 업종일수록 계약 시 〈가맹사업법〉에서 규정하고 있는 정보공개 요구를 세밀하게 따져볼 필요가 있다.

업종이 도입된 기간이 길고 성장 속도가 점진적인 업종은 〈그림 2-2〉의 업종 생명주기 곡선에 나타나 있듯이 도입기 → 성장기 → 성숙기까지의 소요 기간이 3~5년으로, 연도별 매출액 증감을 비교 검토해 성장 속도가 점진적인 업종을 선정하는 것도 한 방법이다.

일정 규모의 점포수에 도달한 업종이라도 함정은 도사리고 있다. 그 예로 초기 가맹점의 분포가 전국적으로 개설되어 있을 경우 일정 규모의 점포수에는 달성되었더라도 안정적인 점포수라 할 수 없다. 왜냐하면 초기 점포의 전국적 분포는 프랜차이즈 시스템 개념에 맞지 않기 때문이다. 물류의 어려움으로 상품공급이 불가능하고 특히 가맹본부의 경영지도가 어렵고, 그에 따른 지원 시스템을 구축할 수 없기 때문이다. 이런 함정이 업종 선택 시 고려해야 할 요소이다.

성장성을 고려해 선택하라

성장성은 소비자의 욕구 변화에 따라 달라지므로 예비 가맹점사업자가 성장성을 예측해 업종을 선택한다는 것은 매우 어려운 현실이다. 따라서 일반적인 성장 업종 판정 기준 오류점을 파악해 이것에 대한 시행착오를 감소시키는 일이 중요하다.

예비 가맹점사업자가 생각하는 일반적인 성장성 판정 기준은 다음과 같다.

- 신문, 인터넷, TV, 소셜미디어에 광고를 많이 하고, 붐이라고 하니까
- 3차정보 제공자(창업서적, 컨설팅업체)들이 유망하다고 하니까
- 대기업이 하니까

이처럼 막연한 감성적인 판단기준을 성장성 판정의 오류점으로 볼 수 있으나, 또한 이렇게 생각할 수밖에 없는 것이 일반적인 것이 안타까운 현실이다. 그러면 어떻게 업종의 성장성을 판정할 것인가?

- 연도별 출점 점포 증가율
- 연도별 매출액 증가율
- 연도별 시장점유율 증가 수치

바로 이와 같은 3가지 자료를 기준으로 성장성 업종을 객관적으로 분석 판정할 수 있다.

이러한 근거 자료는 업종별 프랜차이즈 가맹본부에서 월별, 연

도별 자료를 보관하고 있으므로 정보습득은 어렵지 않다. 여기서 유의할 점은 출점수, 매출액 및 시장점유율이 전년 대비 급격히 증가했다고 해서 성장 업종으로 판정하는 것은 옳지 않으며, 점진적 증가율을 나타내는 업종을 성장성 업종으로 판단해야 한다는 것이다.

부업이 아닌 본업을 창업하라

본업을 찾아야 한다. 프랜차이즈 업종이 창업하기 쉽다고 해서 또한 아내가 아르바이트 및 직원을 두고 경영을 하고 남편은 직장을 다니면서 남는 여유 시간을 이용해 경영에 참여하는 방식의 부업 창업은 실패율이 높다.

왜냐하면 부업 업종은 부업 개념이므로 인건비와 같은 변동비가 많이 소요되어 수익성이 낮으며 또한 경영의 집중성 상실로 성공률이 떨어질 수밖에 없다.

따라서 '업종 선택 시 부업 개념으로 선택했다가 사업성이 좋아지면 경영에 참여하겠다'는 마음자세는 이미 창업의 실패 가능성이 내재되어 있음을 알고 있어야 한다. 그러므로 예비 가맹점사업자는 반드시 본업을 찾아야 하고 본업에 맞는 업종을 선택해야 한다.

업종 선택에는 적정한 시기가 있다

업종은 계절적인 요인에 따라 성수기와 비수기로 나누어지므로 프랜차이즈 가맹본부는 비수기 때 성수기를 대비해 가맹정보를 전달하고 정보 전달 결과에 따라 성수기에 많은 가맹점을 개점하려고 한다.

예를 들면 베이커리 전문점의 경우 날씨가 더운 6, 7, 8월에 광고하면 어떻게 될까? 아마 가맹하려는 예비 가맹점사업자가 거의 없을 것이다. 따라서 업종별 계절지수에 따라 성수기를 대비해 프랜차이즈 가맹본부는 가맹정보를 전달한다.

그러면 왜 성수기 2~3개월 전에 가맹정보를 전달해 예비 가맹점사업자가 업종의 성수기에 맞추어 창업할 수 있게 시기를 조정할까?

그것은 짧은 성수기 동안 창업 성공예감을 창업주에게 안겨줌으로써 비수기에 떨어지는 매출을 성공예감으로 반감시킬 수 있고, 또한 성수기 창업으로 창업 성공률이 높아지면 프랜차이즈 가맹본부는 더 많은 가맹점 개설이 가능하므로 성수기 창업을 유도하게 된다.

따라서 6, 7, 8월과 11, 12, 1월에 정보습득을 하고 업종을 선택하는 것이 이상적이다. 왜냐하면 이 시기는 계절지수의 편차폭이 낮은 업종만 정보를 전달할 수 있으므로 예비 가맹점사업자가 업종 선택의 시행착오를 줄일 수 있기 때문이다.

투자규모에 맞는 업종을 선택하는 것은 금물

(업종을 선택하고 투자자금을 고려하라)

일반적으로 예비 창업자들은 적극성, 안전성, 단순성, 성장성, 적시성 등을 고려해 본업 개념으로 창업 업종을 선택해 창업자본금과 투자자금을 비교해보게 되는데, 이때 예상보다 투자자금이 부족할 경우 기본 원칙을 무시하기 쉽다. 따라서 지금까지 고려했던 정상적인 방법과는 반대로 투자자금에 맞춰 적당한 업종을 선택하는 어리석음을 범하게 된다.

만약 적성을 무시하고 창업자금에 맞춰 업종을 선택해 창업하게 되면 장사에 흥미를 쉽게 잃어버리게 되어 2~3개월 이내에 창업 실패라는 쓴잔을 마시게 될 것이다.

업종 선택 이렇게 하면 망한다

TV, 인터넷, 라디오, 신문, 잡지, 소셜미디어에서 광고를 하니까

정보를 습득하고 분석해 업종을 선택하는 과정을 생략하고 대중매체의 공신력에 압도되어 업종을 선택하기 때문에 실패라는 괴물을 만나게 된다. 유망업종이라고 맹신해 업종을 선택하기 때문이다.

창업서적, 창업 컨설팅업체에서 유망업종이라고 권유하니까

'창업서적, 창업 컨설팅업체에서 유망업종이라고 하며, 저자 및 업체 대표가 대중매체에 알려져 있는 사람이라 믿을 만하다.' 이 말인즉 업종보다 권유한 사람을 믿는다는 사실이다.

창업서적 및 창업 컨설팅업체의 경우 저자 및 창업 컨설팅 대표가 업종을 권유할 만한 능력을 가지고 있는지 판단할 수 있어야 한다. 흔히 경력을 보면 신문 기고, 방송전문위원 등 주로 공신력을 강조하지만 이런 경력보다는 과거 프랜차이즈 업종에서 오랫동안 실전 경험을 쌓은 경력의 소유자가 예비 가맹점사업자에게는 훨씬 많은 도움을 줄 것이다. 왜냐하면 프랜차이즈 창업은 이론으로 창업하는 것이 아니기 때문이다.

유대인들의 자녀 교육처럼 '자식에게 고기 잡는 방법을 가르쳐주는 것'이 아니다. 결코 창업서적이나 컨설팅업체가 물고기를 잡아주지도 않으며, 잡는 방법을 가르쳐주는 것도 더더욱 아니라는 것을 예비 가맹점사업자는 알아야 한다.

뛰는 업종부터 잡자

고스톱을 칠 때 앞사람이 내어놓는 패부터 먹는 것처럼 업종을 선택하면 안 된다. 뛰는 패(신규 업종)는 사업성 검증이 불확실하고 프랜차이즈 시장에 안정적으로 정착하지 않은 업종이므로 신중하게 선택해야 할 필요성이 있다.

일반적으로 생각할 때 성공 가능성이 커 보이는 업종은 항상 새로운 업종일 것이라고 생각하는데, 그만큼 검증이 안 되었다는 문제점을 안고 있는 것이다.

체면도 살려보자

업종 선택의 기본 원칙에 준한 업종 선택이 바람직한 방법이지만 프랜차이즈 예비 창업자 입장에서는 그렇지 못하다. 업종 선택 원칙에도 적당하고 투자자금도 알맞기는 한데 '이 업종은 내 체면을 못 살려주는 것 같다'는 생각을 흔히들 하기 때문이다.

쉽게 말해서 '폼'이 안 나는 업종이라 단정하고 체면에 알맞은 업종을 찾으려고 한다. 자본 여력이 충분하면 모르겠지만 체면에 맞는 소매업 업종이 흔하지 않으니 체면을 고려해서 창업을 하려고 준비 중인 예비 창업주는 현 단계에서 즉시 프랜차이즈 창업준비를 중단하는 것이 돈 버는 길이다.

이런 업종은 피해가라

일정 규모의 점포수에 도달하지 못한 업종

사업성이 불확실하고 안정적으로 프랜차이즈 시장에 정착하지 못한 업종이므로 그만큼 창업 실패 확률이 높기 때문에 피해야 한다. 규모의 경제에 도달한 업종의 척도는 프랜차이즈 본사 정보공개서를 통해 경상이익율 7% 이상, 프랜차이즈 본사 부채비율 200% 미만 기준으로 판정하면 된다.

업종 콘셉트가 불명확한 업종

이것저것 다양한 상품의 취급(p.47 복합 아이템 광고 사례 참조)으로 이익 극대화가 가능하다고 주장하는 업종이다. 초기 프랜차이즈 시장에 안정적으로 정착했다 해도 업종 콘셉트가 명확하지 않으면 점포운영을 통해 고객의 욕구 충족이 어렵게 되어 짧은 시간에 매출액 감소, 손익 악화로 이어져 창업 실패라는 결과를 맞이하게 된다.

급조된 업종

프랜차이즈 가맹본부는 적어도 직영점 2~3개를 개점해 1년 이상 충분히 실험 및 검증을 하고 검증한 결과로 가맹점 모집을 하는 것이 좋다.

급조된 업종은 직영점 1~2개 개점 후 검증 없이 바로 가맹점을 개점하는 업종이라고 할 수 있다. 급조된 업종을 선택해 창업하게 되면 창업점주가 실험 대상점이 되어 프랜차이즈 가맹본부의 자료 축적 대상자 취급을 받게 된다.

따라서 개점된 직영점이 개점 후 1년 이상 경과되었는지를 반드시 확인하여 급조된 업종을 피하고, 업종 선택 원칙에 준해서 제대로 된 업종을 창업하는 것이 창업 성공의 지름길이다.

법적 규제로 탄생된 업종

환경법, 식품위생법 등의 법적인 강제 규제가 발생하게 되면 그 규제의 필요성에 따라 탄생되는 업종을 말한다. 예를 들면, 과거 건물의 덕트 청소 의무화 규제 법률로 인해 탄생되었던 '덕트 청소업종'의 경우 불과 몇 개월 만에 법이 폐지되는 바람에 그것을 준비하고 창업한 프랜차이즈 가맹본부 및 가맹점들이 큰 피해를 입었던 사실이 있다.

즉, 법으로 규제 시 찬성하는 다수의 집단이 있는 반면, 소수의 반대 세력이 존재하고 그 소수의 의견이 존중되어 법적 규제가 사라질 때 탄생된 업종은 필요 없게 되므로 피해야 한다. 또 제정된 법적 규제가 사회적 가치 및 국가 정책상 해제될 경우 법적 규제로 탄생되었던 업종이 필요 없게 되고, 그에 따른 엄청난 손실이 발생하기 때문에 피해야 한다.

일확천금의 업종은 없다

편의점업체인 D사가 지난 6년간 신규 개설한 가맹점사업자들의 전직을 조사한 자료(〈표 2-2〉)에 따르면 총 600명 가운데 60%인 360명이 회사원 출신인 것으로 나타났다. 구조조정이 일상화되고 있는 가운데 이처럼 '장사'에 전혀 경험이 없는 가맹점사업자들의 비율은 더욱 증가할 것이다.

이들이 프랜차이즈 가맹점을 운영할 경우 사무관련 업종이 그리 많지 않고 수익성도 낮기 때문에 일반 소매업종에 진출하는 것은 불가피한 일이다. 문제는 창업 희망자가 업종 선택 단계에서 수집할 수 있는 정보가 극히 한정되어 있고, 그나마도 신뢰성이 의심스러운 자료가 대부분이라는 것이다. 결국 수많은 프랜차이즈 사업 가운데서 옥석(玉石)을 가려낼 묘안이 없다는 것이 업종 선택의 최대 걸림돌이다.

이럴 때 가장 합리적인 방법은 현실성을 업종 선택의 기준으로 삼는 것이다. 부실 업종을 선택하는 것도 따지고 보면 고수익의 환상에만 집착할 때 흔히 저지르기 쉬운 실수이다. 바꾸어 생각하면 유망업종은 눈에 번쩍 띌 만큼 화려하거나 독특하지 않은 것이라야 한다. 가맹점을 운영하는 것은 일확천금의 도박이 아니라 땀과 노력이 필요한 생업, 즉 자기 인건비 정도를 벌 수 있는 것임을 명심해야 한다.

가맹상담

가맹상담을 하기 전에

- 가맹정보 습득·분석을 통해 업종을 선정한 뒤 가맹상담을 한다(선정한 업종이 없을 경우 가맹상담 금지).
- 가맹정보 습득과 동시에 가맹상담 금지

가맹상담 절차

가맹상담의 뜻과 절차

그동안 습득한 정보를 토대로 하나의 업종을 선정한 뒤에는 가맹사업을 벌이고 있는 가맹본부에 전화 또는 대면을 통해 상담에 나서게 된다.

대면상담 시 프랜차이즈 본부로부터 정보공개서와 가맹계약서를 받아 14일간 검토의 시간을 갖는다.

가맹상담이란 쉽게 말해 '선택한 업종의 업체별 상담을 통해 정보수집 단계에서 수집하지 못한 정보를 습득하고, 수집된 정보를 비교 분석해 업체선택 기준을 설정하는 것'이라 할 수 있다.

즉, ① 수집된 정보의 확인과정 ② 추가정보 수집 ③ 수집된 정보를 비교 분석해 업체선택 기준을 설정하는 단계라 할 수 있다.

따라서 정보분석이 끝나지 않았거나 업종을 선택하지 못한 상태에서는 가맹사업 가맹본부의 일방적인 정보에만 의지할 수밖에 없으므로 상담을 서두르지 않는 편이 현명하다.

그리고 반드시 정보공개서와 가맹계약서를 숙독하고 이해해야만 한다.

〈그림 3-1〉 가맹상담 절차

절차를 왜 지켜야 하나

전화상담을 통해 기초적인 가맹개설 조건 등을 한 번 더 확인하고, 그것을 기준으로 우수 프랜차이즈 가맹본부 기준을 설정하기 위해서 가맹상담 절차를 지켜야 한다.

일반적인 프랜차이즈 가맹본부는 전화상담 전이나 후에 예비 가맹점사업자의 전화번호나, 주소, 이름 등 신분을 확인하려고 할 것이다. 왜냐하면 자기 회사를 권유하기 위해서이다. 전화상담 시 신분노출을 가급적 피해 제3자의 권유에 의해 업체선택 기준이 설정되는 것을 피해야 한다.

프랜차이즈 가맹본부에 대한 사전정보가 축적되고, 기준 설정이 되면 제3자의 권유에 대해서도 옳고 그름을 판별할 수 있으므로 대면상담을 통해 정보공개서와 가맹계약서를 제공받고 검토 후에 업체를 선택해도 결코 늦지 않다.

가맹상담의 입장 차이

프랜차이즈 가맹본부의 입장

프랜차이즈 가맹본부는 보다 많은 점포를 개설하기 위해 한 사람의 예비 가맹점사업자라도 더 많이 가맹점사업자로 계약시키기 위해 노력해야 하는 입장이다. 따라서 가맹본부가 가맹상담 시 제공하는 일방적인 정보는 상당히 과장된 내용으로 예비 가맹점사업자에게 전달될 수도 있다.

프랜차이즈 가맹본부는 예비 가맹점사업자에게 확신을 심어주기 위해 다음과 같이 가맹점 개설에 대한 내용을 집중적으로 강조하게 된다.

- 업종의 현황, 시장 전망에 대한 확신을 준다.
- 경쟁사 대비 자사에 대한 확신을 준다.
- 상품에 대한 확신을 준다.
- 영업에 대한 확신을 준다.
- 손익에 대한 확신을 준다.
- 조직운영에 대한 확신을 준다.
- 가맹본부 지원에 대한 확신을 준다.

예비 가맹점사업자의 입장

속지 않고 안전하게 창업하는 것이 예비 가맹점사업자가 창업준비 과정에서 직면해 있는 입장이다. 따라서 프랜차이즈 가맹본부의 일방적인 과장 정보를 가맹상담 과정에서 명확하게 선별해냄으로써 안전하게 창업하는 것이 예비 가맹점사업자의 최대 목표라 할 수 있다.

가맹상담은 바로 이 과장된 정보를 걸러내는 과정이라고 해도 과히 틀린 말은 아니다. 이러한 전제를 바탕으로 가맹상담에서 주의해야 할 점을 살펴보기로 한다.

가맹상담의 원칙

원칙 1 **선택한 업종을 가맹상담 과정 중에 변경하지 않는다**

2단계에서 가맹정보를 수집 및 분석한 자료를 근거로 업종을 선택했을 경우 가맹상담을 진행하는 과정 중에 제3자의 권유에 의한 업종 변경은 가능하면 하지 말아야 한다. 그것은 권유자(제3자)의 이해관계 때문에 권유할 가능성이 높기 때문이다.

또 예비 가맹점사업자가 집중적으로 조사·분석한 자료를 기준으로 선택한 업종보다 권유자의 정보 내용이 반드시 올바르다고 볼 수 없기 때문에 상담 중 업종 변경은 금물이다.

원칙 2 **가맹상담 내용에 집중하라**

가맹상담을 통해 기 수집된 정보를 확인하고, 또한 추가 수집된 정보를 비교 분석해 업체선택 기준을 설정하는 것이 가맹상담의 기본 목적이라 할 수 있다. 그런데 믿기지 않겠지만 필자의 경험에 의하면 많은 예비 가맹점사업자들이 프랜차이즈 가맹본부 직원의 상담 자세, 외모, 관상 등을 업체선택의 주요 기준으로 삼는 듯했다.

물론 프랜차이즈 가맹본부 직원의 상담 자세의 진실성도 중요하다. 하지만 프랜차이즈 가맹본부 직원은 회사의 업무를 수행할 뿐이지 예비 가맹점사업자의 미래를 책임질 수는 없다. 그러므로 이미 수집된 정보의 진위를 확인하고 미흡한 정보를 수집하는 데에 모든 관심을 기울여야 하며, 가맹상담 내용에 집중해 올바른 업체 선택 기준을 선정해야 한다.

원칙 3 선택한 업체와 개별상담은 항상 처음 상담하는 것처럼 하라

'A업체는 이런 조건이고, B업체는 이런 조건이더라'는 업체의 장단점을 열거해 가맹상담원과 논쟁하지 말고, 해당 상담업체에 대한 내용으로만 상담하는 것이 바람직하다. A업체에 대한 내용, B업체에 대한 내용을 많이 열거한다고 해서 박식하다고 인정하는 것이 아니다. 가맹상담원은 이런 예비 가맹점사업자 상담이 제일 편하며 또한 요리하기 쉽다고 생각할 수 있다.

왜냐하면 예비 가맹점사업자가 알고 있는 내용을 업체별 장단점으로 반박해 가맹점사업자의 마음을 흩트려놓고 자사의 좋은 내용만 이야기할 경우 바로 그들의 마음을 빼앗아버릴 수 있기 때문이다. 따라서 항상 처음 상담한다는 자세로 업체선택 기준을 설정하기 위한 정보만 수집하면 된다.

원칙 4 설득당하지 마라

가맹상담원에게 일방적인 설명만 듣고 설득당한 상태에서 상담을 끝내지 말고 궁금하거나 상이한 내용에 대해 반드시 질문해 확인 검증해야 한다.

가맹상담 과정에서 상담 직원이 자사에 대한 정보를 실제 내용보다 부풀려서 전달하는 경우가 많기 때문에 만일 예비 가맹점사업자가 조사 분석한 정보 내용과 상이한 내용이 있을 경우 구체적인 질문으로 진위를 확인해야 한다. 이렇게 하지 않으면 가맹본부 상담원은 가맹상담의 프로이기 때문에 대부분의 예비 가맹점사업자는 설득당할 수밖에 없다.

원칙 5 가맹상담은 적어도 3회 이상 하라

가맹상담 절차에 따라 전화상담으로 기초적인 정보를 습득하게 되면 3회 정도의 대면상담을 통해 구체적인 확인 작업에 들어간다. 1차 대면상담은 전화상담 내용을 확인하고, 2차, 3차 대면상담 시에는 프랜차이즈 가맹본부의 가맹사업 수행 능력 판단 정보에 대해 집중 질문하면 된다.

따라서 최소한 3회 이상 대면상담을 통해 충분한 정보를 습득해야만이 우량 업체를 선정할 수 있다.

원칙 6 가맹상담원을 괴롭혀라

채근하고, 비방하라는 것이 아니고 상담 기간 중에 가맹본부 상담원과 인간적으로 가까워질 수 있는 관계를 만들어 지속적인 상담을 통해 업무적으로 피곤하게 하라는 뜻이다. 한 번 두 번 만날 때마다 정보의 질은 높아질 수밖에 없으며, 그에 따라 보다 정확한 정보습득으로 우수한 프랜차이즈 가맹본부를 선택할 수 있기 때문이다.

원칙 7 가맹상담원의 실체를 확인하라

가맹상담을 해주는 가맹본부 직원이 정식 직원이면 상관없다. 하지만 가맹본부가 외주를 주어 가맹점 및 점포 개발 대행업체에 용역 개념으로 운영하는 것이라면 문제는 달라진다. 상담하고자 하는 회사 명함을 받아보고서 그 회사 직원으로 오인해 예상치 못한 사태가 종종 벌어지고 있다.

또한 프랜차이즈 업계에서 일명 '오더맨'이라고 하는 이 개발영업 조직 운영에 대하여 우려의 목소리가 높다. 또 점점 예비 가맹점사업자의 알 권리가 필요해지는 상황이 연출되고 있다. 아마 예비 가맹점사업자가 가맹상담 시 그 회사 직원인지 아닌지 확인할 수 있는 원천징수 영수증을 확인하고 상담을 받아야 할지도 모르겠다.

해당 브랜드의 직원이 아닌 제3자(영업대행, 인큐베이팅)가 상담을 한다는 것은 해당 브랜드에 상권조사 분석 매출 예측 노하우가 없다는 것을 증명하는 것으로 부실 본부일 가능성이 높다.

[사례] S빙수 손해배상 판례

→ 부동산 브로커를 통한 가맹점 모집 주장에 대한 판단 : 상담 시 받은 명함, 같이 찍은 사진 등은 반드시 보관해야 한다.

가맹상담원의 상담 유형과 대응 방법

유형 1 **상담원 자기과시형**

상담원이 자기 자신을 세일즈하는 과정에서 예비 가맹점사업자에게 확실성을 강조해 자신을 믿게 되면 창업 성공 확률이 높다는 것을 은연중에 과시하는 형태를 말한다.

- 과거에 개점시킨 여러 개의 점포 중 이제껏 폐점한 점포가 없다. 즉, 모두 성공했다고 과시하는 유형
- 프랜차이즈 가맹본부에 입사해 점장 1년, 영업지도 2년의 과정 등을 이수했기 때문에 장사 경험이 풍부하다. 즉 '프랜차이즈 창업 전문가'라고 과시하는 유형
- '나도 자본이 있으면 이 사업은 꼭 하고 싶다'고 하면서 사업성을 강조하는 유형
- 내 친구 또는 친척이 가맹해 운영한다고 과시하는 유형

| 대응 방법 | 구체적으로 성공한 점포 및 친구, 친척이 운영하는 점포의 위치,

일매출, 손익, 전화번호 자료를 달라고 대응하라. 근거 자료를 흔쾌히 제공하면 진실이고, 입으로는 말하고 대외비라 자료 제공을 못하겠다면 거짓말이다. 만약 자료를 받게 되면 반드시 확인하라.

창업 전문가라고 과시하고, 상담원 자신도 창업을 하고 싶다고 하면 조금만 믿어라. 물론 경험은 중요한 것이지만 그 경험이 똑같이 적용되는 것이 아니기 때문이다. 또 상담원이 자신도 예비 가맹점사업자가 상담하는 업종을 창업하고 싶다고 말하는 것은 사업성을 강조하기 위한 것이지 창업하고 싶은 본심은 극히 일부분일 수 있다.

유형 2 회사를 이용해 과시하는 방법

회사의 공신력을 강조해 가맹본부의 신용을 세일즈하는 유형을 말한다. 즉, 아무런 걱정 말고 가맹본부만 믿으면 성공 창업을 보장한다는 형태다. 이들의 주요 과시 유형은 다음과 같다.

- 직영점을 개점했는데 단위점 일매출이 업계에서 최고라고 과시하는 유형
- 대기업의 협력사 및 관계사라고 설명해 재력을 과시하는 유형
- 프랜차이즈 전문가로 가맹본부 인원들이 구성되어 있다, 따라서 우리 회사는 프랜차이즈 전문가 집단이라고 과시하는 유형
- 자기 회사만이 시행하는 특수한 장점을 강조하는 유형. 즉, 전산시스템이 업계 최초이다, 소스 맛이 차별화 되어 있다, 최저 매출을 보장한다, 인테리어 환불제도를 시행한다는 등의 일부 내용을 강조해 마치 가맹점을 위한 서비스가 업계에서 선두라고 착각하게 만드는 유형

| 대응 방법 | 단위점 매출, 재력, 우수한 인재로 가맹본부 구성, 가맹본부의 특수한 장점을 과시할 때 근거 자료를 요구하라. 자료 제공 시 상담원의 말을 신뢰할 수 있을 것이고 대외비라 거절하면 거짓말이다. 받은 자료가 있으면 반드시 확인하라. '자료를 제공하니까 신뢰할 수 있다'라고 생각하고 상담원의 상담 내용을 확인하지 않으면 절대 안 된다.

무엇을 물어볼 것인가

일반적으로 가맹상담을 하다 보면 예비 가맹점사업자가 첫 번째 질문하는 사항이 가맹점 개설조건이고, 두 번째 질문하는 사항이 프랜차이즈 가맹본부에 대한 질문 내용이다. 그리고 상담 내용의 절반 이상은 프랜차이즈 가맹본부 상담원의 상담 세일즈 내용으로 진행된다.

예비 가맹점사업자는 구체적으로 프랜차이즈 가맹에 대한 전문지식이 부족하므로 상담 시 무슨 내용을 질문해야 하는지 모르기 때문에 프랜차이즈 가맹점 창업에 대해 상담원이 세일즈하는 내용을 일방적으로 들을 수밖에 없고 또한 상담원이 유도하는 방향으로 이끌려갈 수밖에 없다.

따라서 가맹상담 절차에 따라 질문해야 할 항목 선정이 무엇보다 중요하며, 그 항목에 따라 업체선택 기준을 설정할 필요성이 있다. 그러나 가맹상담 시 왜 질문항목을 선정해서 질문해야 하냐고 반문하는 예비 가맹점사업자는 거의 없는 형편이다.

가맹상담 절차에 따라 전화상담을 할 경우 문의 사항

전화상담을 할 사항과 구체적인 내용을 표로 정리해보면 〈표 3-1〉과 같다.

선정한 업체별로 먼저 전화상으로 질문 항목을 체크리스트에 빠짐없이 기록하면서 질문하면 된다. 따라서 조사된 개설조건을 상호 비교 분석한 다음 대면상담 시 세부 질문사항 자료로 활용하기 바란다.

전화상담 후 프랜차이즈 가맹본부에서 자료 송부가 된다면 우편으로 받고, 가맹개설 조건에 대한 세부사항을 팩스, 이메일 등으로 송부받아 상담 내용에 대해 일차적인 정리를 꼼꼼하게 해야 한다. 상담원과 대면상담 시 무엇을 물어봐야 할지 미리 체크하는 것은 중요하다. 묻지 않으면 상담원 스스로 가르쳐주지 않기 때문이다.

〈표 3-1〉 전화상담 시 문의 사항

항목		내용
출점 가능지역		점포개설을 A지역에 하고 싶은데?
점포면적		실평수로 몇 평 필요한지?
계약 기간		계약 기간은? 기간 변경은 안 되는지?
상품마진		상품군별 마진은? 또한 평균 마진은? 비용 제외하고 영업 이익의 기준 마진은? 결제조건은?
로열티		로열티가 있는가? 있으면 왜 받나?
투자비	가맹비	가맹비는 얼마이고 용도는? 환불 여부는?
	보증금	보증금은 얼마이고 왜 받는가? 환불 여부는?
	교육비	얼마이고 용도는?
	기계/집기	평수기준 얼마나 소요되나?
	인테리어	본부 감리와 점주 시공이 가능한가?
	점포비용	평수기준 평균 소요금액은?
투자비용계		총 투자금액은?
예상 투자이익		투자금리 제외 후 경상이익은?
본부지원사항		개업판촉물 : 전단지, 명함, 오픈 시 지원하는 판촉행사는? 개점지도 : 직원 파견일은? 개업 시 : 행사지원 상품은? 기타 집기 지원은? 상품 폐기 지원은? 기타 지원사항은 없는가?
교육		초기 운영교육 및 일정? 보수교육 유무 및 내용?
점포알선 및 입지·상권조사		점포가 없을 경우 본부가 알선해주나? 상권조사는?
허가사항		이 업종을 하는 데 있어서 반드시 받아야 하는 허가사항은 없나?
자료송부		가맹안내 자료 및 기타 자료를 송부해주나?
개설상담		개설상담원 연락처, 성명을 물어보라

※ 선별하여 항목별 문의할 수 있으나 최대한 많은 항목을 문의해야 한다.

최상의 가맹상담 전략이 필요하다

대면상담 시 상담 장소의 중요성

첫 번째 대면상담 시 홈그라운드의 이점을 살려 가급적이면 방문상담을 요청해 커피숍과 같은 개방된 장소에서 상담하는 것이 바람직하다.

그 이유는 개방된 장소에서는 많은 사람들이 주변에 있어, 상담 내용이 간접적으로 공개될 수 있으므로 상담원이 과장된 내용을 줄이고 진실된 내용으로 상담할 가능성이 있기 때문이다.

상담원 시절 경험을 봐도 밀폐된 가맹본부 가맹상담실 상담보다 개방된 장소에서 상담하는 것이 더 긴장되고 어려웠던 기억이 있다. 바꿔 말하면 그것은 둘만의 밀폐된 공간에서 예비 가맹점사업자를 설득하는 것이 훨씬 쉬웠다는 것을 의미한다. 따라서 예비 가맹점사업자는 1차로 가맹본부 상담원이 방문상담을 할 수 있게 유도하고, 2차로 가맹본부 방문상담을 하는 것이 바람직한 방법이다.

초기 1, 2차 대면상담 시에는 가맹본부선정 조건의 기준이 되는 〈가맹사업법〉 제5조 가맹본부의 준수사항 및 제6조 예비 가맹점사업자의 준수사항을 중심으로 질문하면 된다.

정보습득 내용 확인을 위한 질문 내용

이후 가맹점사업자, 지인, 컨설팅업체, TV, 인터넷, 신문, 잡지,

소셜미디어 등에서 수집한 정보들을 우선적으로 확인 및 검증해야 한다. 그 이유는 정보수집처로부터 그 해당 가맹본부에 대한 치명적인 사실을 습득 및 확인했을 경우 프랜차이즈 사업을 전개하는 본부로서 문제가 있으므로 계속적인 상담을 진행할 필요성이 없기 때문이다.

전화상담 내용의 검증 및 프랜차이즈 패키지 시스템의 실행 능력에 대해서는 대면상담 시 질문해야 할 항목이다.

가맹점 개설조건에 대한 질문

전화상으로 상담한 가맹점 개설조건 항목은 대면상담을 통해 다시 확인한다.

상담원으로부터 성실한 상담 내용을 이끌어내기 위해 가급적이면 '보증금은 1,000만 원이고, 가맹비가 300만 원 맞지요?'라는 식으로 구체적으로 질문하면 된다.

입지·상권조사

입지·상권조사에서는 다음 사항을 꼭 체크해야 한다.

① 예비 가맹점사업자가 점포 미보유 시 점포 소개를 해주는가? 또 점포 소개를 해준다면 어떤 기준으로 해주는가?

② 입지·상권조사를 해준다고 하는데 과학적인 기준이 있는가? 또 매출 예측 모델이 있는가? 있다면 모델을 적용해 가맹점 개

점 시 매출 적중률은 얼마이고 그 근거를 보여줄 수 있는가?

③ 후보지 입지·상권조사에 대한 근거자료를 예비 가맹점사업자에게 공개 및 제공하는가?

투자대비 이익과 사업성에 관한 사항

통상 예비 가맹점사업자들은 '평균마진이 어떻게 되나?' 하고 질문하는데 이것은 별 의미가 없다. 왜냐하면 내 손에 들어오는 현실적인 이익은 상품마진만큼이 아닌 판매관리비를 제외한 영업이익 기준 마진이기 때문이다. 더 엄밀하게 말하면 예비 가맹점사업자 이익은 투자금리 및 영업권 감가상각을 제외한 이익, 즉 경상이익임을 명심해야 한다.

따라서 판매관리비를 제외한 영업이익이 얼마인가? 또는 투자금리, 영업권 감가상각을 제외한 경상이익이 얼마인가? 이런 식으로 질문해야 한다.

즉, 〈표 3-2〉의 사례에 제시하는 것처럼 경상이익(③ - ④ + ⑤)이 얼마인지를 확인해야 한다.

가맹비, 보증금에 대해 ▶〈가맹사업법〉 제10조 제1, 2항 참조

① 가맹계약 종료 후 반환 여부 및 사용 용도는?

② 가맹비 및 보증금이 없는 경우 그 이유는?

〈표 3-2〉 프랜차이즈 본부 D사 손익계산서 사례

매출		43,591	100%	일매출(VAT 제외) X 영업일수(27)
매출원가		25,000	57%	원부자재 + 외주상품
① 매출이익		18,507	43%	매출 - 매출원가
판매 관리비	급료	5,200	12%	연봉 · 직원수
	잡급	1,500	3%	급여총액 · 아르바이트 수
	복리후생비	152	0.3%	깔판 - 20, 생수대 - 132
	여비교통비	324	1%	근무일수 X 4천 X 판매 여직원수
	전화요금	185	0.4%	
	통신비	65	0.1%	
	수도광열비	100	0.2%	
	전기료	1,295	3%	
	세금공과	15	0.0%	보건증 - 15
	카드수수료	872	2.5%	
	지급입차료	2,600	6%	
	감가상각비	2,653	6.1%	기계 : 10년, 인테리어 : 5년
	수선비	140	0.3%	화장실 - 60, 영업 집기 - 80
	보험료	20	0.0%	
	광고선전비	0	0.0%	
	판매촉진비	0	0.0%	
	소모품비	280	0.6%	일반 - 200, 냅킨 - 80
	LOSS	1,520	3.5%	폐기
	기타	0	0.0%	
② 계		16,921	39.5%	① - ②
③ 영업이익		① - ②		
④ 영업 외 비용				
권리금상각 투자금리				5년 정액상각 보증금 + 기계장비 + 시설 + 권리금
⑤ 영업 외 수익				기타 수입 수수료
경상이익		③ - ④ + ⑤		

※ 점주 인건비, 감가상각비 제외 또는 포함인지 반드시 표기.

가맹본부 영업 지원사항에 관한 질문사항(개점 시)

예비 가맹점사업자가 가맹 시 지불하는 가맹료의 일부를 가지고 가맹본부가 지원하는 것이 일반적인 방법이다. 따라서 개점 시 가맹본부 지원사항에 관한 질문은 다음과 같다.

① 개점 매뉴얼이 있으며, 그 매뉴얼에 따라 개점을 진행하는가?
② 전단지, 풍선 등의 개업 판촉물 내용은?
③ 개점지도 내용과 지원 일자 및 지원 인원수는?
④ 개업 시 행사용 상품은?
⑤ 기타 영업 집기 및 상품 폐기 지원이 있는가?
⑥ 개점 후 영업지도 내용이 무엇인가?

가맹본부 영업 지원사항에 관한 질문(영업 시)

① 가맹본부 경영지도 요원(슈퍼바이저)이 주당 방문하는 횟수 및 방문 시 무엇을 지도해주는가?
② 그리고 가맹점을 체계적으로 운영할 수 있게 뒷받침하는 운영 매뉴얼이 있는가?
연도별 수정내용을 보여줄 수 있는가?
③ 우수가맹점 인센티브제 지원제도처럼 가맹점 활성화 정책이 있는가?

상품·물류에 관한 사항

▶〈가맹사업법〉 제5조 제2항, 제6조 제2, 3, 4항 및 제12조 제1, 2, 3, 4항 참조

④ 가맹본부의 상품공급 계획과 소비자의 충족에 필요한 적정한 재고유지 및 상품을 진열해야 하나?

⑤ 가맹본부가 상품에 대해 제시하는 적절한 품질기준을 준수해야 하나?

⑥ 품질기준의 상품을 구입하지 못할 경우에 가맹본부가 제공하는 상품의 사용을 준수해야 하나?

⑦ 취급상품 변경 시 가맹본부와 사전 협의를 해야 하나?

⑧ 상품을 공급하기 위한 수발주 시스템이 어떻게 되어 있는가?

⑨ 물류 형태가 자사 물류인가? 아니면 벤더(vandor)를 활용하는가?

시설 및 기계·장비 ▶〈가맹사업법〉 제5조 제3항, 제6조 제5항 참조

⑩ 가맹본부가 지정한 업체에게 시설을 해야 하나?

⑪ 가맹본부가 공사관리하고 예비 가맹점사업자가 직접 시공할 수 없나?

⑫ 평당시설 금액이 얼마이고, 기준 산정 시 제외된 내용은 없는가? (전면 창호, 전기증설, 간판 비용 등을 제외하므로 주의 깊게 살핀다.)

⑬ 가맹본부가 제시하는 기계장비, 소모품 품목을 모두 구입해야 하나?

⑭ 구입한 장비가 영업상 필요하지 않을 경우 반품처리되는가?
⑮ 기계·장비 A/S 보증 기간 및 보증 기간 이내에 기계·장비 고장 시 발생되는 상품 폐기 변상건은?
⑯ 기계·장비별 규격과 그에 따른 세부 가격목록 규정이 있는가?

교육훈련에 관한 사항 ▶〈가맹사업법〉 제5조 제4항 참조

⑰ 초기 점주 운영교육 세부 내용 및 일정은?
⑱ 개점 후 가맹점 보수교육을 분기, 반기, 연 몇 회 실시하나?
⑲ 교육훈련 매뉴얼을 보유하고 시행하고 있는가?

판촉·광고 홍보에 관한 사항

⑳ 가맹점사업자를 위해 연간 판촉지원 계획이 어떻게 되어 있는가?
㉑ 연간 광고·홍보 계획은?
㉒ 광고·홍보비의 본부와 가맹점 간 분담 기준은?

이와 같이 프랜차이즈 가맹본부가 가맹점에 대해 노하우를 지원할 수 있는 가능성을 검증하기 위해 프랜차이즈 패키지 시스템에 관한 내용을 중점 질문하면 된다.

3, 4차 대면 시 문의 사항

3, 4차 대면 시에는 가맹본부의 프랜차이즈 사업 수행 능력에 대해 질문하면 된다. 물론 한 번에 질문하면 시간적인 절약과 자료정리를 쉽게 할 수 있는 장점이 있지만, 한두 번 만남으로 가맹본부 가맹상담원으로부터 중요 정보를 습득하는 일은 쉽지 않을 것이다.

신용도에 관한 질문 ▶〈가맹사업법〉 제7조 정보공개서 제공 참조

① 회사 재무 상태가 어떤가?

② 과거 5년간 사장 및 임원들의 프랜차이즈 사업 경력이 어떻게 되나?

③ 현재 법원에 진행 중인 소송에 관한 사항이 있는가?

④ 연도별 개점수 대비 가맹점 폐점률은?

⑤ 운영되고 있는 점포수가 규모의 경제(점포수 60점 기준)에 도달했는가? 점포수가 60점에 도달했다면 직영점, 가맹점 월별 손익 분포도가 어떻게 되는가?

사업 방향에 관한 질문

① 당해 연도 사업계획 및 장기계획은?

② 가맹점을 운영하는 주요 콘셉트는 무엇인가?

③ 프랜차이즈 가맹본부 설립 후 점포 전개를 어떻게 했는가?

실험점 2~3개 출점 → 피드백 → 결과에 따른 가맹점 모집 순서로 전개했는가? 만약 했다면 그 결과 자료는 어떠한가?

조직 구성에 관한 질문

① 가맹본부 조직도 구성이 어떻게 되어 있나?

② 특히 조직 구성원 중 점포개설 담당자가 몇 명이고, 개설 담당자별 연 개설점포 목표는?

③ 가맹본부가 직접 개설 담당팀을 운영하는가? 영업대행(인큐베이팅)에 위탁해 가맹점을 개설하고 있지 않은가?

④ 그리고 슈퍼바이저들이 담당하고 있는 점포수는?

⑤ 모기업이 있다면 그 관계는?

가맹본부 선택

우수한 가맹본부를 선택하기 위해서는 예비 가맹점사업자가 사업에 대한 기초 지식쯤은 갖추고 있어야 한다. 그렇지 않을 경우 복잡하기 그지없는 프랜차이즈 패키지 시스템이나 본부 구성원의 역할을 이해하지 못해 전적으로 본부의 주장을 수용할 수밖에 없다.

가맹본부 선택의 중요성

올바른 가맹본부 선택이 창업 성공을 좌우한다

필자가 업종을 선정하고 가맹상담을 통해 가맹본부 선택에 신중을 기하라고 누누이 당부하는 이유는 이렇다. 제대로 된 프랜차이즈 가맹본부를 선택했을 경우, 가맹본부는 과학적인 상권조사 방법에 따라 유망한 입지를 선정해주고 이후에도 프랜차이즈 패키지 시스템을 기본으로 한 경영 노하우를 제공해 사업의 성공률을 높여줄 수 있다. 그러나 부실한(또는 불성실한) 가맹본부는 개업 후의 경영 지원은 물론 성공 요소의 70%를 차지하는 입지 선정조차 허술하게(또는 회사의 이익을 위해 진실을 왜곡해) 진행할 수밖에 없다. 이런 가맹본부를 선정하고 나면 그 이후의 일은 모래 위에 빌딩을 짓는 것이나 다름없다. → p.52 올바른 정보 판단 기준 참조.

가맹본부 선택의 관행

올바른 가맹본부 선택의 기준을 마련하라

42쪽 〈표 1-1〉 피자P 기업 경로별 계약 비율과 같이 선택 기준을 참고하여 상담 후 계약해야 한다.

가맹본부 선택의 기준

계약하기 전 좋은 가맹본부의 조건 살펴보기

우수한 가맹본부를 선택하기 위해서는 어쨌든 예비 가맹점사업자가 사업에 대한 기초 지식쯤은 갖추고 있어야 한다. 그렇지 않을 경우에는 복잡하기 그지없는 프랜차이즈 패키지 시스템이나 본부 구성원의 역할을 이해하지 못해 전적으로 가맹본부의 주장을 수용할 수밖에 없다.

입지 · 상권조사 → 임대차계약 → 가맹계약 → 시설 및 기계 · 장비 계약 → 점주 교육훈련 → 개점 및 개점행사 → 지속적인 영업 지원으로 구성되어 있는 프랜차이즈 패키지 시스템 적용 시 가맹점사업자가 쉽게 사업장을 운영할 수 있도록 경영지도할 수 있는가를 파악하고, 그에 따른 수익 증대의 가능성을 검증하는 것이다.

프랜차이즈 패키지 시스템은 복잡 다양하게 구성되어 있으므로 프랜차이즈 본부 구성 또한 복잡 다양하게 구성될 수밖에 없다. 따라서 어느 한 부분의 비중만 높아서는 결코 좋은 프랜차이즈 본부라고 할 수 없다.

가맹본부 선택 기준

가장 권하고 싶은 방법은 그 회사의 프랜차이즈 패키지 시스템(〈표 4-1〉)을 점포개발, 점포운영, 상품, 지원관리 등의 직무 유형별로 나눠 검토해보는 것이다.

이렇게 하면 그 회사의 사업 능력을 일목요연하게 정리할 수 있을 뿐만 아니라 회사별 장단점까지도 비교 검토할 수 있다. 3단계 가맹상담 과정의 1, 2차 대면 시 질문사항들을 정리해 가맹본부 선택 판단기준으로 활용하면 된다. 또 1, 2차 대면 시 질문항목들이 프랜차이즈 사업을 전개하기 위한 각 부분별 매뉴얼 구성요소이기 때문에 〈표 4-1〉를 최종 점검해 우량 본부를 선정하면 된다.

사실상 가맹본부의 패키지 시스템(〈표 4-1〉)을 입수하더라도 위의 항목을 세부적으로 검토할 수 있는 예비 가맹점사업자는 그리 많지 않을 것이다. 하지만 설령 프랜차이즈 운영 시스템에 대한 전문 지식이 없더라도 이 같은 확인 절차는 반드시 필요하다. 관심을 갖고 여러 번 질문하고 검토하다 보면 최소한 가맹본부의 사업 능력을 어림짐작할 수 있을 정도의 지식은 가질 수 있다.

검토 과정에서 잊지 말아야 할 것은 가맹점 창업에 성공하기 위해서는 위에 제시된 항목들이 고르게 뒷받침되어야 한다는 것이다. 그러므로 어느 한 항목이 특히 잘 갖춰져 있다 하더라도 다른 곳에서 여러 개의 부실 항목이 발견되면 그다지 우량한 프랜차이즈 본부가 아니라고 판단해도 무방하다.

그 결과 3단계의 〈표 3-2〉 단위점 손익계산서 사례처럼 돈을 버는 우량점률이 낮아지게 되고, 반대로 망하는 점포율이 증가하게 되는 것이다.

프랜차이즈 패키지 시스템(〈표 4-1〉)이 제대로 갖춰져 있지 않으면 가맹점 개설 후 프랜차이즈 본부에 대한 의존도가 급격히 감소되어 점포 경쟁력이 상실되는 것은 너무도 당연하다. 실제로 이런 문제 때문에 가맹계약을 파기하거나 법적 분쟁으로 비화되는 것을 자주 볼 수 있는데, 이 모두가 본부선택 과정에서 충분한 검토가 뒷받침되지 못했기 때문에 생기는 문제들이다.

가맹본부 선택을 위해 반드시 확인해야 할 사항들

가맹본부를 선택할 때는 가맹본부의 사업 능력을 확인하는 것도

〈표 4-1〉 프랜차이즈 패키지 시스템 항목 확인

구분		가맹본부 선택을 위한 질문 · 확인 항목	유	무	비교
프랜차이즈		가맹사업 경영이념 및 경영전략			
		가맹점 전개 전략			
		가맹점 운영 전략			
		마케팅 전략			
		인사조직 전략			
입지 · 상권조사 (점포개발) 예상매출액 의무제공		과학적 입지, 상권조사 분석모델			5단계 참고
		사업계획서 작성모델			
		매출 예측 및 사업 타당성 분석모델			
		개설 매뉴얼(가맹안내~신청까지)			
운영	개점 시	점포개업 매뉴얼 -상품입고에서 오픈, 판촉행사까지			9단계 참고
		개점계획서 작성 · 폼			
	영업 시	체계적인 점 운영 매뉴얼			11단계 참고
		점주 및 직원 평가 시스템			
		점주 인센티브 시스템 구축 · 시행			
		슈퍼바이저 경영지도 매뉴얼			
		부진점 진단 및 활성화 기법			
상품화 계획 (merchandising)		머천다이징 콘셉트, 전략			
		상품관리의 체계			
		재고관리 · 조사와 로스 대책			
		상품발주 · 물류 시스템 체계 구축			
		상품 매뉴얼(외식조리 매뉴얼)			
광고 · 홍보		창조적인 전략과 미디어 전략 있나?			
판매촉진		점별 판촉활동(오픈, 문제전) 계획			
		연간 전점 통일 판촉계획			
지원관리	점포건설	표준 SI(Store Identity) 매뉴얼			8단계 참고
		CIS(Corporation Identity System)			
		영선(A/S) 시스템			
	인사교육	직원 CDP(Career Development Plan)			
		가맹점사업자, 아르바이트 교육 매뉴얼			
	점회계	점별 회계지원 체계구축			

※ 가급적 절반 이하의 항목을 반드시 체크해야 한다.

빼놓을 수 없다. 〈표 4-2〉는 프랜차이즈 본부의 사업 능력을 확인하기 위해 알아야 할 가장 기초적인 질문 내용들이다.

이 같은 내용 중 일부 내용에 대해 〈가맹사업법〉에서는(2002. 11. 1. 〈가맹사업법〉 시행) 프랜차이즈의 정보공개서(인근가맹점 현황문서 포함)를 가맹금을 지급하는 날의 14일 전 또는 가맹계약서 체결하는 날의 14일 전에 의무적으로 제공하도록 하고, 이를 위반할 경우 2년 이하의 징역 또는 5천만 원 이하의 벌금에 처하도록 규정하고 있다.

맥세스컨설팅의 2022년 정보공개서 전수 조사자료를 보면 국내 프랜차이즈 본부는 최근 들어 급격히 그 수가 증가하기 시작해 지

〈표 4-2〉 사업 수행 능력을 확인하기 위한 사항

구분	사업 능력을 확인하기 위한 질문항목
재무상태	• 본부 연도별 손익계산서 확인 – 경상이익은?
사업경력	• 사장 및 임원들의 신원조회 서류요구 시 제출 가부 • 법인대표 과거 5년 사업경력 확인
소송	• 분쟁으로 인해 현재 법원에 진행 중인 소송 사항 유무 확인
계약	• 계약서 검토를 위한 가맹계약서 대여 유무
조직	• 본부 조직도 구성과 프랜차이즈 패키지 시스템 질문항목(점포개발, 운영, 상품, 지원관리)과의 유사점 및 인원구성 등 가맹점 사후관리 조직체계 유무 확인 • 법인대표와 실제 의사결정권자의 동일인 유무 확인 • 점포개발 담당자들이 가맹본부 자사 직원이 아니고 용역계약 관계인지 확인
정보공개서	• 〈가맹사업법〉 제2조 제10항 및 시행령 제4조 이행 여부

금 현재 약 6,000여 개 회사에 12,000개 브랜드에 달하는 것으로 추정되고 있다. 하지만 급격한 증가세를 충족시킬 만한 전문 인력이 턱없이 부족하다 보니 상당수의 가맹본부들은 프랜차이즈 운영 시스템을 주먹구구식으로 마련하고 있는 실정이다. 이런 경우 가맹본부는 그저 '개점 대행본부'일 뿐 그 이상의 노하우를 기대할 수 없다.

사업 수행 능력이 없는 가맹본부가 프랜차이즈 사업을 전개하게 되면 오픈 대행본부에 지나지 않음을 예비 가맹점사업자들은 명심해야 한다. 한편 프랜차이즈 본부가 프랜차이즈 사업을 성공하기 위해서는 다음과 같은 세 가지 요소가 최우선적으로 필요하게 된다.

① 초기사업 구축을 위한 조직력 및 전문인력 확보
② 다점포 운영체제 구축 소요 기간의 단축(즉, 프랜차이즈 패키지 시스템의 조기 완성)
③ 점포운영의 규모의 경제 도달을 위한 점포수 조기확보

따라서 본부를 선택할 때는 위의 세 가지 조건을 갖춘 기반 위에서 반드시 프랜차이즈 패키지 시스템(〈표 4-1〉)을 실행할 수 있는 사업 수행 능력을 확인해보는 것이 좋다. 이를 통해서도 얼마간 회사의 사업 능력을 짐작할 수 있기 때문이다.

가맹본부 선택 시 주의사항

프랜차이즈 패키지 시스템 구성 내용(〈표 4-1〉) 및 사업 수행 능력을 확인하기 위한 사항(〈표 4-2〉)을 세밀하게 체크해야 한다.

그래도 광고하는데…

광고에 마음을 빼앗겨 프랜차이즈 본부를 선택하려고 하는 예비 가맹점사업자들은 1단계 '올바른 프랜차이즈 창업정보 고르기'의 신문광고 유형 중에서 '사업 성공에 대한 확실성을 강조한 광고' 및 '공신력을 강조한 광고' 유형을 다시 한 번 읽어본 다음 혹시라도 이 항목에 저촉되는 내용이 없는지 구체적으로 살펴보고 프랜차이즈 본부 선택을 신중히 해야 할 필요성이 있다. 왜냐하면 망하지 않는 프랜차이즈 창업을 하기 위해서이다.

누구나 알고 있는 프랜차이즈 선택 기준은 피하라

세부적으로 42쪽 〈표 1-1〉과 같이 기존 가맹점주를 통해서(46%), (가맹점을 하지 않는) 친구·친척을 통해서(17%) 브랜드를 알고 창업을 고려하게 된다. 하지만 브랜드를 인지하고 선택하는 데까지는 〈표 4-1〉, 〈표 4-2〉의 기준을 충분히 고려하여 가맹본부를 선정하기 바란다.

적극적인 권유에 의한 선택은 예비 가맹점사업자가 가맹본부 선택 기준을 모르기 때문에, 또는 권유자를 의지하고 믿기 때문에 제3자 권유를 더 신빙성 있게 받아들일 수 있다. 따라서 제3자 권유는 정보제공 수준일 뿐 의사결정 요소가 아니며, 예비 가맹점사업자 스스로 수집한 정보분석을 통한 의사결정이 올바른 프랜차이즈 가맹본부 선택 기준이다.

한편 많은 예비 가맹점사업자들이 성장 가능성을 보고 본부를 선택하고 있는데, 성장 가능성은 전문가도 추정하기 어려운 항목이므로 현실을 기초로 한 프랜차이즈 본부 선택이 좋다.

타사 대비 계약조건이 좋은 프랜차이즈 본부를 선택한 예비 가맹점사업자들은 내용 이해가 부족하다고 생각된다. 왜냐하면 가맹점 개설조건이 본부 선택 기준이 아니기 때문이다.

다시 강조하지만 기존 가맹점사업자가 추천하는 브랜드와 그 본부는 최고의 선택조건이지만 돌다리를 두들기는 심정으로 본부가 프랜차이즈 시스템을 운영할 능력이 있는지를 선택 기준으로 삼는 것이 바람직하다.

개점 대행본부를 피하라

우량 프랜차이즈 본부가 되기 위한 조건은 프랜차이즈 패키지 시스템(〈표 4-1〉)을 보유하고 이 시스템을 추진할 수 있는 본부의 신용도 및 조직이 뒷받침될 경우 우량 본부라 할 수 있다.

따라서 이 조건에 벗어난 프랜차이즈 본부는 대체로 개점 대행 본부에 지나지 않는다.

즉, 프랜차이즈 시스템의 일체를 본부와 가맹점사업자 간에 가맹계약서로 약속하게 되는데 개점과 동시에 약속을 헌신짝처럼 저버리고(7단계 가맹계약), 점포 창업 시 반드시 필요한 인테리어, 기계·장비, 소모품 비용(8단계 시설 및 기계·장비 계약) 등에서 본부의 이익 챙기기에 혈안이 되어 있는 본부가 바로 개점대행 본부이다.

가맹점 전개방식을 주의 깊게 살펴보라

업종은 2단계 업종 선택의 업종개발 절차(〈그림 2-1〉)에 따라 탄생되고, 이 탄생된 업종을 기준으로 실험 점포를 운영해 운영한 결과를 분석한 뒤 가맹사업 전개 또는 중단의 의사결정을 하게 된다.

그러므로 직영점 2~3개점 개점에 필요한 자금력이 있어야 하며, 실험점 개점에 6개월의 기간이 소요되고 또한 실험점 분석에 3~4개월의 기간이 소요되기 때문에 전문화된 인력수급 및 많은 운영자금이 소요된다. 실험 점포 1개점 개점과 동시에 가맹점 사업전개를 할 경우 수많은 위험요소를 가맹점사업자에게 전가하는 형태가 된다.

왜냐하면 우량 본부와 같이 실험점을 2~3개 개점해 분석하고 가맹점 전개 시스템을 구축하기 위해서 6개월 이상을 소요하고도 30% 이상 부진점이 발생하고 있는 것이 현실이기 때문이다.

그러나 대부분의 회사들은 이런 최소한의 절차마저 무시한 채 가맹사업을 서두른다. 이들이 실험 점포를 오픈하는 것은 사업성 검토의 목적보다 외부에 매출 우수점으로 홍보하기 위한 필요성 때문이다.

그렇기 때문에 직영점 1개점을 개점해 가맹사업 전개를 위한 기본전략으로 과대광고를 활용하게 되고, 매출 우수점으로 내세우기 위해 가맹점 사업성과 상관없는 최고의 상권에 높은 투자비를 부담하면서 개점하게 되는 것이다. 같은 맥락에서 높은 수수료 부담을 감수하고 백화점 내에 모델점을 입점해 프랜차이즈 사업을 전개하는 본부를 주의 깊게 살펴볼 필요성이 있다. 국내 대기업의 2017년 12월호 사내 홍보 책자 내용 중 프랜차이즈 사업부분 홍보 내용을 살펴보자.

"2017년 A사의 B업종 전문점 브랜드 J는 가맹 1호점인 성내점 오픈 및 국내 최고수준의 전문 냉동 생지공장 준공과 함께 본격적으로 시작한 사업이 출범 1년 만에 90여 점포를 오픈했다. 선진 경쟁사가 5년 여 동안 소요한 점포수를 단 1년 만에 뛰어넘으며 B업종에 성공적으로 진입하게 되었다."

→ 현재는 브랜드 매각을 준비 중에 있다.

프랜차이즈 전문회사인 선진기업들이 프랜차이즈 패키지 시스템을 완성해가면서 5년 만에 출점한 점포수를 그것도 대기업이 단 1년 만에 뛰어넘었다고 대대적으로 홍보한 내용이다(2020년 상반기 가맹점 매출 저조, 업계 반발 등으로 J브랜드 가맹점 분규 발생).

1년 만에 대기업의 지명도를 이용해 가맹점을 개설했을지는 모르지만 이런 식으로 프랜차이즈 패키지 시스템 구축에 대한 사전 준비 및 완성 기간 없이 개점하는 프랜차이즈 본부는 대기업이 아니라 우주기업이라도 100% 부실 프랜차이즈 본부임을 명심해야 한다.

차선의 프랜차이즈 본부 선택은 금물

예비 가맹점사업자가 간과하기 쉬운 또 하나의 주의점은 가맹본부 선택에서 '차선의 선택'은 매우 위험한 발상이라는 것이다. 예를 들어 유망한 본부를 선택한 뒤 점포 후보 지역에 대한 입지·상권조사를 프랜차이즈 본부에 의뢰했을 때 '출점 불가' 판정이 내려지는 경우가 있다.

필자의 경험으로 보면 이때 대부분의 예비 가맹점사업자들은 새로운 후보지를 물색하는 대신 경쟁본부에 재차 이를 의뢰한다. 다행히 모든 본부들이 출점 불가를 통보한다면 모르지만 분명 그중에는 '출점 가능'하다고 대답하는 프랜차이즈 본부가 존재한다.

하지만 가맹점을 모집하는 본부에서 굳이 출점하기를 꺼리는 데는 다 그만한 이유가 있다. 이런 점을 무시하고 점포 개설을 계속 고집하는 것이 과연 합리적인 판단인지는 다시 한 번 생각해볼 필요가 있다.

너무 많은 브랜드를 가진 본부를 피해가라

다(多) 브랜드를 가지고 브랜드별 사업부제 또는 독립된 법인으로 조직체계를 갖추어 한다면 권장할 수 있다. 하지만 한 회사 조직체계에서 여러 브랜드를 가진 업체는 브랜드별 가맹점 관리가 소홀할 가능성이 높다는 점에 유의해야 한다.

브랜드 3개 이상 보유 시 기업의 영업이익, 경상이익은 감소(-)하고 있다(2022 프랜차이즈 산업 통계).

본부선택 시 필요한 〈가맹사업법〉 제정 기준을 파악하라

2002년 11월 1일부터 시행된 〈가맹사업법〉 중 프랜차이즈 본부 선정 시 검토해야 할 내용은 다음과 같다.

제5조 (가맹본부의 준수사항)

가맹본부는 다음 각 호의 사항을 준수한다.

1. 가맹사업의 성공을 위한 사업구상
2. 제품이나 용역 또는 그 품질관리와 판매기법의 개발을 위한 계속적인 노력
3. 가맹점사업자에 대하여 합리적 가격과 비용에 의한 점포설비의 설치, 제품 또는 용역 등의 공급
4. 가맹점사업자와 그 직원에 대한 교육·훈련
5. 가맹점사업자의 경영·영업활동에 대한 지속적인 조언과 지원
6. 가맹계약 기간 중 가맹점사업자의 영업지역 안에서 자기의 직영점을 설치하거나 가맹점사업자와 유사한 업종의 가맹점을 설치하는 행위의 금지
7. 가맹점사업자와의 대화와 협상을 통한 분쟁해결 노력

제7조 (정보공개서의 제공의무 등)

① 가맹본부(가맹지역본부 또는 가맹중개인이 가맹점사업자를 모집하는 경우를 포함한다. 이하 같다)는 가맹희망자에게 제6조의2제1항 및 제2항에 따라 등록 또는 변경등록한 정보공개서를 내용증명우편 등 제공시점을 객관적으로 확인할 수 있는 대통령령으로 정하는 방법에 따라 제공하여야 한다. 〈개정 2007. 8. 3, 2013. 8. 13〉

② 가맹본부는 제1항에 따라 정보공개서를 제공할 경우에는 가맹희망자의 장래 점포 예정지에서 가장 인접한 가맹점 10개(정보공개서 제공시점에 가맹희망자의 장래 점포 예정지가 속한 광역지방자치단체에서 영업 중인 가맹점의 수가 10개 미만인 경우에는 해당 광역지방자치단체 내의 가맹점 전체)의 상호, 소재지 및 전화번호가 적힌 문서(이하 "인근가맹점 현황문서"라 한다)를 함께 제공하여야 한다. 다만, 정보공개서를 제공할 때 장래 점포 예정지가 확정되지 아니한 경우에는 확정되는 즉시 제공하여야 한다. 〈신설 2013. 8. 13〉

③ 가맹본부는 등록된 정보공개서 및 인근가맹점 현황문서(이하 "정보공개서 등"이라 한다)를 제1항의 방법에 따라 제공하지 아니하였거나 정보공개서 등을 제공한 날부터 14일(가맹희망자가 정보공개서에 대하여 변호사 또는 제27조에 따른 가맹거래사의 자문을 받은 경우에는 7일로 한다)이 지나지 아니한 경우에는 다음 각 호의 어느 하나에 해당하는 행위를 하여서는 아니 된다. 〈신설 2007. 8. 3, 2013. 8. 13〉

1. 가맹희망자로부터 가맹금을 수령하는 행위. 이 경우 가맹희망자가 예치기관에 예치가맹금을 예치하는 때에는 최초로 예치한 날(가맹본부가 가맹희망자와 최초로 가맹금을 예치하기로 합의한 때에는 그날)에 가맹금을 수령한 것으로 본다.
2. 가맹희망자와 가맹계약을 체결하는 행위

제9조 (허위 · 과장된 정보제공 등의 금지)

① 가맹본부는 가맹희망자나 가맹점사업자에게 정보를 제공함에 있어서 다음 각

호의 행위를 하여서는 아니 된다. 〈개정 2013. 8. 13〉

1. 사실과 다르게 정보를 제공하거나 사실을 부풀려 정보를 제공하는 행위(이하 "허위 · 과장의 정보제공행위"라 한다)
2. 계약의 체결 · 유지에 중대한 영향을 미치는 사실을 은폐하거나 축소하는 방법으로 정보를 제공하는 행위(이하 "기만적인 정보제공행위"라 한다)

② 제1항 각 호의 행위의 유형은 대통령령으로 정한다. 〈신설 2013. 8. 13〉

③ 가맹본부는 가맹희망자나 가맹점사업자에게 다음 각 호의 어느 하나에 해당하는 정보를 제공하는 경우에는 서면으로 하여야 한다. 〈개정 2007. 8. 3, 2013. 8. 13〉

1. 가맹희망자의 예상매출액 · 수익 · 매출총이익 · 순이익 등 장래의 예상수익상황에 관한 정보
2. 가맹점사업자의 매출액 · 수익 · 매출총이익 · 순이익 등 과거의 수익상황이나 장래의 예상수익상황에 관한 정보

④ 가맹본부는 제3항에 따라 정보를 제공하는 경우에는 그 정보의 산출근거가 되는 자료로서 대통령령으로 정하는 자료를 가맹본부의 사무소에 비치하여야 하며, 영업시간 중에 언제든지 가맹희망자나 가맹점사업자의 요구가 있는 경우 그 자료를 열람할 수 있도록 하여야 한다. 〈개정 2007. 8. 3, 2013. 8. 13〉

제10조 (가맹금의 반환)

① 가맹본부는 다음 각 호의 어느 하나에 해당하는 경우에는 가맹희망자나 가맹점사업자가 대통령령으로 정하는 사항이 적힌 서면으로 요구하는 날부터 1개월 이내에 가맹금을 반환하여야 한다. 〈개정 2007. 8. 3, 2013. 8. 13〉

1. 가맹본부가 제7조 제3항을 위반한 경우로서 가맹희망자 또는 가맹점사업자가 가맹계약 체결 전 또는 가맹계약의 체결일부터 4개월 이내에 가맹금의 반환을 요구하는 경우
2. 가맹본부가 제9조 제1항을 위반한 경우로서 가맹희망자가 가맹계약 체결 전에 가맹금의 반환을 요구하는 경우
3. 가맹본부가 제9조 제1항을 위반한 경우로서 허위 또는 과장된 정보나 중요사

항의 누락된 내용이 계약 체결에 중대한 영향을 준 것으로 인정되어 가맹점사업자가 가맹계약의 체결일부터 4개월 이내에 가맹금의 반환을 요구하는 경우

4. 가맹본부가 정당한 사유 없이 가맹사업을 일방적으로 중단하고 가맹점사업자가 대통령령으로 정하는 가맹사업의 중단일부터 4개월 이내에 가맹금의 반환을 요구하는 경우

② 제1항의 규정에 의하여 반환하는 가맹금의 금액을 정함에 있어서는 가맹계약의 체결경위, 금전이나 그 밖에 지급된 대가의 성격, 가맹계약 기간, 계약이행기간, 가맹사업당사자의 귀책정도 등을 고려하여야 한다.

가맹점 창업에 대한 결과는 결국 가맹점사업자의 몫이다. 언제든 가장 안전한 길을 택하는 것이 실패 위험을 최소화하는 방법이다. 그 방법 중 가장 안전한 길은 〈표 4-1〉, 〈표 4-2〉를 반드시 확인하는 것이다.

그 밖에 규모의 경제에 도달하지 못한 업종을 운영하는 가맹본부, 법적 규제로 탄생된 업종을 운영하는 가맹본부 또는 급조된 가맹본부, 업종 콘셉트가 불명확한 업종을 운영하는 가맹본부를 선택한다든지 단순한 가맹조건인 가맹점 개설항목 조건에 대한 본부별 비교로 가맹본부를 선택한다든지, 프랜차이즈 본부 직원, 창업 컨설팅업체, 박람회 등에 의해 가맹본부를 즉시 선택하는 것은 금물이다. 또 프랜차이즈 창업을 하겠다고 마음먹었다면 최소 한 번쯤은 〈가맹사업법〉 교육을 받아보시고, 하고자 하는 브랜드의 가맹점사업자와 심도 있는 미팅을 해야 한다.

과거 부실 본부 사례

사례 기사 1

참치회 체인점 모집 사기, 1,000여 명에게서 27억 가로채

참치회 배달 체인 가맹점사업자 및 투자자를 모집한다며 1,000여 명으로부터 27억여 원을 받아 챙긴 혐의자가 경찰에 붙잡혔다.

서울 동작경찰서는 작년 5월 서울 동작구 신대방동에 '참치사랑'이란 유령 회사를 만들고 사업설명회를 열어 투자자들에게 돈을 입금시키게 한 뒤 잠적해버리는 수법으로 피해를 입힌 홍모(51)씨에 대해 구속영장을 신청하고, 달아난 김모(50)씨에 대해 체포영장을 신청했다. 이들에게 돈을 떼인 사람은 1,000여 명이고, 피해액은 총 27억 4,500만 원 가량 추산된다고 경찰은 밝혔다.

(조선닷컴)

| Comment | 과거 부실체인 본부운영 경험자가 계속 또 다른 프랜차이즈 본부 설립 후 가맹점사업자들로부터 이득을 취한 다음 제2, 제3의 부실 본부를 만들어 가맹점사업자를 울리는 형태가 나타나므로 정보습득 시에나 가맹상담 시 및 계약하기 10일 전에 대표이사와 임원의 신용정보에 대해 반드시 평가해야 한다.

사례 기사 2 상어 · 열대어가 고급 참치 둔갑

경기경찰청 수사과는 9일 상어와 열대어를 고급 참치인 것처럼 속여 판매한 H참치 체인본부 대표 이모(33)씨와 또 다른 H참치 체인점 점주 박모(30)씨 등 2명에게 사기 등 혐의로 구속영장을 신청했다. 경찰은 또 I참치 체인점 대표 인모(36)씨 등 15명을 불구속 입건하고 가짜 참치 15kg을 증거물로 압수했다.

이씨는 지난해 4월 '참치회 전문점 1일 매출 30만 원 보장'이라는 내용의 광고를 일간지에 게재한 뒤 500만 원씩의 가맹비를 받고 모집한 서울 쌍문, 금호, 방학, 수원 권선, 대구 등 전국 211개의 체인점에 상어(속칭 카스트로)와 열대어(만다이)를 참치인 것처럼 속여 모두 4,200kg가량을 공급, 2,200여만 원의 부당이익을 취한 혐의다.

박씨는 지난해 6월부터 지금까지 체인본부와 중간도매상들로부터 상어와 열대어 540kg을 납품받아 고급 참치인 것처럼 속여 1인분에 1만 3,000원씩을 받고 판매, 3,000여만 원의 부당이익을 챙

긴 혐의다.

이밖에 또 다른 H참치 서울 봉천점 등 8개점, C참치 구의본점 등 4개점, I참치 회현점 등에도 각각 100kg 이상씩 판매해 부당이득을 챙겨온 것으로 밝혀졌다.

경찰 관계자는 "최근 참치회 전문점에서 1인분에 1만 3,000원짜리 참치를 먹고 설사를 했다는 제보에 따라 수사에 착수했다"며 "참치 사기판매가 기승을 부리자 상어류가 품귀되는 기현상이 일어나고 있다"고 말했다.

(한국일보)

| Comment | 프랜차이즈 본부가 가맹점사업자에게 품질관리를 위한 지속적 노력을 유도해야 함에도 불구하고 가짜 원재료를 참치로 속여 공급했다는 사실은 전형적인 부실 본부의 유형에 속한다. 이런 본부를 믿고 가맹계약을 할 경우 가맹점이 결국 큰 손해를 본다.

사례 기사 3 **짝퉁 순대국… 수입산 국산 둔갑 155명 입건**

서울 성동경찰서는 20일 수입 돼지부산물을 국내산으로 속여 전국 체인점에 유통시킨 혐의(사기 및 〈농산물품질관리법〉 위반)로 M순대국 체인본부 회장 김모(61)씨와 체인점 업주 등 155명을 불구속 입건했다.

경찰에 따르면 김씨 등은 2005년 1월부터 올 2월 말까지 미국과 프랑스, 폴란드 등에서 수입한 돼지부산물 800억 원어치를 가공해 국내산이라고 속여 300여 개의 체인점을 통해 유통시켜 65억 원대의 부당 이득을 챙긴 혐의를 받고 있다.

조사 결과 이들은 수입 돼지부산물을 사용하면서도 인터넷 홈페이지와 일간지 광고 등을 통해 '경기 평택농장에서 사육한 토종 흑돼지의 신선한 재료만 사용하는 웰빙 식품'이라고 광고했다.

경찰은 전국의 체인점 업주들도 공급받고 있는 순대 등 돼지부산물이 수입된 사실을 알면서도 체인본부의 '국내산 토종순대'란 내용의 광고물을 업소에 게시한 뒤 영업해왔다고 밝혔다.

(문화일보)

사례 기사 4 **공정위, ○○설렁탕 검찰 고발 "허위·과장 매출액 제공하여 가맹점 모집"**

공정거래위원회는 17일 가맹점을 모집하면서 예상매출액을 부풀리고 계약 체결 전에 정보공개서도 제공하지 않은 ○○설렁탕 운영업체 ○○푸드에 대해 시정명령을 내리고 검찰에 고발하기로 했다고 밝혔다.

공정위에 따르면 ○○푸드는 2010년 10월 동탄 신도시에 입점할 ○○설렁탕의 가맹점을 모집하면서 월평균 예상매출액이

6,630만 원이고 순이익은 2,019만 원이라고 설명했다. 그러나 이는 ○○설렁탕 가맹점 40개 중 매출이 가장 많은 가맹점의 실적인데도 평균치라고 과장한 것이었다.

실제 동탄지역 가맹점 운영결과 월평균 매출액은 2,348만 원, 월평균 순이익은 49만 원에 불과했고 해당 가맹점은 수익성이 없어 결국 2년 만에 폐업했다.

또 ○○푸드는 동탄 신도시 가맹점 모집 시 가맹희망자에게 정보공개서를 제공하지 않았다. 가맹금을 수령한 후 가맹계약을 체결한 다음날에야 정보공개서를 전달했다. 정보공개서는 가맹본부의 일반 현황과 가맹계약 시 주요 거래조건 등이 담겨 있는 문서다. 〈가맹사업법〉에 따르면 가맹본부는 가맹금을 수령하거나 가맹계약 체결 14일 전에 가맹희망자에게 정보공개서를 제공해야 하는데 이를 위반한 것이다.

공정위는 "○○푸드는 이번 사건 전에도 정보공개서 미제공 행위와 가맹금 미반환 등으로 2번의 시정명령과 1번의 경고를 받은 적이 있는데 또 법을 위반해서 검찰 고발을 하게 됐다"고 설명했다.

(조선비즈)

사례 기사 5

매출 부풀려 커피 프랜차이즈 사업… 法 "가맹점주에 거액 배상" 판결

A업체, 2억대 배상 사전조사 소홀 점주도 책임

매출액을 부풀리는 편법으로 가맹점 사업을 한 토종 커피 프랜차이즈 업체가 가맹점주에게 거액을 배상하게 됐다. 하지만 법원은 가맹본부의 말만 믿고 사전조사를 하지 않은 점주 측에도 일부 책임이 있다며 손해의 전부를 배상액으로 인정하지는 않았다.

전문가들은 브랜드 창업을 준비하는 경우 사전에 충분한 시간을 들여 상권 분석을 하는 것이 성공률을 높일 수 있다고 조언했다.

예상매출 밑돌아 손실… 소송 전

서울중앙지법 민사18부(정은영 부장판사)는 A업체 전 가맹점주 신모씨와 A업체가 가맹금 반환과 정산금 등을 놓고 벌인 맞소송에서 “A업체는 2억 8,481만 원을 배상하라”고 판결했다고 16일 밝혔다.

한 달에 6,000만~1억 원 수준의 매출을 올릴 수 있다는 설명을 듣고 2010년 2월 A업체와 가맹점 계약을 체결한 신씨는 6억 500만 원을 들여 내부 인테리어를 한 뒤 같은 해 6월 서울 강남구 소재 건물 1, 2층에 점포를 열었다. A업체는 B업체 대표의 동생으로 B업체의 총괄이사를 지낸 김모씨가 2007년 8월 설립한 업체다.

그러나 개업 후 6개월간 실제 매출액은 3,600만 원에 불과했고 매달 1,000만 원씩 손해를 봤다. 이에 따라 신씨가 가맹계약 해지를 요구하자 본사 측은 자신들이 해당 점포를 2년간 위탁받아 운영해보겠다고 제안했다. 그러나 위탁운영 기간에도 실제 매출액은 월평균 3,700만 원에 불과했고 매월 800만 원의 손실이 났다.

그러자 신씨는 2012년 공정거래위원회에 A업체를 신고하는 한편 폐점 때까지 영업손실액 5억 3,500만 원과 인테리어 공사비 등 총 11억 6,100여만 원의 손해를 배상하라며 이듬해 소송을 냈다.

반면 A업체는 "회사가 작성한 예상매출액 내역은 애초에 신씨의 커피 전문점을 직영으로 운영하기 위해 점포 인근 커피 전문점들의 매출액을 기초로 산정한 내부 조사 자료로 허위·과장 정보가 아니다"며 맞섰다. A업체 측은 나아가 "가맹점 운영 기간 미지급한 물품대금 3억 5,800여만 원 등을 지급하라"며 신씨를 상대로 맞소송을 냈다.

"객관성 잃은 자료… 법 위반"

법원은 계약 당시 관련 시장에서 앞선 선발업체를 근거로 자료를 내놓은 점을 문제 삼고 A업체가 허위나 과장 정보를 제공해 재산상 손해를 입혔다고 판단했다.

재판부는 "피고가 예상매출액 내역을 작성하면서 근거로 삼았다는 B업체의 경우 당시 가맹점수가 117개에 이르러 가맹점이 4개에 불과했던 피고와 브랜드 인지도, 전체 매출액 등에 있어 직접적 비교대상이라고 보기 어렵다"고 지적했다.

이어 "피고는 점포 근방의 집객 세대수나 교통망, 유동인구 숫자와 소비수준, 생활방식, 유동거주인구의 구매행동 패턴 등은 조사한 적이 없다고 진술하고 있다"며 "피고가 예상매출액 내역 자료에 '추정이익'이란 취지에 기재를 했다는 사실만으로 허위 또는 과장된 정보가 아니라고 할 수 없다"고 덧붙였다.

재판부는 신씨의 손해액을 9억 5,447만원으로 산정했다. 다만 신씨가 독립적 사업자로서 입지조건과 영업전망 등 스스로 사전 조사를 게을리한 점과 가맹계약 체결을 전후로 커피 전문점 시장이 급증해 경쟁이 심화됐던 점 등을 감안해 A업체의 책임을 60%(5억 7,268만 원)로 제한했다. 따라서 재판부는 신씨가 가맹본부에 지급하지 않은 물품대금(2억 8,787만 원)을 상계, A업체가 신씨에게 2억 8,481만 원을 지급하라고 판결했다.

최혜란 창업컨설턴트는 "브랜드만 믿고 준비 없이 창업에 나선다면 실패할 확률이 높다"며 "업종과 브랜드가 정해졌다면 적어도 3개월에서 6개월간 준비 기간을 갖고 입지 선정을 하는 게 필요하다. 기본적인 상권 분석 외에도 직접 점포를 찾아다니며 성공, 실패 사례를 찾아보고 운영실태를 점검해보는 게 중요하다"고 강조했다.

한편 앞선 신씨의 신고에 대해 공정위는 2013년 '예상매출액에 대한 허위·과장된 정보를 제공해 〈가맹사업법〉을 위반했다'며 시정명령을 내렸다. A업체는 행정소송을 냈지만 대법원에서 지난해 패소가 확정됐다.

(파이낸셜뉴스)

정밀 분석 사례

일본식 요리주점 P업체 사례

과거 과일 전문점, 소규모 피자, 커피 사업을 하던 P업체는 새롭게 일본식 선술집 사업을 하게 되었다. 그러던 중 일본식 선술집 개발자 H씨를 만나 기술고문으로 영입하고 일정지분을 배정하는 형태로 메뉴개발 및 가맹점 메뉴지도를 담당하고 P업체는 사업전개 마케팅 부분을 담당하는 방식으로 사업을 본격 시도하게 된다.

첫해는 뚜렷한 사업실적을 올리지 못하고 이듬해 상반기에 접어들어 사업에 본격적으로 탄력이 붙게 되어 그해 가맹점 수는 30여개 점으로 증가하게 되었다. 갑자기 증가하게 된 배경을 보면 개점대행본부들이 자행하는 방법 그대로를 답습하고 있었다.

먼저 회사 운영조직을 보면 사장은 과거 조그마한 과일 전문점 'ㅁ'업체를 운영한 유경험자이고, 이사는 전자회사 근무경력자로 영업을 담당하며, 사업개발자는 가맹점 메뉴개발자도 담당, 그리고 부장 1명이 가맹점 개설과 영업지도를 담당하는 정도의 본부를 구성하고 있었다.

물론 체계적인 물류나 상품개발 및 가맹점 경영지원은 전혀 고려하지 않은 상태에서 가맹점 개설에만 전념하는 그런 본부였다. 따라서 적은 인원구조지만 사업 노하우가 탄탄한 조직과는 상관없는 비전문가들의 집단이었다.

그렇기 때문에 어느 하나 제대로 갖춘 것이 없었다. 그러다가 가맹점이 사업 개시 이듬해 말 기준으로 30개 이상 개점되고 외형상 사업 비전이 보이게 된 3년 뒤 3월 사업개발자 H씨는 지분을 정리한 뒤 분사해 똑같은 이름으로 체인본부를 설립하고, 30여 개 되는 가맹점 중 7개점을 H씨 회사가 가맹점을 경영하는 체제로 분할하게 된다.

그 이후 경남·경북 지역은 부산에서 가맹점을 운영 중이던 K씨가 독자로 예비 가맹점사업자를 모집해 사업을 전개하는 형태로 3개 회사로 분할되어 P브랜드로 현재까지 사업 중이다.

가맹점사업자 모집

각종 언론매체 담당자들을 물량 공세해 P업체 홍보지면에 나오게 하고, 창업 컨설팅업체 책임자들에게 P업체의 사업성 좋은 내용을 홍보기사로 올려주면 광고비로 몇 백만 원씩 지불하고, 그에 따라 예비 점주들이 홍보성 기사를 보고 P업체로 전화하게 하는 일련의 과정으로 예비 가맹점사업자를 모집했다.

순수하게 기존점을 업종 전환시키거나 장사 잘 되는 업종으로 명성을 얻어 예비 가맹점사업자가 스스로 개점해달라고 찾아오는 경우는 거의 없었다.

또 한 가지 P업체는 예비 가맹점사업자 모집 방법으로 전문 영업팀을 운용했다. 이들은 P업체와 상관없는 별도의 사업자로서 예비 가맹점사업자 발굴에서 가맹점 후보지까지 대행을 해주는데 그 비용은 본부가 올리는 수익의 30%를 지급했으며, 또한 프리랜서에게는 가맹점사업자를 알선해 오면 점주당 200만 원의 수수료를 지급하기도 했다.

후보지 선정

이들의 신기에 가까운 사업예측은 놀라지 않을 수 없다. 후보지를 예비 가맹점사업자가 또는 개설 대행 영업팀이 알선하는데, 전 과정이 입에서 입으로 끝난다. "매출은 일 30만 원이고요, 이익은 마진이 70%니까 이것저것 빼고 한 500만 원 되겠네요" 하며 입지·상권조사를 통한 사업계획서 작성을 마쳤다.

분석한 별도의 입지·상권조사서를 준다든가 사업계획서를 제공하는 일은 30개 점포를 개점하면서 단 한 번도 없었다. 왜냐하면 후보지를 선정하기 위한 입지·상권조사 노하우도 없고, 사업계획서 작성하는 방법도 모르고 있었기 때문이다.

가맹계약 및 기계장비·매장 인테리어 계약

가맹계약서 형태는 P업체가 전개하는 가맹점 운영과 거리가 있는 일반 약정서 수준으로 준비된 상태였다. 선진 업체들의 가맹계약 내용을 일부 삽입하고 국내 유사 업체 내용을 일부 삽입해 가맹 시 점주가 통제에만 따르는 불공정거래 계약서 수준이다.

또 기계장비 및 인테리어 계약은 평당 기준으로 아주 상세하게 잘 되어 있다. 아마 부실 본부라 해도 이 부분만큼은 상세한 내용으로 훌륭하게 만들어져 있을 것이다. 기계장비와 인테리어 품질과는 무관하게 말이다. 그것은 이 부분에서 본부의 수익이 있기 때문이다. 기계장비 및 인테리어 포함 개설비가 2,700만 원 정도이면 1,200만 원은 P본부 수익으로 거뜬히 남는다.

개점 시·운영 시

매장 인테리어 공사가 들어가면 바로 점주 교육이 실시되는데 교육은 메뉴 제조하는 방법 이외에 인사하는 것과 주방 청소하는 노하우 외엔 없다. 매장 경영 전반의 노하우를 제공하지 못한다. 그것은 매장 운영에 필요한 운영 매뉴얼이 P업체는 없기 때문이다.

10일간 교육이 끝나면 개점식을 하고 영업에 들어간다. 그 이후 본부는 가맹점을 찾아오지 않는다. 매장에 필요한 각종 부재료 중 소스와 소품 이외는 점주가 알아서 구매해야 하고, 매장 운영 노하우도 스스로 깨우쳐가야 한다.

가끔 예비 가맹점사업자가 매장을 방문해 이런 사업을 하고 싶다며 가맹점에 문의해서 본부에 연락하면 그때 급하게 상담하러 매장을 방문한다. 체계적인 물류나 매장 운영에 필요한 경영지도는 기대할 수도 없다.

따라서 시간이 흘러가면 가맹점사업자들은 초조해진다. 계절별로 신상품 개발도 없고 테마별 판촉행사도 없으니 매출은 자꾸 떨어지고……. P업체는 여전히 신규점 개점만이 살 길이므로 신규점 개점에만 방향 설정이 되어 있다.

개점지역

그래서 전국 단위로 개점을 했다. 대전, 경북 등 여러 지역에서 문의만 오면 전국 아무 지역이나 개점을 해준다. 그렇게 P업체는 사업 개시 2년 만에 40개의 가맹점을 전국 단위로 개점했고, 전라도 지역은 지사까지 거느리게 되었다.

광고·홍보와 부도

수도권에 25개, 나머지 15개는 지방에 개점한 내용을 연일 홍보기사에 40여 가맹점이 업계 최고의 수익을 올리는 형태로 보도되었다. 그에 따라 P업체는 사업 개시 3년 뒤 60개 가맹점을 거느린 중견 체인본부로 외형을 갖추게 되었다. 그러나 실상은 점별 인건비 정도 수익을 올리는 가맹점이 거의 전부였고, 본부는 수익 측면에서 많은 이익을 올리고 있었다.

본부 인원 5명으로 만들 수 있는 부실 본부의 형태가 3년 만에 완성된 것이다. 그러나 이때는 구전으로 고객들에게 'P업체는 음식 맛도 떨어지고, 서비스도 엉망'이라는 소문이 돌기 시작한 시점이다. 또 예비 가맹점사업자가 방문해 P업체의 사업을 하고 싶다고 하면 P업체 기존 점주는 "도시락 싸들고 다니면서 말리고 싶습니다"라고까지 하는 시점이기도 했다.

이때 나타나는 부실 본부가 취하는 대표적인 행동은 본부를 없애버린 후 전화번호만 남겨두고 철수하는 것이다.

전화를 하면 '부재 중이니 메모를 남겨달라'라는 메시지 외에는 알 수 있는 게 없다. P업체도 이와 같은 수순을 그대로 답습하고 있다. 부도는 아닌데 본부 직원을 가맹점사업자 및 하청업체가 만날 수 없는 상태이다.

최근에 들은 소식으로는 고의 부도를 내고 그동안 모아놓은 자본으로 또 다른 프랜차이즈 가맹점을 모집하려고 준비 중에 있다고 한다.

그러나 아직까지 별다른 제재 수단이 없는 것이 현실이다. 가맹사업을 본부가 일방적으로 중단하고 중단일로부터 4개월 이내에 가맹금 반환을 요구하는 경우 당해 계약 기간 내에 지급한 것에 대해 〈가맹사업법〉에 따라 반환받을 수 있는 정도의 보호책이 있을 뿐이다.

입지·상권조사 분석

우수한 프랜차이즈 패키지 시스템이라면 입지·상권에 대한 분석은 예비 가맹점사업자가 아니라 가맹본부가 담당해야 할 일이다. 그러나 현실적으로 과학적인 데이터에 기초를 둔 입지·상권조사 분석 기반 예상 매출 추정 시스템을 보유한 업체는 극소수에 불과한 실정이다.

www.maxforecast.co.kr 참조

입지·상권조사의 의의와 중요성

입지·상권의 의미

소매점에서 명당터를 찾는 입지·상권조사는 매출을 예측하는 것이 목적이 아니라 부진점 출점을 사전에 예방하는 것이다. 즉, 입지·상권조사란 장사가 잘 될 것 같은 자리를 찾는 작업이다.

구체적으로 말하면 물리적인 장애, 교통시설, 집객시설의 현황 및 여러 요인들의 영향으로 인해 형성되는 도보 통행인들의 흐름과 거주민들의 생활 패턴 및 구매 패턴을 토대로 상권 볼륨의 크기와 질을 평가해, 1개의 소매점(외식, 도소매, 서비스)이 출점할 수 있는 개별 상권이 형성되고, 개별 상권 간에 영향을 주지 않는 가운데 상호 독립적인 특성을 지닌 상권을 분석하는 것을 말한다. 이런 절차를 거쳐야 비로소 1개의 소매점이 출점해도 될 만한 개별 상권으로서 가능성을 확인할 수 있다.

입지·상권조사는 매출 예측의 정확도를 판정하는 기준이 아니다. 개별 상권(trade area)을 설정해 개별 상권 내에 있는 '우수 후보지(key intersection)'를 선정하고 우수 후보지 간 상호 비교를 통해 최고의 입지(No. 1)를 선정하는 과정에서 예비 가맹점사업자가 부진점 출점을 예방하는 것을 입지·상권조사라고 이해하면 된다.

대부분의 가맹본부나 예비 가맹점사업자가 특히 이 부분을 혼동하고 있는데 입지·상권조사는 그 업종의 소매점이 출점해도 될 만한 독립상권이 형성되어 있는지를 분석하는 데 목적이 있으며, 여기서 산출된 예상매출액은 출점 가능성을 가늠하는 사업성 분석의 기준이 된다. 그러므로 그 조사 결과만으로 사업의 성공을 확신하는 것은 무리가 따르며, 부진점 출점을 예방하는 장치로 이해하기 바란다.

입지·상권의 중요성

일반적으로 소매점 창업 시 성공의 70%를 점포 입지가 좌우한다는 말이 있다. 이 말은 매우 중요한 의미를 내포하고 있다.

첫 번째, 동일업종일 경우 No. 1 입지에 대해 No. 2, 3, 4 입지가 매출액 및 손익이 더 뛰어나기는 어렵기 때문에 No. 2, 3, 4에 출점 시 성공을 장담할 수 없다는 뜻이 포함되어 있다.

두 번째, 부진점 출점으로 인한 점포 폐점 예방 및 지속적인 우량점 출점 부분의 열쇠를 쥐고 있기 때문에 입지·상권조사를 통한 점포 입지 선정은 프랜차이즈 창업 과정 중 70%의 중요성을 지닌다.

이처럼 입지·상권조사 분석을 통해 우수입지, 즉 No. 1 입지 출점의 중요성에 대해 편의점, 커피 전문점 등을 사례로 그 중요성을 살펴보겠다.

사례 1 신림동 녹두거리 편의점 출점 전쟁

출점 현황 분석표와 같이 초기 M1, L, M2 편의점의 경우 입지 등

| 출점 위치도 |

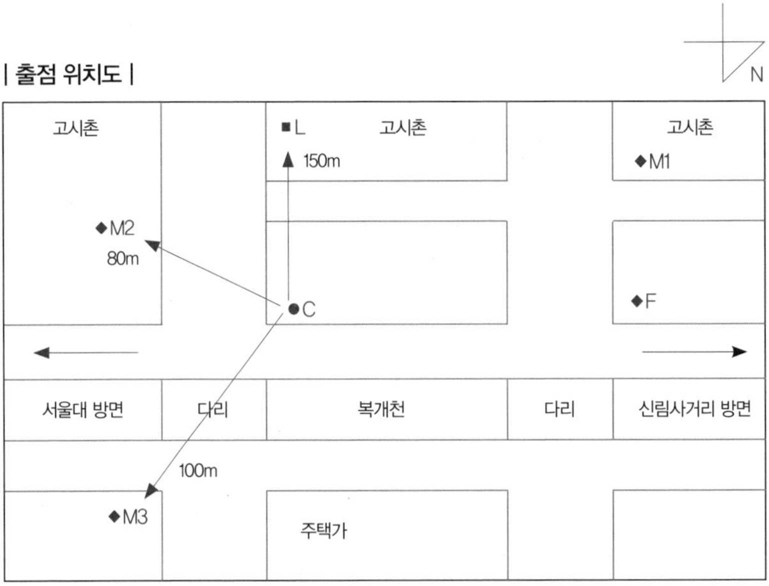

| 출점 현황 분석표 |

구분	출점 순위	입지 등급	매출 순위	비고
◆M1	1	4	4	F 출점으로 매출 급락
■L	2	6		C 출점으로 폐점
◆F	3	1	1	건물주 자가운영
◆M2	4	5		C 출점으로 폐점
◆M3	5	3	3	C 출점으로 매출 급락
●C	6	1	2	신규 출점

급과 상관없이 독점적인 입지에 출점함으로써 사업성이 인정되었지만, 경쟁사 F 편의점 출점으로 M1 편의점이 폐점 위기에 몰리게 되었고, 그 이후 No. 1 입지에 C 편의점이 출점한 결과 입지 등급이 5, 6번째였던 M2, L 편의점은 폐점을, M3 편의점은 매출 급락으로 인해 사업성에 위협을 받아 폐점 위기에 몰리게 되었다.

이처럼 초기 M1, L 편의점이 독점적 지위를 누리다가 입지 등급이 우수한 No. 1 입지에 C가 경쟁점으로 출점함으로써 No. 3, 4, 5, 6 입지에 있는 이들 점포가 매출 및 손익을 극복하지 못하고 바로 폐점하거나 매출이 급락하는 현상이 나타나게 되었다.

사례 2 압구정역 커피 전문점

2000년 중반 커피 전문점 사업이 인기리에 진행되고 있을 무렵 국내에서 유일하게 프랜차이즈 사업을 전개하던 H 커피 전문점

| 출점 위치도 |

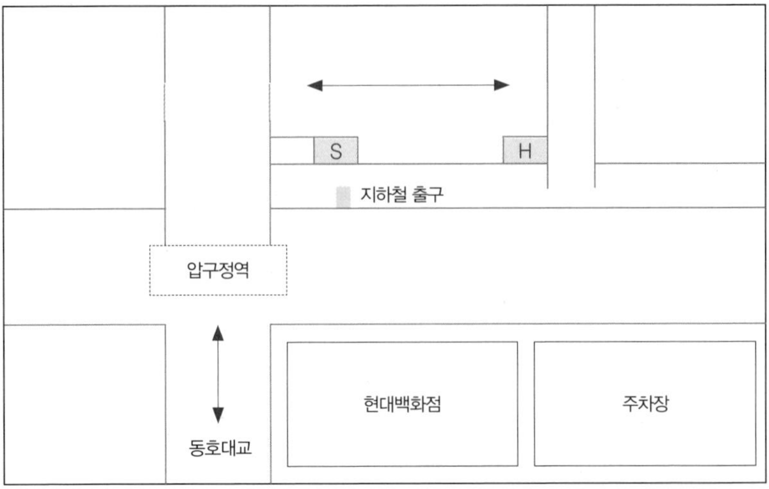

은 압구정 현대백화점 맞은편에 가맹점을 약 12평 규모로 오픈했다.

상권의 특성상 커피 전문점 고객인 2, 30대 여성고객이 전체 통행량 중 60% 이상의 비율이었고, 입지도 고객 이동 동선이 지하철 출구 진행 방향인 곳에 위치해 더할 나위 없는 No. 1 입지라고 판단되는 곳이었다. 다만 점포가 지하철 출구에서 80m 정도 떨어진 거리에 위치하고 있는 점이 약점으로 볼 수 있었다.

마침 그 약점을 기다렸다는 듯이 지하철 출구 바로 옆에 50평 규모의 S 커피 전문점이 개점했다. 그 결과 먼저 개점한 H 커피 전문점은 더 큰 매장규모와 고객 이동 동선 초입에 개점한 S 경쟁점 때문에 결국 폐점하는 운명을 맞이하게 된다.

이처럼 입지·상권조사 분석을 통한 우수입지 선정은 예비 가맹점사업자 입장에서는 투자한 재산을 지키고 향후 더 나은 생활을 영위할 수 있느냐 없느냐의 중요한 잣대가 된다. 또 프랜차이즈 본부 입장에서는 지속적인 사업전개를 할 수 있느냐 없느냐의 판단 기준이 될 만큼 중요한 요소인 셈이다.

입지·상권조사 분석의 일반적인 관행

입지·상권조사는 본부의 몫이다

가맹점의 점포 입지 선정은 매출과 관련해 중요한 의미를 가지며, 또한 부진점 출점 방지에 매우 중요한 의미를 갖는다. 그러므로 우량 프랜차이즈 본부는 점포의 선정에 대해 출점에 대한 조사 분석 모델 기준을 적용하고 있다.

일반적으로 프랜차이즈 본부는 예비 가맹점사업자 스스로 점포를 선정하고 출점하겠다는 의사결정을 선호하게 되는데 이는 개점 후 발생되는 사업성 판단에 대한 책임 공방 때문에 본부가 그렇게 유도하는 면도 있다. 이런 현상은 입지·상권조사 분석을 통한 본부의 가맹점 출점 기준이 명확하지 못하기 때문에 일어난 것이기도 하다.

얼마 전 베이커리 전문업체 S사에서 자사 가맹점사업자들이 점포 입지를 선정한 경로를 조사한 바에 따르면 응답자 380명 가운데 59%인 224명이 본인이 직접 점포를 선정했다고 응답했으며, 개발상담자, 부동산 중개인, 창업 컨설팅업체 등 타인의 권유가 37. 5%를 차지했고, 불과 3%만이 가맹본부에서 사업성 검증을 하여 입지를 선정해줬다고 대답했다(〈표 5-1〉 점포선정 방법 참조).

이것은 현재 가맹점의 입지 선정에 가맹본부의 관여도가 매우 낮다는 사실을 입증하는 것으로, 이러한 결과를 단순히 가맹점사업자의 자율권을 배려해주는 조치라고 생각해서는 안 된다. 가맹점사업자가 직접 입지를 선정하도록 유도한 뒤 프랜차이즈 본부가 이를 평가하는 형태를 취하는 것은 사실 가맹본부측이 과학적인 입지·상권조사에 대한 매뉴얼과 노하우가 부족하기 때문이다.

예비 가맹점사업자가 지목한 곳에 점포를 개설하면 설령 부실점이 되더라도 본부로서는 책임을 회피할 명분을 갖게 되는 것이다.

얼마 전 필자가 만난 한 예비 가맹점사업자는 "입지·상권조사를 통해 본부가 1일 150만 원 이상의 매출을 장담하더라"며 베이커리의 사업성을 낙관하고 있었다.

그러나 그가 근거로 제시하는 것은 단지 본부의 조사 결과라는 믿음뿐이었다. 자세히 얘기를 들어보니 자기 소유의 점포를 가맹점으로 운영하기 위해 해당 업체에 전화를 걸었더니 상담 직원이 나와 주변 상권을 둘러본 뒤 '틀림없이 성공할 수 있다'고 장담했다는 것이다.

쉽게 말해 여기에는 어떠한 객관적이고 과학적인 근거도 뒷받침되지 않은 것이다. 그 예비 가맹점사업자는 "내가 서울 시내 상권을 손바닥 보듯이 하는 전문가인데 그 정도도 파악하지 못하겠느냐"는 본부 직원의 눈썰미를 무턱대고 맹신하고 있었다.

하지만 입지·상권조사는 개별 상권 내에 있는 핵심 교점(Key Inter-section) 간 상호 비교를 통해 최적의 장소(No. 1)를 선정하여 사업성을 검증하는 중요한 절차이므로 아무리 전문가라 하더라도 체계적이고 정밀한 조사 없이 섣불리 판단할 수 없는 부분이다. '수박 겉핥기식' 조사에 나서는 시스템이라면 애초부터 적잖은 위험 부담을 안고 있는 것이다.

〈표 5-1〉 점포선정 방법

구분	응답자수	비율(%)
① 내가 선정했다	224	59
② 개발상담자의 권유로	93	24.5
③ 부동산 중개인·컨설팅업체 권유	48	13
④ 본부가 직접 신청	13	3
⑤ 기타	2	0.5
계	380	100

입지·상권조사 이렇게 한다

육감에 의한 입지·상권조사 분석

본부 직원이 '경험으로 비춰볼 때 하루 매출이 ○○원은 될 것 같다'고 구두상으로 입지·상권조사 및 사업성 검증까지 완료하는 경우 반드시 의심해봐야 한다. 이런 방법으로 입지·상권조사를 시행하는 본부일수록 부실 프랜차이즈 본부에 가깝기 때문이다.

손익계산서를 보여주기 위한 입지·상권조사

상권개요, 입지개요 등은 개괄적인 구술 형태로 나열하고, 시간대별 통행량을 산출해 예측한 내점객수의 흡인율을 곱한 뒤에 고객 한 사람이 구매하는 단가를 곱해 매출을 예측하는 방법(통행량×흡인율×객단가=매출)이 있다.

또 추정한 매출 대비 손익계산서 산출로 사업성 검토를 완료하는 방법은 손익을 보여주기 위한 형식적인 입지·상권조사 분석에 지나지 않는다.

유사점 비교·분석으로 입지·상권조사 분석

진일보한 방법의 하나로 유사점에 대한 입지·상권평가를 한 뒤 후보지 입지·상권을 유사점과 비슷하게 재구성해 가급적 객관성을 강조하는 방법이 있다.

입지·상권조사의 본래 목적에 비춰보면 사업 타당성 검증 유무를 판단하기 위해 활용되는 조사·분석기법이지만 현실은 가맹점 사업자 설득용으로 이용되고 있는 점도 무시할 수 없다.

따라서 매출액 대비 손익이 출점 의사결정에 중요한 기준이 되기 때문에 상권조사를 통한 매출 예측 및 사업성 검토 부분을 제대로 평가할 수 있는 능력을 배양하는 것이 예비 가맹점사업자에게 요구되는 필수 사항이다. 이렇게 할 때 프랜차이즈 창업 성공에 한 걸음 다가설 수 있는 것이다.

입지·상권조사 분석의 허와 실

입지·상권조사 분석 시스템을 갖춘 프랜차이즈 본부

프랜차이즈 본부는 가맹점 모집 광고나 가맹상담 시 전문가에 의한 체계적인 조사와 그에 따른 노하우가 있다는 점을 가맹점 모집 유인책으로 강조한다는 점을 앞에서도 언급했다. 원론적으로 생각해보면 문제는 더욱 간단할 수 있다.

사실상 제대로 된 프랜차이즈 시스템이라면 입지·상권조사 분석기반 예상 매출 추정 시스템은 예비 가맹점사업자가 아니라 가맹본부가 담당해야 할 일이다. 광고나 가맹상담 시 강조하는 형태를 본다면 당연한 사실이지만 일부 가맹본부들이 이 부분에 별다른 노력을 기울이지 않는데, 엄밀히 말하면 애초부터 그런 노하우를 기대할 수 없다고 해도 과언이 아니다.

바로 앞에서 예로 들은 예비 가맹점사업자만 하더라도 1일 150만 원의 매출이 가능하다는 얘기만 들었지 서면으로 작성된 객관적인 어떠한 문서(분석자료)도 받아두지 않았다고 한다. 결국 1일 150만 원 매출은 처음부터 누구도 책임질 수 없는 목표인 셈이었다.

이런 지적을 염두에 두었기 때문인지 요즘 신문이나 잡지, 인터넷, 소셜미디어에 소개되는 가맹점 모집 광고에는 가맹본부들이 오히려 자신들의 입지·상권조사 분석 능력은 이면에 숨기고 매출보장이나 손익을 보장해주는 점을 최대 장점으로 자랑하는 경우를 종종 보게 된다. 이를테면 최근 몇몇의 업종에서 채택하고 있는 '가맹점 수익보증제', '인테리어 금액 50% 반환' 등이 그 내용 중 하나다.

이 제도를 소개하면 철저한 상권 분석을 통해 입지 선정에서 점포개설, 사후 관리에 이르기까지 본부의 철저한 관리를 통해 안정된 수익을 보장하는 제도로서, 일정 금액의 수익 미만 시 전액 본부 부담으로 점포를 이전해주는 '체인점 리콜제도'라는 것이다. 또 수익에 자신이 없다면 절대로 내걸 수 없는 조건이라고도 자랑한다.

하지만 내막을 알고 보면 그렇게 단순하지 않다. 1991년 도입된 편의점에서 가맹점 전개 시 처음 시작된 이 제도는 사실 그 효과 면에서 가맹점사업자에게는 혜택이 많지 않았다. 왜냐하면 설정한 조건, 즉 〈기준치(월, 년)×당해 사업연도의 실영업일수÷365일〉로 계산해 분기단위로 지급하는 제도이지만 해당 점주가 거의 없을 정도로 낮게 설정되었고, 기간도 1년 단위로 한정하는 업체가 있었기 때문이다.

이 제도는 가맹점사업자의 사업 안전장치로 프랜차이즈 본부가 시행한다. 이 제도의 허점은 어느 업종이나 최소 몇 달간은 개점해 그럭저럭 안정된 매출을 올릴 수 있으며, 설령 그 기한 내에 기대하는 수익에 미치지 못한다 하더라도 이 사실을 증명하기란 매우 어렵다는 것이다.

편의점의 경우 완벽한 전산 시스템이 있기 때문에 가능하지만 POS 시스템이 도입되지 않은 대부분 프랜차이즈 본부의 경우 가맹점사업자가 자기의 매출자료를 제시해도 본부에서는 여기저기 매출 누락자료를 찾을 것이고, 또는 애매모호한 지출 명세를 찾아내고 이로 인해 이른바 매출 누락에 대한 분쟁이 심심치 않게 발생해 서로가 신뢰할 수 있는 기준 마련이 어렵다.

입지·상권조사 방법을 외국에서 도입해 국내 상황에 맞게 적용한 유명 프랜차이즈 본부 D사의 가맹점사업자들에게 2020년 매출액에 대한 만족도를 조사해본 결과 본부가 입지·상권을 통해 예측한 매출액에 대해 전체 응답자 중 60%가 불만인 것으로 나타났다(〈표 5-2〉 참조).

입지·상권조사 모델을 적용한 예상매출 금액과 개점 후 영업 시 발생한 실제 매출액과의 편차가 크게 발생해 많은 가맹점사업자들이 불만족스럽게 반응하고 있음을 알 수 있다.

〈표 5-2〉 예상매출액과 개점 후 매출액의 비교 참고

구분	응답자수	비율(%)
① 만족, 매우 만족	118	37
② 불만, 매우 불만	198	62
③ 기타 무응답	4	1
계	320	100

따라서 프랜차이즈 사업을 전개하면서 본부와 가맹점사업자 간의 분쟁의 씨앗이 바로 이 입지·상권조사 시 설정하는 1차상권의 범위 내에 추가로 가맹점을 개설하는 경우와 〈표 5-2〉와 같이 입지·상권조사를 기반으로 매출 예측 및 그에 따르는 사업성 검토 오차로 인해 발생한다는 것을 예비 가맹점사업자들은 명심하기 바란다.

입지·상권조사 분석의 절차

입지·상권조사 분석의 절차는 예비 가맹점사업자가 프랜차이즈 본부를 선정하고 선정한 본부에게 예정된 후보지(기존점 보유 또는 신규점 시)에 대해 입지·상권조사 분석을 의뢰할 경우 본부는 ① 후보지 선정 및 조사 계획을 수립 → ② 입지·상권조사 시행·분석 → ③ 사업계획서 작성 → ④ 매출 예측 → ⑤ 사업 타당성 분석의 순서로 진행되며 이 결과를 토대로 점포 출점의 가부(可否)가 결정된다.

그러나 앞서 언급한 것처럼 입지·상권조사에 객관적이고 과학적인 분석 시스템을 보유하고 있는 업체는 매우 극소수에 불과한 실정이다.

이 때문에 우리나라에서는 프랜차이즈 창업을 할 때 입지·상권조사의 주체가 뒤바뀌는 기형적인 현상이 나타나고 있다. 말하자

〈표 5-3〉 입지·상권조사 분석 잘못된 주체

구분	예비 가맹점사업자	가맹본부
계획	예비 가맹점사업자 입지·선정 계획	
실행	상권조사 분석	본사의 몫
평가		출점 가부 평가

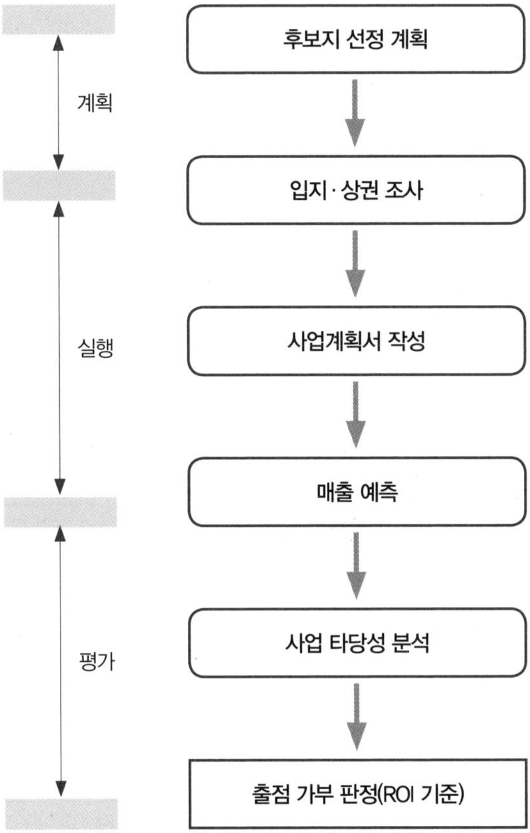

〈그림 5-1〉 제대로 된 본부의 입지·상권조사 분석 과정

면 예비 가맹점사업자는 가맹본부의 몫까지 수행하고 가맹본부는 가만히 앉아서 '굴러들어온' 예비 가맹점들을 받아들이는 식이다(〈표 5-3〉 참조).

왜 앉아서 굴러들어오는 예비 가맹점을 선호할까

부진점 발생 시 가맹본부의 책임 회피 때문에

앞에서 베이커리 전문업체 S사가 자사 가맹점사업자들의 점포 입지 선정 경로를 조사한 바에 따르면, 가맹점사업자 스스로 입지를 선정한 경우가 전체 응답자의 59%로 나타났다(〈표 5-1〉 참조)고 했다. 또 〈표 5-2〉에서와 같이 매출액에 대한 불만이 62%인 점을 감안하다면 입지·상권조사를 통해 사업성을 검토하는 가맹본부가 애매모호한 태도로 일관한다는 점을 쉽게 이해할 수 있을 것이다.

따라서 가맹계약 체결 시 계약서 문구에서까지 입지·상권조사 및 입지·상권조사를 기반으로 한 매출 예측 및 사업성 검토에 대한 회피성 내용을 각서 및 확인사항 형태로 삽입해 가맹본부를 위한 안전장치를 마련해두고 있다. 그 외의 또 다른 이유로는 입지·상권조사를 할 수 있는 숙련된 개발인원이 부족하고, 객관적이고 과학적인 근거를 기초로 조사 분석하는 입지·상권조사의 노하우

부재로 인해 프랜차이즈 본부는 평가만 하는 절차를 선택하고 있는 것이다.

따라서 객관적이고 과학적인 근거에 준해 본부가 입지·상권조사 분석을 했을 경우 그 결과가 나쁘게 나타나 부진점이 발생해도 그것은 가맹점사업자가 책임져야 할 몫임을 알아야 한다.

최근 〈가맹사업법〉 개정으로 중소기업자가 아닌 본부 또는 직전 사업연도 말 기준으로 가맹본부와 계약을 체결·유지하고 있는 가맹점사업자(가맹본부가 복수의 영업표지를 보유하고 있는 경우에는 동일 영업표지를 사용하는 가맹점사업자에 한정한다)의 수가 100개 이상인 가맹본부에게 가맹계약을 체결할 때 가맹희망자에게 예상매출액의 범위 및 그 산출 근거를 서면('예상매출액 산정서')으로 제공해야 할 의무를 부담하게 하고 있다.

일정규모 이상의 가맹본부에게 예상매출액 산정서 제공의무를 법적으로 강제하게 함으로써 가맹점사업자는 보다 정확한 예상매출액 정보를 가지고 창업 실패 위험을 줄일 수 있게 되었다고 볼 수 있다.

따라서 예비 가맹점사업자는 선택한 브랜드가 100개 이상 가맹점을 보유하고 있든, 아니면 100개 미만 가맹점을 보유하고 있든 가맹계약을 체결하기 전에 본부로부터 객관적이고 과학적인 그 본사만의 상권조사 분석기반 예상 매출을 반드시 문서로 부록(p.339~350)에 준한 내용을 받아두어야 한다. 그래야만 향후 장사

시 예상 매출만큼 매출이 나오지 않아서 이익이 마이너스(-)가 되어 금전적으로 피해 발생 시 본부에게 문제해결을 요청할 수 있다.

→ p.339~350 부록을 이해해야 예비 가맹점주는 손해를 보지 않는다.

입지·상권조사서를 평가하는 방법

객관적이고 과학적인 분석모델 보유 유무를 확인하라

다행히 프랜차이즈 본부가 입지·상권조사기반 사업계획서 및 사업타당성 검토서를 제공하는 경우라도 반드시 그 자료의 신빙성을 확인해봐야 한다.

우선 '입지·상권조사 이렇게 한다'에서 언급한 것처럼 손익계산서를 보여주기 위한 입지·상권조사서인가를 확인해야 한다.

또 외국에서 도입해 우리나라 현실에 맞게 적용한 것인지, 그리고 응용해 자체 개발한 것인지를 확인해 반드시 기존 개점한 가맹점에 대해 모델 적용 시 예상 매출액과 실제 오픈 후 매출의 적중률에 대해 문서로 받아보고, 적중률에 따라 입지·상권조사 분석 내용을 신뢰하면 된다.

입지·상권조사 분석의 구성요소를 검증하라

가맹본부가 입지·상권조사 시 설정한 1차상권에 대해 예비 가맹점사업자는 가맹본부 개발담당자로부터 지도상 설명을 들은 후 직접 답사를 해봐야 한다. 예비 가맹점사업자가 선정한 후보지가 과연 경쟁력이 있는 점포인지, 또는 본부 개발 직원이 설명을 위한 조사로 포장했는지를 평가하기 위해서다.

따라서 답사를 통한 검증이 있을 경우 그만큼 상권을 빨리 이해하게 되고, 이것을 토대로 점포운영 전략을 쉽게 수립하고 이행할 수 있다.

사업계획서 구성요소를 검증하라

(p.339~350 부록 참조)

입지·상권조사 내용을 토대로 사업계획서를 작성하게 되는데 가맹본부가 제시하는 사업계획서를 가맹본부 직원의 설명만 듣는 수준에서 그치지 말고 반드시 사실을 확인해야 한다.

가령 사업계획서의 근간이 되는 통행량에 대한 지수, 객단가, 경쟁점, 1차상권 범위의 경우, 매출 예측의 중요한 변수로 작용하기 때문에 예비 가맹점사업자가 시간을 투자해 실제 통행인수를 조사해보는 것이 좋다. 또 부동산중개업소에 문의해 임차조건을 확인하고, 경쟁점 현황, 입지 정보가 본부에서 제시한 사업계획서 내용과 동일한지 비교 평가해야 한다.

특히 주5일째 근무 확산으로 월별 통행량이 급격히 변동되면서 금요일보다는 목요일이 장사 황금 요일이 되었다. 이에 따라 그만큼 장사를 해야 할 날짜가 줄어 바로 손익 악화로 이어지고 있다. 따라서 황금 요일 변화에 따른 영업일자 계산에 주의하기 바란다.

맥세스컨설팅 사무실 앞에 위치한 ○○설렁탕, 을지로입구 삼성생명 뒤편에 위치한 ○○음식 체인점은 매장 평수 300여 평으로 개점한 이래 꾸준한 매출실적을 올려 본부에서도 우량점으로 평가할 정도였다. 그러나 주5일제 근무 확산으로 금요일, 토요일 매출이 급격히 떨어지는 사태를 맞이했다. 매장이 3개 층이었으나 요즘은 3층과 1층은 임대를 주고 2층만 운영하고 있는 실정이다.

매출 예측에 사용되는 1인 객단가 지수의 정확도를 평가하라

일반적으로 도소매업의 경우 〈통행량×흡인율×객단가 = 매출〉, 외식업의 경우 좌석수 ○○개에 만석률 70%를 가정하고, 〈점심과 저녁 1인 객단가×객석 회전수×객수 = 매출〉이라는 공식을 많이 사용하는데 흡인율과 객단가의 경우, 그 수치를 산정한 근거가 명확해야 한다.

대부분 본부 개발 직원의 경험에 의존하는 일이 많은데, 그래서 주먹구구식이라는 비난을 면하기 어려운 것이 현실이다.

따라서 흡인율과 객석 회전수의 경우 장사해본 경험치가 아닌 실제 통계자료인지를 확인할 필요성이 있으며, 객단가의 경우 근거치 있는 감으로 산정했는지 반드시 문서로 요구하고, 그 후에 반드시 이를 확인해야 한다.

POS 시스템이 설치된 본부일 경우 점별 또는 본부 평균치 객단가 등 과학적으로 예측 가능한 자료들을 산출할 수 있기 때문에 지수 확인을 쉽게 할 수 있을 것이다.

투자금액 대비 손익계산서 자료를 세밀하게 평가하라

(p.112~113 참조)

임차보증금, 영업권, 기계, 집기, 시설에 관한 투자내역에 대한 변동 유무사항을 체크하기 바란다. 통상 사업계획서상의 투자금액과 계약(임대차계약, 기기·집기, 시설) 시점의 투자금액 증가 현상이 발생한다. 증가 시점에서 타당성 분석을 다시 해야 하는데, 초기 가맹본부의 사업계획서를 기준으로 창업에 대한 의사결정을 했기 때문에 다시 타당성 분석을 하지 않는 경우가 대부분이다.

투자금액의 변동 시 타당성 분석을 재시도해 창업 성공 가능성을 가늠해봐야 한다. 창업준비 과정에서 뭔가 미심쩍은 부분이 있을 때는 즉시 창업 진행을 중단하고 초기 단계에서 재검토해 창업 성공 가능성을 높여야 한다.

손익계산서에 언급된 '마진'은 상품이익률을 말한 것이지 영업이익 또는 경상이익이 결코 아니다. 다시 말하면 가맹본부가 제시하는 마진이 모두 가맹점사업자의 주머니에 들어오는 돈이 아니라는 것이다.

따라서 가맹본부가 제시한 손익계산에서 적용한 마진과 개점 후 실제 마진을 비교해보면 많은 차이점이 발생하는 것이 현실이다. 포괄적으로 35%라고 가맹본부에서 제시할 때 상품별 세부항목 이익률 및 영업이익률이 몇 %인지 반드시 확인하기 바란다.

판매관리비 중 가장 큰 변동사항이 인건비이며, 인건비는 사업 타당성 분석 구성요소 중에서 창업 의사결정의 핵심으로 작용하므로 직원수 및 아르바이트의 주근무시간대에 따른 임금을 정확히 산정했는지 점검해야 한다.

가맹본부가 사업계획서 제안 시 손익계산서 항목에서 통상 감가상각비 및 로스(재고감모손) 항목을 제외시키고 제안하는 경우가 있다. 왜냐하면 창업을 유도할 목적으로 영업이익액을 크게 하기 위해서이다.

따라서 로스율의 올바른 적용과 감가상각의 상각 연수를 '실용적인 연수를 적용했느냐' 아니면 '회계기준 연수를 적용했느냐'에 따라 영업이익 및 경상이익 차이가 크게 발생하므로 반드시 판매관리비에 적용 여부와 항목별 적용 기준이 올바르게 되었는가를 평가해야 한다.

'투자 금리 및 영업권은 지불되는 것이 아니고 어차피 묶여 있는 돈이다'라고 생각하는 것이 일반적인 예비 가맹점사업자들의 생각이다. 어떻게 보면 맞는 이야기일 수도 있으나 사업성 검증을 할 때에는 반드시 적용해야 올바른 타당성 분석이 된다. 이처럼 무책임한 생각을 버리고 투자 금리 및 영업권 상각 항목이 판매관리비에 적용이 되어 경상이익을 도출했는지 확인하기 바란다(p.112~113 투자대비 이익과 사업성에 관한 사항 참조).

이런 방법으로 사업계획서를 분석하고 검증하다 보면 적지 않은 본부 상담 직원들이 '그렇게 본부를 믿지 못하면 우리하고 함께 사업할 수 없다'고 엄포 내지 짜증을 내는 경우가 있다. 물론 맞는 말이다. 그러나 이런 경우 99%는 자기 의도대로 끌려오지 않는 예비 가맹점사업자 때문에 속마음은 매우 초조해하고 있다는 것이 정확한 표현일 것이다. 애초부터 준비된 자료가 있을 리 없고 있다 하더라도 예비 가맹점사업자에게 보여주기 위해 급조한 사업계획서를 논리적으로 설명할 수 없는 것은 당연하다.

가끔 필자와 상담을 했던 예비 가맹점사업자들 중에도 '그렇게 세세한 것까지 일일이 확인하고 문제를 삼으면 어떻게 가맹점을 개설할 수 있겠느냐'고 반문하는 이들이 적지 않았다. 그러나 부실 가맹점을 개설하고 난 뒤의 금전적인 손실은 이만저만이 아니다. 그렇다고 이를 원래 상태로 돌릴 수 있거나 보상을 받을 수도 없다. 가맹점 창업의 성공 확률이 불과 20~30%라는 사실은 냉혹하지만 분명 우리 프랜차이즈 업계의 현실이다.

예비 가맹점사업자의 권리

예비 가맹점사업자는 자기가 운영할 점포 인근지역의 가맹점 현황은 물론 가맹본부가 점포 예상매출액을 제시(〈가맹사업법〉 제9조에서 서면으로 제공하도록 의무화함)하는 경우 동 매출액 산정과 관련한 구체적 내용이 설명만으로 이해가 곤란하면 이를 서면으로 제공해줄 것을 요구할 수 있으며, 가맹본부는 자료를 제공해야 한다.

만일 가맹본부가 이러한 요구에 응하지 않고 계약을 체결 또는 체결하고자 하는 행위는 〈가맹사업법〉 제9조 제2항, 제3항 및 시행령 제8조 규정의 위반에 해당되어 법적 제재를 받게 된다. 그런데도 이 같은 의무를 이행하지 않는 가맹본부라면 더 이상 신뢰할 수 없는 회사로 판단해도 무리는 없을 것이다.

6단계

임대차계약

주계약자의 동의 없이 남편 또는 아내, 자식이 점포를 매도하려는 경우가 많이 있다. 임대차계약의 주체는 당연히 실제 소유주여야 하며, 만일 등기부등본상의 소유주가 아니라면 그 계약은 무효가 되어 효력을 발휘할 수 없다. 또 계약 전에는 반드시 점포에 대해 전세권이나 근저당, 가압류 등이 설정되어 있는지를 관할 등기소에서 확인해두어야 한다.

임대차계약이란

임대차계약은 당사자의 일방(건물주 - 임대인)이 상대방에게 목적물(임대물)을 사용·수익하게 할 것을 약정하고, 상대방(임차인)이 이에 대해 차임(월세 또는 보증금)을 지급할 것을 약정함으로써 성립하는 민법상의 채권계약을 말한다.

따라서 임대차계약은 임차인과 임대인과의 협상조건에 따라 투자자금 및 손익에 큰 영향을 주며, 또한 재산권을 유지 보호할 수 있고, 사업의 지속성 유지에 필요한 중요한 내용을 지니고 있으므로 치밀하게 계약해야 할 필요성이 있다.

아무리 목 좋은 점포라도 그 장소를 영업장으로 사용하기 위해서는 민법상의 채권계약, 즉 임대차계약을 해야 한다. 쉽게 말하면 점포 소유주에게 일정한 돈을 지불하고 그 대가로 점포 사용에 대한 권리를 얻는 것이다. 특히 이 임대차계약은 돈을 매개로 한 '권리이전'이기 때문에 점포주(기존 임차인)와의 협상 결과에 따라 큰 돈을 절감하거나 추가 지출할 수도 있다.

더욱이 임대차계약은 사업자의 투자 규모와 연관이 있으며 점포를 오픈한 뒤에도 손익에 큰 영향을 미친다. 그러므로 좋은 조건으로 안전하게 임대차계약을 체결하기 위해서는 치밀한 사전 준비가 필요하다.

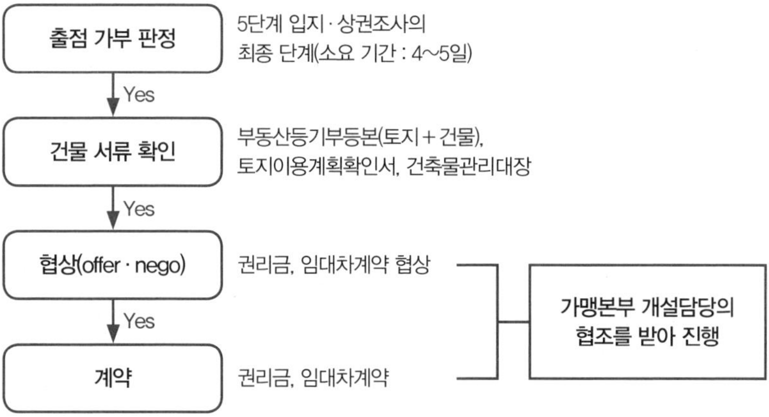

〈그림 6-1〉 임대차계약 절차

임대차계약 절차

돈을 지출하는 일련의 과정이며, 의사를 결정하는 단계다

올바른 임대차계약을 하기 위해서는 절차와 방법을 습득하고 지켜야만 가능하다는 것이 필자의 경험상 조언이다. 사업을 시작하려는 예비 가맹점사업자들 중에 스스로 탐구하고 개척하는 창의적 자세보다 제3자의 손에 이끌려 계약하는 사례를 많이 보았다.

아무튼 가맹점사업자가 의뢰한 가맹점 후보지가 가맹본부의 입지·상권조사를 통한 출점 가부 판정이 있을 경우 권리금, 보증금 및 기타 조건에 대해 협상하고 적정한 가격협상이 되었을 때 앞의 〈그림 6-1〉과 같은 절차로 계약을 하면 된다.

계약 전 건물 서류 보는 방법

예비 가맹점사업자 중에는 자기 스스로 문제를 해결하기보다는 제3자의 도움에 전적으로 의존하는 경우를 자주 볼 수 있다. 그러나 올바른 임대차계약을 맺기 위해서는 사업자 스스로 계약 절차와 방법을 알고 있어야 한다. 예비 가맹점사업자가 의뢰한 가맹점 후보지가 가맹본부의 입지·상권조사를 통해 출점 가능지역으로 판정나면 이제 본격적으로 건물주 또는 기존 임차인과 권리금, 보증금 인상률 및 기타 조건에 대해 협상을 벌이게 된다.

이때 본격적인 협상에 나서기 전에 반드시 등기부등본(건물+토지)을 떼어 그 점포에 관계된 제반 여건을 알고 있어야 협상 시 유리할 것이다. 물론 가맹본부에게 입지·상권조사를 의뢰하기 이전에 건축물관리대장, 토지이용계획확인서, 등기부등본을 떼어 후보지에 문제점이 없을 경우에만 임대차계약을 진행해야 한다.

떼어보아야 할 서류

① 등기부등본　② 토지이용계획확인서　③ 건축물대장

건물 등기부등본 떼어보는 방법은

등기부등본 신청은 등기소에서 할 수 있으며, 신청 방법은 전화 신청, FAX 신청, 인터넷 열람 및 방문 신청 방법이 있다. 현재는 등기소에서 서류를 발급받을 수 있다. 토지이용계획확인서, 건축물 대장은 구청 민원실에서 발급하며, 발급 방법은 등기부등본 신청 방법과 같다.

등기부등본을 떼어보는 이유

궁극적으로 등기부등본 갑구 사항란에 누가 그 부동산의 주인인지, 즉 실소유자가 누구인지 소유권에 관한 사항을 확인하고, 을구 사항란에 소유권 이외에 근저당, 전세권, 가압류에 관한 사항 기재 여부를 확인해 임차 시 건물의 안정성 상태를 점검하기 위해 떼어보는 것이다.

등기부등본의 종류

등기부등본이란 부동산에 관한 권리관계와 부동산의 표시에 관한 사항을 기재하는 장부를 말하며, 부동산등기부에는 토지등기부와 건물등기부의 두 가지 종류가 있다.

일반건물의 등기부 구성은 어떻게 되어 있나

하나의 등기용지는 표제부(〈사례 1〉), 갑구, 을구의 세 부분으로 구성되어 있다. 표제부 상단에는 등기번호란이 있는데 여기에는 등기한 토지 또는 건물 대지의 지번을 기재해두고 있다. 표시번호란에는 표시란에 등기한 순서를, 표시란에는 부동산의 형태를 표시하고 그 변경에 관한 사항을 기재하고 있다.

〈사례 1〉 등기부등본(표제부)

등기부 등본 (말소사항 포함) - 건물

서울특별시 강남구 청담동 00-0 고유번호 1146-1996-070000

【 표 제 부 】 (건물의 표시)

표시번호	접 수	소재지번 및 건물번호	건 물 내 역	등기원인 및 기타사항
1 (전 1)	1985년12월19일	서울특별시 강남구 청담동 00-0	철근콘크리트조 슬래브지붕 5층 업무시설 및 근린생활시설 1층 385.67㎡ 2층 408.25㎡ 3층 414.93㎡ 4층 414.93㎡ 5층 414.93㎡ 지하1층 599.02㎡ 지하2층 181.36㎡ 옥탑 층 37.40㎡ 층별용도 지하2층 근린생활시설 지하1층 근린생활시설 주차장 1층 근린생활시설 2층 업무시설 (은행) 3층 업무시설 및 근린생활시설 4층 업무시설 5층 근린생활시설	도면편철장 8책 174장 부동산등기법 제177조의 6 제1항의 규정에 의하여 1999년 01월 22일 전산이기

* 실선으로 그어진 부분은 말소사항을 표시함. * 등기부에 기록된 사항이 없는 갑구 또는 을구는 생략함.

발행번호 11420011406192036SL0960291KN00700657E01185310111221 1/4 발행일 2002/03/29

| 유의 사항 | 계약하고자 하는 부동산의 지번과 표제부에 표시된 지번의 일치 여부를 반드시 확인해야 한다(아파트 등 집합건물의 경우 호수까지 확인해

야 한다).

갑구(〈사례 2〉)의 순위번호란에는 사항란에 등기한 순서를 나타내고, 사항란에는 누가 그 부동산의 주인인지 소유권에 관한 사항을 기재한다. 소유권에 대한 압류, 가등기, 경매개시결정등기, 그리고 소유권의 말소 또는 회복에 관한 재판이 진행 중임을 예고하는 예고등기, 소유자의 처분을 금지하는 가처분등기 등이 갑구에 기재되는 사항이다.

〈사례 2〉 등기부등본(갑구, 을구)

서울특별시 강남구 청담동 00-00　　　고유번호 1146-1996-070000

【 갑 구 】 (소유권에 관한 사항)

순위번호	등기목적	접수	등기원인	권리자 및 기타사항
1 (전 12)	공유자전원의지분전부이전	1989년5월24일 제68669호	1989년5월23일 매매	소유자 오양○ 520405-0000000 서울 서초구 반포동 000 ○○가든맨션 비-000
				부동산등기법 제177조의 6 제1항의 규정에 의하여 1999년 01월 22일 전산이기
2	가압류	2002년3월18일 제37312호	2002년3월15일 서울지방법원의 가압류 결정(2002카단50780)	청구금액 금20,000,000원 채권자 민대○ 서울 광진구 능동 000-000

【 을 구 】 (소유권 이외의 권리에 관한 사항)

순위번호	등기목적	접수	등기원인	권리자 및 기타사항
~~1~~ ~~(전 46)~~	~~근저당권설정~~	~~1997년11월4일~~ ~~제93464호~~	~~1997년11월4일~~ ~~설정계약~~	~~채권최고액 금이십삼억팔천만원정~~ ~~채무자 오양○~~ ~~서울 서초구 반포동 32-8 삼호가든맨션 비동 501호~~ ~~근저당권자 주식회사○○○○○금고 110111-0000000~~ ~~서울 중구 명동2가 000~~ ~~(영업부)~~ ~~공동담보 동소 동번지 토지 및~~ ~~서울 서대문구 남가좌동 000-00 토지~~

• 실선으로 그어진 부분은 말소사항을 표시함.　• 등기부에 기록된 사항이 없는 갑구 또는 을구는 생략함.

발행번호 11420011406192036SL0960291KN00700657E01285310111221　2/4　발행일 2002/03/29

| 유의 사항 | 소유권자 이름 확인 후 계약 시에 소유권자와 계약을 체결하도록 해야 한다.

을구(〈사례 3〉)의 순위번호란에는 사항란에 등기한 순서를 나타내고, 사항란에는 소유권 이외의 권리, 즉 전세권, 저당권, 가압류에 관한 사항을 기재한다.

〈사례 3〉 등기부등본(을구)

서울특별시 강남구 청담동 00-0　　　고유번호 1146-1996-073202

【 을 구 】	(소유권 이외의 권리에 관한 사항)			
순위번호	등 기 목 적	접 수	등 기 원 인	권 리 자 및 기 타 사 항
~~1~~ ~~(전 6)~~	~~근저당권설정~~	~~1997년11월4일~~ ~~제93464호~~	~~1997년11월4일~~ ~~설정계약~~	~~채권최고액 금이십삼억팔천만원정~~ ~~채무자 오양○~~ ~~서울 서초구 반포동 0000 삼호가든맨션 비동 501호~~ ~~근저당권자 주식회사○○○○○금고 110111-000000~~ ~~서울 중구 명동 0가 000~~ ~~(영업부)~~ ~~공동담보 동소동번지 건물 및~~ ~~서울 서대문구 남가좌동 000-00 토지~~ 부동산등기법시행규칙부칙 제3조 제1항의 규정에 의하여 1998년 12월 02일 전산이기
2	~~전세권설정~~	~~2000년7월31일~~ ~~제58876호~~	~~2000년7월22일~~ ~~설정계약~~	~~전세금 금200,000,000원~~ ~~범 위 점포용 토지전부~~ ~~존속기간 2002년 7월 25일~~ ~~반환기 2002년 7월 25일~~ ~~전세권자 주식회사○○○ 110111-0699976~~ ~~서울 종로구 혜화동 000~~ ~~도면편철장 3책 266장~~ ~~공동전세 건물 서울특별시 강남구 청담동 000~~
3	1번근저당권설정등기말소	2000년12월5일 제92809호	2000년12월5일 일부포기	

* 실선으로 그어진 부분은 말소사항을 표시함.　　* 등기부에 기록된 사항이 없는 갑구 또는 을구는 생략함.

발행번호 11420011406192036SL0960291KN00732658E01202370111221　　2/3　　발행일 2002/03/29

| 유의 사항 | 근저당 및 전세권이 먼저 설정되어 있는 경우 이후 임차인은 해당 목적물이 경매가 될 경우 선순위자인 근저당 및 전세권자가 배당받고 난 후 나머지 금액에 대해서만 배당을 받을 수 있으므로 근저당 및 전세권이 목적물의 매매시세의 50% 이상 설정되어 있는 경우 후순위 임차인은 위험도가 높다고 볼 수 있다.

토지이용계획확인서의 의미

계약하고자 하는 후보지 목적물을 중심으로 국가 및 각 구청에서 시행 예정인 재건축, 신도시계획 등의 행정적인 부분을 사전 점검해 사업개시 후 행정적인 부분에 저촉되어 철거하는 등의 재산상 손실을 막아 사업의 안정성을 도모하기 위해 반드시 확인한다(〈사례 4〉 참조).

〈사례 4〉 토지이용계획확인서

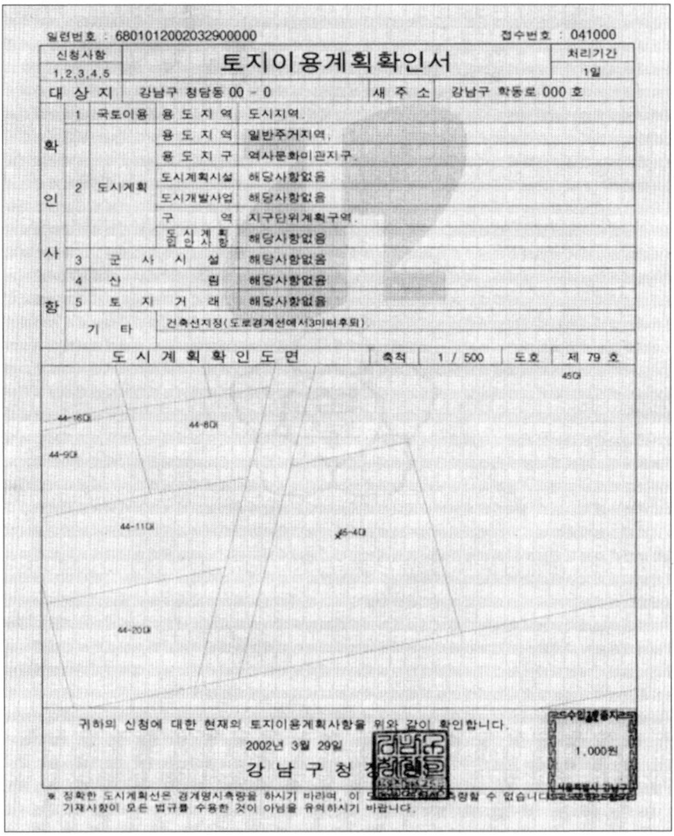

일련번호 : 68010120020329000000　　　　접수번호 : 041000

신청사항	토지이용계획확인서			처리기간
1,2,3,4,5				1일

대 상 지	강남구 청담동 00 - 0		새 주 소	강남구 학동로 000 호

확인사항	1	국토이용	용 도 지 역	도시지역.
	2	도시계획	용 도 지 역	일반주거지역.
			용 도 지 구	역사문화미관지구.
			도시계획시설	해당사항없음
			도시개발사업	해당사항없음
			구 역	지구단위계획구역.
			도시계획 입안사항	해당사항없음
	3	군 사 시 설		해당사항없음
	4	산 림		해당사항없음
	5	토 지 거 래		해당사항없음
	기 타		건축선지정(도로경계선에서3미터후퇴).	

도 시 계 획 확 인 도 면	축척	1 / 500	도호	제 79 호

귀하의 신청에 대한 현재의 토지이용계획사항을 위와 같이 확인합니다.

2002년 3월 29일

강 남 구 청 장

1,000원

※ 정확한 도시계획선은 경계명시측량을 하시기 바라며, 이 [illegible] 측량할 수 없습니다.
기재사항이 모든 법규를 수용한 것이 아님을 유의하시기 바랍니다.

건축물대장의 의미

건축물이 무허가인지 아니면 정식적으로 허가된 건물인지를 증명하는 문서로서, 향후 발생할 수 있는 행정적인 통제 부분에 저촉된 건물인가를 알아볼 수 있는 아주 중요한 문서다.

또 건물의 용도를 기재하여 용도에 맞게 건물의 쓰임새를 규정해놓은 문서다(〈사례 5〉 참조).

〈사례 5〉 건축물대장

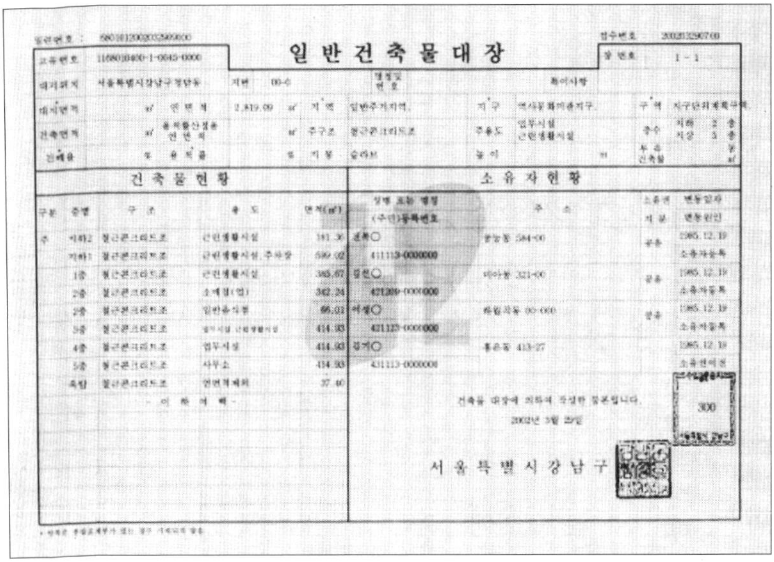

일 반 건 축 물 대 장

고유번호 1168010400-1-0045-0000

장번호 1 - 1

대지위치 서울특별시강남구

연면적 2,819.09 ㎡

지역 일반주거지역

주구조 철근콘크리트조

주용도 업무시설 근린생활시설

층수 지하 2 층 지상 5 층

지붕 슬라브

건 축 물 현 황

구분	층별	구조	용도	면적(㎡)
주	지하2	철근콘크리트조	근린생활시설	181.36
	지하1	철근콘크리트조	근린생활시설, 주차장	599.02
	1층	철근콘크리트조	근린생활시설	385.67
	2층	철근콘크리트조	소매점(업)	342.24
	2층	철근콘크리트조	일반음식점	66.01
	3층	철근콘크리트조	업무시설 근린생활시설	414.93
	4층	철근콘크리트조	업무시설	414.93
	5층	철근콘크리트조	사무소	414.93
	옥탑	철근콘크리트조		37.40

- 이 하 여 백 -

소 유 자 현 황

(주민)등록번호	변동일자
411113-0000000	1985. 12. 19
471209-0000000	1985. 12. 19
421123-0000000	1985. 12. 19
431113-0000000	1985. 12. 19

300

서 울 특 별 시 강 남 구

점포계약 잘하면 목돈 벌 수 있다

권리금계약

권리금 제안 및 협상, 이렇게 하면 된다

등기부등본을 확인했을 때 별다른 이상이 발견되지 않으면 이제 본격적인 협상에 들어가도 된다.

권리금 제안 및 협상 항목은 기존 점포운영자와 임대계약서 계약자가 동일한지 확인해야 하며, 후보지 주변시세, 권리금 총액, 인수품목 내역, 면적, 임대차계약 기간, 임대보증금, 권리금 · 중도금 및 잔금지급 일정 등을 세밀하게 확인해야 한다.

기존 점포운영자와 임대차계약서상의 계약자가 동일한지 확인해야 하는 이유는 통상 점포를 매도하려고 하는 주체가 임대차계약서상의 임차인과 다를 경우 분쟁이 발생하기 때문이다.

예를 들면 임대차계약서상의 주계약자가 아내 또는 부모인데 남편이 아내와 협의 없이, 자식이 부모 동의 없이 점포를 매도할 경우 임차인 의사와 상관없이 권리계약을 진행하려고 하는지 확인해야 한다. 단, 위임장이 있다면 그 위임장을 근거로 매도계약서를 작성하되 구비서류로 위임인의 신분증 사본 및 인감증명 1통이 준비되어 있어야 한다.

후보지 주변시세를 파악하고 있어야 매도인(기존 점포운영자)에게 제안하고 협상할 수 있으므로 영업 중인 인근 상인을 통해, 또한 공인중개사 사무실을 통해 주변시세를 확인하는 준비된 자세가 필요하다.

권리금 총액은 매도인이 받고 싶은 가격보다 20~30% 정도 과다산정된 가격으로 부동산 시장에 매물로 내놓을 수 있기 때문에 이보다 낮은 가격으로 제안하고 협상해야 한다. 즉, 매도인이 요구하는 권리금이 1억 원이라면 임차인은 먼저 6,000만~7,000만 원을 제시하는 것이 유리할 수 있다.

이밖에도 권리금을 책정할 때는 여기에 영업보상비 외에도 일반전화, 담배허가증, 냉온풍기 등의 집기 인수비가 포함되었다는 점을 분명히 해두어야 추가 지출을 방지할 수 있다. 막상 계약해놓고 나서 계약서상에 기재되지 않았다는 이유로 필요한 기자재를 넘겨주지 않을 경우 신규 임차인이 이를 다시 재구입해야 하는 사례도 많이 발생한다.

면적 계산의 오차로 인해 창업 시 목돈 손실비용이 제일 크게 발생하지만 실제로 눈에 보이는 현금이 아니라서 간과하는 경우가 많이 있다. 매도인이 25평이라고 하면 그것은 계약면적이지 실면적(전용면적)이 아니다. 시장에서의 상가거래 관행은 실면적 거래가 아니라 계약면적 거래임을 명심해야 한다.

따라서 계약면적과 실면적 차이를 확인하게 되면 추가비용 부담을 줄이고 면적을 효율적으로 사용할 수 있다. 예를 들어 '25평에 맞는 사업 구상으로 점포를 임차했는데 실측을 해보니 20평밖에 안 되는 경우' 5평만큼 돈을 잃어버린 것이다. 실면적을 확인하는 방법으로는 건물등기부등본의 표제부에 ○○m^2로 표기되어 있는 숫자에 0.3025를 곱하면 실면적이 된다.

〈상가건물임대차보호법〉에서 보호하는 보증금액(우선변제보증금) 이외 상가의 경우 임대차계약 기간(안정성 확보를 위해 2년 이상 계약협상), 임대보증금 및 임대료 인상률(기존 임대차계약 내용보다 인상률을 10% 이내에 협상), 기타 특약사항과 같은 항목은 건물주와 매수인이 협상하는 것보다 매도인이 건물주와 제안 및 협상하는 것이 더 효과적이다.

이는 필자가 경험으로 체득한 사실로서 기존 점포운영자인 매도인이 건물주에게 임차조건을 제안 및 협상을 할 수 있게 되면 임대인인 건물주와 그동안 쌓아놓은 친분으로 우호적인 협상이 가능하고 기존 점포운영자인 자신도 빨리 점포를 비우고 나가기 위해 협상에 열의를 보이기 때문이다.

그리고 가장 중요한 것은 기존 점포운영자인 매도인이 상권 시세나 현실을 잘 알고 있기 때문에 건물주 입장에서도 무리한 요구를 하지 못하기 때문이다. 〈상가건물임대차보호법〉에서 규정하는 계약갱신요구권 행사 기간은 10년(2018. 10. 16 개정)이며, 당해 지역의 경제 여건 및 상가 규모를 고려하여 환산보증금액이 일정액 이하인 경우에만 〈상가건물임대차보호법〉이 적용된다.

현행법령상 법 적용범위 및 최우선변제 임차인과 보증금 범위

구분	법 적용범위 보증금액	최우선변제 적용 임차인 (소액임차인)	최우선변제금 범위
서울특별시	9억 원	6억 5천만 원	2억 2천만 원
과밀억제권역	6억 9천만 원(부산 포함)	5억 5천만 원	1억 9천만 원
광역시, 안산, 용인, 김포, 광주시	5억 4천만 원 (세종, 파주, 화성 포함)	3억 8천만 원	1억 3천만 원
그 밖의 지역	3억 7천만 원	3천만 원	1천만 원

※ 최우선변제금 범위는 임대건물 가액의 2분의 1을 초과하지 못함(시행령 제7조 제2항).

환산보증금이란?

보증금에서 월차임이 있는 경우 그 월차임액에 100을 곱하여 보증금에 합산한 금액을 말한다.

예) 보증금 1,000만 원에 월세 100만 원으로 상가를 임차한 경우

환산보증금 = 1,000만 원(보증금) + 100만 원(월세) × 100 = 1억 1,000만 원

그리고 임대차계약 기간은 자유로이 정할 수 있다. 다만, 1년 미만으로 정한 임대차는 그 기간을 1년으로 보게 되나, 이때에도 임차인은 1년 미만으로 정한 기간이 유효함을 주장할 수 있다.

권리금계약서는 이런 방법으로 작성한다

권리금계약은 건물주와 신규 임차인과의 임대차계약 전 단계로 기존 점포운영자인 매도인과 신규로 점포를 운영하고자 하는 매수인과의 관행적인 계약이므로 이에 관한 법률의 규정이 없을 뿐만 아니라 판례상의 준칙도 없는 것이 현실이다.

따라서 신규로 점포를 매입하고자 하는 매수인과 건물주와의 임대차계약이 성립해야만 임차인으로서 효력이 발생하므로 권리금 협상 시 협의된 내용과 더불어 〈표 6-1〉과 같은 내용을 삽입해 권리금계약서를 작성하면 불안전한 계약이 안전성을 발휘할 수 있다.

기존에도 임차인들 사이에서 권리금 거래가 빈번하게 이루어졌음에도 법률상 아무런 보호를 받지 못했다. 그러나 최근 〈상가건물임대차보호법〉 개정(2015. 5. 13)으로 상가임차인들의 '권리금'이 법적으로 보호를 받게 되었다. 개정법에서는 상가임차인의 권리를 보호하기 위하여 권리금 및 권리금계약을 다음과 같이 정의하고 있다.

권리금이란 임대차 목적물인 상가건물에서 영업을 하는 자 또는 영업을 하려는 자가 영업시설·비품, 거래처, 신용, 영업상의 노하우, 상가건물의 위치에 따른 영업상의 이점 등 유형·무형의 재산적 가치의 양도 또는 이용대가로서 임대인, 임차인에게 보증금과 차임 이외에 지급하는 금전 등의 대가를 말한다. 권리금계약이란 신규 임차인이 되려는 자가 임차인에게 권리금을 지급하기로 하는 계약을 말한다.

또한 임대인이 임차인의 권리금 회수를 방해하지 못하도록 임대인에게 임차인이 다음 임차인으로부터 권리금을 지급받는 것을 방해하지 않아야 할 의무를 부과하고, 방해하였을 경우는 손해를 배상하도록 하여 권리금을 회수할 수 있도록 하였다.

또한 표준권리금계약서에 대한 근거를 만들어 분쟁을 사전에 예방할 수 있도록 하였다.

주요 개정사항

권리금 회수기회 보호	• 임대인에 대하여 임차인의 권리금 회수 방해행위 금지 의무 부과 • 시기 : 임대차 기간이 끝나기 3개월 전부터 임대차 종료 시까지 • 방해행위 유형 ▶ 신규 임차인에게 권리금을 요구·수수하는 행위 ▶ 신규 임차인에게 권리금을 지급하지 못하게 하는 행위 ▶ 신규 임차인에게 현저히 고액의 보증금·차임을 요구하는 행위 ▶ 정당한 사유 없이 임차인이 주선한 신규 임차인과 임대차계약의 체결을 거절하는 행위 • 정당한 사유의 예시 ▶ 신규 임차인에게 차임 지급의 자력이 없는 경우

권리금 회수기회 보호	▶ 신규 임차인에게 임대차계약상 의무위반의 우려가 있는 경우 ▶ 임대차 목적물을 1년 6개월 이상 비영리목적으로 사용하는 경우 ▶ 임대인이 선택한 신규 임차인이 임차인에게 권리금을 지급한 경우 • 적용범위 : 개정법 시행 당시 존속 중인 임대차를 포함 • 위반 시 임대인이 손해배상 책임을 지도록 함
상가임대차 관련 분쟁 최소화	• 권리금 및 권리금계약 정의 명확화 • 상가건물임대차표준계약서 및 표준권리금계약서 보급 • 권리금의 평가기준을 국토부장관이 고시로 정하도록 함
대항력 확대	• 모든 임대차계약의 임차인에게 대항력 부여

또한 개정법은 표준권리금계약서에 대한 근거를 만들어 분쟁을 사전에 예방할 수 있도록 하였다. 권리금계약 시 〈표 6-1〉과 같은 내용을 삽입하여 권리금계약서를 작성하도록 한다.

〈표 6-1〉 영업권 계약 절차와 내용

항목	내용 및 이유	비고
패널티 조항	신규 매수인이 임대계약 시까지 주도권 행사를 할 수 있게 계약서 내용 불이행에 대한 피해배상 조항을 반드시 삽입	사례 제5조
임대차 조건	협상 시 협의한 임대 기간, 보증금, 면적, 기타 시설물 부착 내용을 기재하고 투자 및 조건 변경을 금지해 추가비용 발생 방지	
건물주 승계	일정을 명기하고, 승계책임 조항에 따라 임차금액 인상분은 권리금에서 가감하고 미승계 시 배상조항에 따라 시행	
인수품목	인수품목은 명세표를 작성한 후에 권리계약서에 첨부해 계약	
공과금 처리	계약 시 공과금 처리는 잔금에서 가감할 수 있다는 내용을 기입해 추가비용 증가를 방지	
영수증	반드시 자필로 성명, 주민등록번호, 주소를 기입하도록 해 피해예방	
계약서 날인	임대차계약서상의 임차인과 동일인 인감도장 날인 확인으로 피해 예방	

이 계약서는 〈상가건물임대차보호법〉을 기준으로 만들었습니다. 작성시 [작성요령](별지)을 꼭 확인하시기 바랍니다.

상가건물임대차 권리금계약서

임차인(이름 또는 법인명 기재)과 신규 임차인이 되려는 자(이름 또는 법인명 기재)는 아래와 같이 권리금 계약을 체결한다.

* 임차인은 권리금을 지급받는 사람을, 신규 임차인이 되려는 자(이하 「신규 임차인」이라 한다)는 권리금을 지급하는 사람을 의미한다.

[임대차 목적물인 상가건물의 표시]

소재지		상호	
임대면적		전용면적	
업종		허가(등록)번호	

[임차인의 임대차계약 현황]

임대차 관계	임차보증금		월차임	
	관리비		부가가치세	별도( ), 포함( )
	계약 기간	년 월 일부터 년 월 일까지 (월)		

[계약 내용]

제1조[권리금의 지급] 신규 임차인은 임차인에게 다음과 같은 권리금을 지급한다.

총 권리금	금 원정 (₩)
계약금	금 원정은 계약 시에 지급하고 영수함. 영수자 ((인))
중도금	금 년 월 일에 지급한다.
잔금	금 년 월 일에 지급한다. * 잔금지급일까지 임대인과 신규 임차인 사이에 임대차계약이 체결되지 않는 경우 임대차계약 체결일을 잔금지급일로 본다.

제2조[임차인의 의무] ① 임차인은 신규 임차인을 임대인에게 주선하여야 하며, 임대인과 신규 임차인 간에 임대차계약이 체결될 수 있도록 협력하여야 한다.

② 임차인은 신규 임차인이 정상적인 영업을 개시할 수 있도록 전화가입권의 이전, 사업등록의 폐지 등에 협력하여야 한다.

③ 임차인은 신규 임차인이 잔금을 지급할 때까지 권리금의 대가로 아래 유형·무형의 재산적 가치를 이전한다.

유형의 재산적 가치	영업시설·비품 등
무형의 재산적 가치	거래처, 신용, 영업상의 노하우, 상가건물의 위치에 따른 영업상의 이점 등

*** 필요한 경우 이전 대상 목록을 별지로 첨부할 수 있다.**

④ 임차인은 신규 임차인에게 제3항의 재산적 가치를 이전할 때까지 선량한 관리자로서의 주의의무를 다하여 제3항의 재산적 가치를 유지·관리하여야 한다.

⑤ 임차인은 본 계약 체결 후 신규 임차인이 잔금을 지급할 때가지 임차목적물상 권리관계, 보증금, 월차임 등 임대차계약 내용이 변경된 경우 또는 영업정지 및 취소, 임차목적물에 대한 철거명령 등 영업을 지속할 수 없는 사유가 발생한 경우 이를 즉시 신규 임차인에게 고지하여야 한다.

제3조[임대차계약과의 관계) 임대인의 계약거절, 무리한 임대조건 변경, 목적물의 훼손 등 임차인과 신규 임차인의 책임 없는 사유로 임대차계약이 체결되지 못하는 경우 본 계약은 무효로 하며, 임차인은 지급받은 계약금 등을 신규 임차인에게 즉시 반환하여야 한다.

제4조[계약의 해제 및 손해배상] ① 신규 임차인이 중도금(중도금 약정이 없을 때는 잔금)을 지급하기 전까지 임차인은 계약금의 2배를 배상하고, 신규 임차인은 계약금을 포기하고 본 계약을 해제할 수 있다.
② 임차인 또는 신규 임차인이 본 계약상의 내용을 이행하지 않는 경우 그 상대방은 계약상의 채무를 이행하지 않는 자에 대해서 서면으로 최고하고 계약을 해제할 수 있다.
③ 본 계약 체결 이후 임차인의 영업 기간 중 발생한 사유로 인한 영업정지 및 취소, 임차목적물에 대한 철거명령 등으로 인하여 신규 임차인이 영업을 개시하지 못하거나 영업을 지속할 수 없는 중대한 하자가 발생한 경우에는 신규 임차인은 계약을 해제하거나 임차인에게 손해배상을 청구할 수 있다. 계약을 해제하는 경우에도 손해배상을 청구할 수 있다.
④ 계약의 해제 및 손해배상에 관하여는 이 계약서에 결함이 없는 경우 「민법」의 규정에 따른다.

[특약사항]

본 계약을 증명하기 위하여 계약 당사자가 이의 없음을 확인하고 각각 서명 또는 날인한다

년 월 일

임대차	주소					(인)
	성명		주민등록번호		전화	
대리인	주소					
	성명		주민등록번호		전화	
신규 임차인	주소					(인)
	성명		주민등록번호		전화	
대리인	주소					
	성명		주민등록번호		전화	

임대차계약

임대차계약 제안 및 협상 시에는 기존 점포운영자인 매도인이 협상해둔 조건들을 확인 검증한다. 기존 운영자인 매도인의 중개가 없을 경우 본인이 직접하거나 또는 공인중개소가 알선할 경우 조건들을 반영시킨다.

임대차계약 제안 및 협상 항목 중 건물주 확인, 임차조건의 주변 시세와 유사점, 임대차계약 기간, 임대보증금, 자금지급 일정, 근저당 및 전세권 설정, 면적의 경우 매도인이 제안 및 협상으로 사전 조율이 되어 있는 상태이므로 건물주에게 확인 검증을 하고, 추가로 건물주에게 제안 및 협상해야 할 내용은 영업설비 설치에 관해 반드시 협의해야 한다. 영업설비에는 간판(입간판, 돌출간판) 부착, 실외기 부착 여부, 전기증설 시 용량증설 가능성, 급배수 등의 항목이 있다.

기존 점포운영자 매도인이 임대차 기간, 임대보증금, 월임대료, 전세권 설정 등에 대해 건물주와 사전 협상을 했지만 신규 점포를 인수하려는 매수인과 건물주 간의 협상 시에 건물주가 기존 점포운영자와 약속한 내용에 대한 변경 사항을 요구할 수 있다.

이때는 전적으로 동의하지 말고 업종 수익에 맞는 투자금액을 산정해 그 이상 초과 시 계약하지 않는다는 마음자세로 임해야 한다. 왜냐하면 무리한 계약은 창업 후 손익에 악영향을 끼치기 때문이다. 또 시간적인 여유를 가지고 기존 점포운영자 매도인을 적극 활용해 계약을 이끌어내면 된다.

간판 부착 및 실외기 설치 장소에 대해 사전에 건물주 동의를 얻지 않는 상태에서 시설을 하게 되면 건물주는 협의한 사실이 없다고 하면서 설치를 못하게 하는 경우가 많이 있으므로 건물주와 협의해야 할 사항이다.

전기용량 검증은 후보지 건물에 기존 전기용량을 점검해 신규로 하고자 하는 사업에 필요한 전기용량이 충분한지 확인하는 것이며, 만약 용량이 부족할 경우 전기용량을 증설해야 하고, 또한 그에 따른 추가비용이 발생하므로 건물주와 협의해야 한다. 건물 내 전체 전기용량이 124.5kW 이상일 경우 특고압 설치로 비용이 1,000만 원 이상 발생하고, 전기관리 기사가 필요하므로 건물주가 계약 체결에 부정적 입장으로 돌변하는 요소가 된다.

신축건물 임차계약 시에는 천장, 바닥, 전면 창호, 급배수관 등의 시설에 대해 창업하고자 하는 업종에 맞게 건물주와 협의하고 특히, 준공검사 일정을 치밀하게 계산해야 한다. 예정된 날짜보다 준공검사일이 확정되지 않으면 영업을 할 수 없기 때문이다.

계약 전에 점포에 대해 충분한 검토가 이뤄지지 않으면 임대차 계약 과정에서 불필요한 비용 부담이 자꾸 늘어난다. 예를 들어 점포가 1층에 있는데 엘리베이터 이용료를 4층 임차인과 동일하게 내거나, 건물주가 부담하게 되어 있는 교통유발 부담금을 임차인이 부담하는 것으로 계약하는 수도 있다.

따라서 임차인이 임대차계약에 조금만 더 관심을 기울이면 거액의 돈이 빠져나가는 것을 방지할 수 있다. 특히 관리비는 세금 혜택도 받을 수 없기 때문에 임차인의 부담은 더욱 커지며, 언뜻 몇십만 원밖에 안 되는 적은 액수라고 생각하기 쉽지만 그것이 계약 기간 내내 적용된다고 보면 결코 무시할 수 없는 금액이다.

또 계약서에 반드시 근저당 및 전세권을 설정해준다는 조항을 삽입해야 한다. 최근 근저당 및 전세권 설정에 대한 임차인들의 인식변화가 있는 듯하나 아직 미약할 뿐이다. 현실적으로 근저당 및 전세권 설정에 쉽게 동의해주는 건물주는 그리 많지 않으므로 재산권 보호는 임차인 스스로 나서지 않으면 안 된다.

따라서 건물주가 근저당 및 전세권 설정을 거부한다면 계약 자체를 재검토하는 것이 현명하다. 실제로 우리 주위에는 근저당이나 전세권 설정을 제대로 하지 않아 나중에 억울한 피해를 보는 소매 사업자들을 심심찮게 볼 수 있다.

임차인은 최초의 임대차 기간을 포함한 전체 임대차 기간이 10년을 초과하지 않는 범위에서 계약 기간을 보장받을 수 있다. 10년의 범위 내에서 임차인에게 계약갱신요구권이 인정되기 때문이다.

임차인은 영업이 되지 않아 영업을 철수해야 할 상황이 되면 사전에 계약 종결에 대한 내용을 임대인에게 통고하면 5년 계약을 체결했더라도 계약 기간 중에 계약을 해지할 수 있다.

제10조 (계약갱신 요구 등)

① 임대인은 임차인이 임대차 기간이 만료되기 6개월 전부터 1개월 전까지 사이에 계약갱신을 요구할 경우 정당한 사유 없이 거절하지 못한다. 다만, 다음 각 호의 어느 하나의 경우에는 그러하지 아니하다. 〈개정 2013. 8. 13.〉

1. 임차인이 3기의 차임액에 해당하는 금액에 이르도록 차임을 연체한 사실이 있는 경우
2. 임차인이 거짓이나 그 밖의 부정한 방법으로 임차한 경우
3. 서로 합의하여 임대인이 임차인에게 상당한 보상을 제공한 경우
4. 임차인이 임대인의 동의 없이 목적 건물의 전부 또는 일부를 전대(轉貸)한 경우
5. 임차인이 임차한 건물의 전부 또는 일부를 고의나 중대한 과실로 파손한 경우
6. 임차한 건물의 전부 또는 일부가 멸실되어 임대차의 목적을 달성하지 못할 경우
7. 임대인이 다음 각 목의 어느 하나에 해당하는 사유로 목적 건물의 전부 또는 대부분을 철거하거나 재건축하기 위하여 목적 건물의 점유를 회복할 필요가 있는 경우
   가. 임대차계약 체결 당시 공사시기 및 소요 기간 등을 포함한 철거 또는 재건축 계획을 임차인에게 구체적으로 고지하고 그 계획에 따르는 경우
   나. 건물이 노후 · 훼손 또는 일부 멸실되는 등 안전사고의 우려가 있는 경우
   다. 다른 법령에 따라 철거 또는 재건축이 이루어지는 경우
8. 그 밖에 임차인이 임차인으로서의 의무를 현저히 위반하거나 임대차를 계속하기 어려운 중대한 사유가 있는 경우

② 임차인의 계약갱신요구권은 최초의 임대차 기간을 포함한 전체 임대차 기간이 10년을 초과하지 아니하는 범위에서만 행사할 수 있다. 〈개정 2018. 10. 16.〉

③ 갱신되는 임대차는 전 임대차와 동일한 조건으로 다시 계약된 것으로 본다. 다만, 차임과 보증금은 제11조에 따른 범위에서 증감할 수 있다.

④ 임대인이 제1항의 기간 이내에 임차인에게 갱신 거절의 통지 또는 조건 변경의 통지를 하지 아니한 경우에는 그 기간이 만료된 때에 전 임대차와 동일한 조건으로 다시 임대차한 것으로 본다. 이 경우에 임대차의 존속기간은 1년으로 본다. 〈개정 2009. 5. 8.〉

⑤ 제4항의 경우 임차인은 언제든지 임대인에게 계약해지의 통고를 할 수 있고, 임대인이 통고를 받은 날부터 3개월이 지나면 효력이 발생한다. [전문개정 2009. 1. 30.]

신규 점포 인수 협상 완료 시 임대차계약서 작성

| 주의사항 | 임대인 각자 정형화된 계약서가 있음. 그 계약서에 따라 계약을 체결하고자 하는 성향이 강함. 따라서 표준화된 계약서 사용률은 아주 낮다고 인식하면 됨.

〈표 6-2〉 임대차계약 방법

조항	내용 및 이유	비고
임대 기간	일반적인 상가 계약 기간은 1년이지만 투자 안정성 확보를 위해 3~5년 이상 기간으로 계약	〈상가건물임대차 보호법〉은 소형상가 대상
임대료 상승률	애매모호한 표현 사용, 즉 '물가상승률, 주변시세에 준해 인상하기로 한다' 정도는 일반적으로 많이 사용하는 문구이나 쌍방 합의 후 인상률을 조정한다는 문구는 피해야 한다. 조정 기준이 명확하지 않기 때문이다.	제2조 제4항
점포명도 조항	건물 명도에 관한 조항을 계약서에서 삭제하고 언급을 피할 것	

조항	내용 및 이유	비고
임차 보증금지급일	권리매도자의 명도 시 문제점을 사전에 예방하기 위해 중도금 및 잔금 지급일을 권리금 지급일과 동일하게 작성	권리계약(제1조)과 임차계약 사례 제2조 제3항
원상복구	원상복구 조항은 임대 기간 만료 시 임차인이 설치한 각종 시설을 건물주가 요구하는 상태로 복구해야 하므로 많은 비용이 발생함. 따라서 원상복구 범위를 명확히 설정 후 계약	임대차계약서 사례 제7조 제1~4항
특약조항	단서조항은 본 계약 내용보다 우선순위이므로 건물주가 기입하려고 하는 단서조항은 피하고, 유리한 단서조항을 임차인이 유도해 계약서에 삽입해 계약. 가급적 특약조항 기재하지 말 것	제12조
영업설비 설치	구체적으로 간판(입간판, 돌출간판), 실외기 위치 장소를 명기해 계약 협의된 내용을 계약서에 명기해 계약	제7조 제1~4항
근저당 및 전세권 설정	동의하는 건물주가 극소수이나 반드시 재산권 보호는 임차인 스스로 해야 하므로 계약 시 근저당 및 전세권 설정을 요구해야 함	〈상가건물임대차보호법〉 대상범위 이외 상가일 경우
관리비	관리비 내역 및 용도를 확인하고, 내역 중 필요치 않은 내역은 삭제 후 계약	제2조 제5항 ⑤, ⑥

다음에 나오는 임대차계약서는 여의도에 거주하는 노○○ 씨가 강남 청담동에 인테리어 사업을 창업하면서 2020년 6월에 계약한 사례이다. 일반적인 계약 내용 이외에도 건물주의 편의에 준한 내용들이 삽입되어 임차인에게는 불리한 계약조항들이 기재되어 있다. "임차인 입장에서 필요한 목적물이라면 이 정도는 감수하고……" 하면서 계약한 사례이다. 계약 종료 시점에서 어떤 상황이 전개될지 예측되는 아주 불공정한 계약 사례로 볼 수 있다.

| 임대차계약 작성 사례 |

임대차계약서

임대인 오○○(이하 '갑'이라 함)과 임차인 노○○(이하 '을'이라 함)은 다음과 같이 임대차계약을 체결한다.

||||||||| 다 음 |||||||||

제1조 (임대차 목적물, 업종, 시간)

1. 목적물 : 서울 강남구 청담동 45번지 ○○호 ○○빌딩 102호, 면40평
2. 업종 : 인테리어에 한함
3. 영업시간 : 24시간 가능

제2조 (임대차조건)

1. 계약 기간 : 2020년 7월 11일부터 2023년 7월 10일까지(36개월)
2. 임대보증금 : 금 일억 오천만 원
3. 계약금 일천오백만 원은 계약 당일 지급하고, 잔금 일억 삼천오백만 원은 2020년 7월 11일에 지급하기로 한다(을이 중도금 또는 잔금을 약정기일 내에 납부하지 않을 경우 갑은 계약을 해지할 수 있고, 이 경우 계약금을 반환하지 아니한다).
4. 월 임대료는 2022년 7월 10일까지 월 삼백만 원(부가가치세 별도)으로 동결하고 3년차에는 물가상승률에 준해 인상하기로 한다. 지급시기는 매월 말일까지 납입한다. 연체료는 월 임대료를 연체할 시는 월 임대료에 대해 납입일 다음날부터 갚는 날까지 연 2할 5푼의 비율에 의한 연체료를 가산해 지급한다.
5. 관리비 및 제비용

   을은 매월 건물의 유지관리에 소요되는 관리비 및 그달에 부과되는 아래와 같은 제세공과금 등을 부담하기로 하며, 매월 말일까지 갑에게 납부해야 한다. 단 제세공과금 중 일부는 월초에 부과되는 것(전기료 등)이 있으므로 그것에 대해서는 별도로 갑이 청구하는 기한까지 납부해야 한다.

   관리비 : 월 금 사십만 원(부가가치세 별도)

제세공과금 : ① 전기료(전용. 공동부담) ② 수도료(전용. 공동부담) ③ 난방비 ④ 위생처리비 ⑤ 교통유발 부담금 ⑥ 환경개선 부담금 ⑦ 간접세 등 기타 제세공과금

제3조 (업종, 시간제한과 해지)

1. 을은 제1조에서 지정된 업종 외의 영업을 하거나 영업시간 외의 영업을 해서는 아니 된다.
2. 을이 전항의 규정을 위반한 경우는 갑은 최고 없이 계약을 해지할 수 있다.
3. 영업시간 : 24시간 가능

제4조 (임차권의 양도, 전대금지와 해지)

1. 을은 갑의 동의 없이 그 임차권을 양도하거나 임차물을 전대하지 못한다.
2. 을이 전항의 규정에 위반한 때에는 갑은 최고 없이 계약을 해지할 수 있다.
3. 갑은 시설 및 일체의 권리금을 인정하지 않는다.

제5조 (월 임대료 등의 연체와 해지)

1. 월 임대료는 매월 말일까지 납부해야 하며, 을이 월 임대료를 연체한 횟수가 총 2회에 달하는 때에는 갑은 최고 없이 계약을 해지할 수 있다.
2. 을이 관리비 및 제비용만을 연체한 경우 그 연체 횟수가 총 2회에 달하는 때에도 갑은 최고 없이 계약을 해지할 수 있다.

제6조 (기타 임차인의 행위제한과 해지)

1. 을은 다음에 기제된 행위를 할 수 없다.
   ① 임의의 간판 및 광고물을 설치 또는 게시하는 일
   ② 건물 내 휘발성 및 폭발성이 있는 물품을 보관하는 일
   ③ 법령에 위반되는 상행위
   ④ 화재위험이 있는 전열기, 난방기, 프로판가스 등을 임의 사용
   ⑤ 소란스러운 행위, 애완물 사육, 타임차인 및 고객에게 혐오감과 불쾌감을 주

고 폐가 되는 행위

⑥ 알코올성 음료, 주류 등을 제조하거나 지정장소가 아닌 점포 내에서 취식하는 일

⑦ 점포를 거주의 목적으로 사용하는 일

2. 을이 전항에 위반한 경우에 갑은 행위의 중지를 요구할 수 있고 을은 이를 거절하지 못한다. 만약 을이 계속해 위반행위를 하는 경우 갑은 최고 없이 계약을 해지할 수 있다.

제7조 (시설물의 설치 및 원상회복 등)

1. 을은 영업에 필요하고, 건물의 안전에 위협이 되지 않는 한도에서 갑의 서면 승인을 받아 점포의 구조변경, 내외부 설비 및 간판장식 등의 시설을 할 수 있다. 입간판과 돌출간판·실외기는 을의 사양기준을 적용해 기 설치된 장소에 부착할 수 있다.
2. 위 시설의 설치는 을의 부담으로 한다.
3. 위 시설과 관련해 행정기관으로부터 부과되는 여하한 명칭의 제세공과금, 벌금 등은 을의 부담으로 한다.
4. 임대차가 기간만료 또는 해지로 인해 종료된 경우 을은 지체 없이 위 시설을 을의 비용으로 철거해 임차물을 원상회복해야 한다.

제8조 (임대차의 종료)

1. 임대차가 기간만료 또는 해지로 인해 종료된 경우 그 즉시 을은 임차물을 원상으로 회복시켜 갑에게 명도해야 하며, 갑은 임차물을 명도받음과 동시에 임차보증금을 을에게 반환해야 한다.
2. 을이 원상회복 의무를 이행하지 않은 채 임차물을 명도하거나, 원상회복을 하지 않은 상태에서 갑이 명도소송을 제기한 경우 갑은 임차물의 원상회복 대신 원상회복에 드는 비용을 청구할 수 있고 임차보증금에서 이를 공제할 수 있다.

제9조 (단전, 단수)

을이 임대차 종료 후 임차물을 갑에게 명도하지 않은 경우 갑은 임차물에 대해 단전, 단수할 수 있고, 을은 이에 대해 이의를 제기치 못한다.

제10조 (영업허가 등)

을의 영업상 필요한 허가 등 행정적인 문제는 을이 전적으로 책임진다.

제11조 (화재보험 가입, 도난, 천재지변 등)

1. 을은 자기 제품과 비품 등 일체를 을의 책임 하에 보관하고 화재, 도난 또는 불가항력으로 인해 발생하는 손해에 대해 갑은 책임을 부담하지 않는다.
2. 천재지변 등 불가항력으로 인해 임차인의 기물파손 및 재산손해가 발생할 경우 갑은 책임을 지지 않는다.

제12조 (기타사항)

1. 이 계약에 명시된 것 외에는 민법의 규정에 따른다.
2. 본 계약을 증명하기 위해 계약서 2통을 작성해 이에 자필로 서명, 날인하고 당사자 각 1통씩 보관한다.

※ 갑과 을이 합의한 전세권 설정에 대해 잔금 지급과 동시에 갑은 제반 서류를 준비해 주어야 하며 비용은 을이 부담하기로 한다. 잔금 지급 시 전세권 설정 서류 미준비 시 갑은 계약의사가 없는 것으로 인정하며 그에 따른 계약금 2배를 을에게 배상하기로 한다.

2020년 6월 12일

임대인(갑) : 오○○ (인)
서울 강남구 청담동 45번지
○○호 ○○빌딩 102호

임차인(을) : 노○○ (인)
서울시 영등포구 여의도동 H APT
801동 905호

〈영수증 견본〉

※ 제7조 시설물 설치는 반드시 게재 : 계약 후 건물주 언행 불일치 시 장사 불가.

계약 시 유의사항

영업권 및 임대차계약 시 주계약자를 확인하라

영업권 계약 시 건물주와 임대차계약이 되어 있는 임차인(거래당사자)과 매도계약을 해야 하고, 임대차계약 시에는 위임장이 없는 대리인(건물관리인, 아내, 자식)과는 계약하지 않는 것이 재산권 보호 및 분쟁을 사전에 예방할 수 있다. 따라서 계약 체결 시에는 건물주와 임차인 상호간 신분증을 확인하는 것이 바람직하다.

계약서 숫자 표기를 한글 또는 한자로 표기하라

숫자 표기 시 오차를 줄이고 잘못 기입한 숫자로 인한 분쟁을 줄이기 위해서이다.

계약 전 1시간 이내, 계약 후 중도금, 잔금 지급 시 등기부등본을 반드시 떼어보라

등기부등본을 확인하는 시점을 보면 권리금 협상 전후를 기준으로 떼어보지만, 권리계약 후 건물주와 협상을 통해 계약 시점까지 짧게는 2~3일, 길게는 1주일이 소요되고 중도금 지급일까지는 15일 이상 시간이 소요된다. 소요된 기간 중에 선순위자가 먼저 근저당 설정 및 전세권 설정을 할 수 있으므로 계약 전 1시간 이내에 등기부등본을 확인하고, 계약 후 중도금 지급 시에도 떼어보아 임차인보다 선순위 근저당 및 전세권 설정자 유무 확인 후 중도금을 지급해야 안전한 계약을 할 수 있다.

계약문구를 명확히 하라

계약서는 애매한 문구로 작성해 손해 보는 일이 없도록 구체적이고 명확하게 작성해야 하고, 별도의 특약 사항이 있을 때 그 특약 사항도 명확히 기재해야 손해 보지 않는다.

임대차계약 시 건물주의 핵폭탄! 제소 전 화해조서를 체결하지 마라

민사소송의 목적이 될 수 있는 분쟁에 대해 정식 소송에 의하지 아니하고 화해에 의해 해결하고자 하는 당사자가 소송 재개 전에 상대방의 주소지 관할 법원에 제소 전 화해 신청을 한다.

이때 화해 기일에 쌍방 당사자가 출석해 화해하는 것(〈민사소송법〉 제355조)으로 확정 판결과 동일한 효력을 가지며 또한 집행력이 있다. 건물주가 임대 기간 만료 시를 대비해 작성하는 것으로 임차 시 주의를 요하며, 임차계약을 재고할 필요성이 있다.

대중성에 벗어난 계약서를 주의하라

계약서 페이지 수량 및 내용이 많고, 그런 반면에 한자로 기록되어 있어 쉽게 이해하기 어려운 계약서는 피하고 공인중개사와 같은 전문가에게 상의 후 계약하는 것이 올바른 방법이다. 대부분의 건물주는 자기만의 계약서 형태를 보유하고 있다. 그래서 대부분의 임차인은 일반적인 계약서 형태보다 건물주가 제시하는 계약서로 계약할 수밖에 없는 것이 현실이다.

부동산중개인 활용에 유의하라

부동산중개업소의 제안 사항만 믿고 계약하지 말고 예비 임차인이 주변시세, 건물주 성향, 기존 임차조건 등을 조사해보고 중개인을 활용해야 한다. 중개인이 건물주측의 말만 믿고 이를 그대로 임차인에게 잘못 전할 수도 있고, 계약을 성립시키기 위해서 과장된 말을 할 수 있기 때문이다.

따라서 불신하기보다는 검증 확인하는 것이 중요하다. 만약 부동산중개인의 중개로 계약이 성립되면 계약서상의 부동산중개인 날인란에 상호, 성명, 허가번호를 기재해두어야 계약 성립 후 문제 발생 시나 중개로 인한 분쟁처리를 원만하게 할 수 있다.

이렇게 계약하면 얼마나 절감효과가 있을까

명심해야 할 것은 임대차계약서의 내용은 곧 돈과 직결되기 때문에 제안 및 협상을 통해 비용 및 투자금액이 절감될 경우 바로 목돈 지출이 감소되는 효과가 있다는 것이다. 따라서 꼼꼼하게 따져서 줄인 목돈을 계약 기간으로 환산해보면 기대 이상으로 기회비용을 줄인 셈이 되어 자기 재산을 지키는 효과를 가져올 것이다.

분쟁은 반드시 일어난다

왜 분쟁이 일어날까

계획성 있는 임대차계약을 하지 않았으므로

영업권 및 임대차계약의 계약 방법에 대한 이해가 무지한 상태에서 믿고, 대충 계약할 경우 분쟁이 발생한다. 또 사전에 확인해야 할 서류들을 확인해 재산권보호에 대한 계획성 있는 준비를 해야 하는데 그러지 못해 운영 중 건물의 경매 시 재산권을 보호받지 못해 분쟁에 휘말리게 된다.

임차인의 억지로 인해

창업 후 많은 기대를 가지고 장사에 임하지만 가맹점 창업과정 준비 소홀로 기대 이하의 부진점들이 속출하게 된다. 영업실적이 좋지 않아 손실이 크게 발생해 더 이상 영업을 지속할 수 없을 경우 계약 종료와 동시에 보증금 환불을 요구하게 되고, 건물주는 임차인에게 알아서 세입자를 구해오라고 할 수 있다.

계약 기간 동안 임대인인 건물주는 계약 기간을 준수하려고 하기 때문에 세입자인 임차인은 신규 세입자를 물색해야 하고, 신규 세입자가 들어올 때까지 임대료 미납 및 관리비 미납으로 방법을 선회하게 되어 분쟁이 조금씩 발생하게 된다.

건물주의 횡포 때문에

계약 기간이 1년이고, 협상으로 인해 2년 및 3년 계약을 했을 경우 계약이 만료될 시점에 건물주가 상황을 판단하게 된다. 다행히 임차인 장사 실적이 평균 정도일 경우에는 재계약이 쉽겠지만, 영업실적이 우수하다고 건물주가 판단할 경우에는 임대료 및 보증금 인상 목적 또는 자가 운영의 목적으로 임대료를 과도하게 인상한다든가 재계약을 거부함으로써 분쟁이 발생하게 된다.

건물주가 임대료 및 보증금 인상의 목적성을 띠고 있을 경우 임차인은 보증금 및 임대료 인상률을 낮게 하려고 하고, 건물주는 장사가 잘 되는 것을 알고 있으므로 높게 받으려고 하기 때문에 분쟁이 발생한다. 이때 건물주 자신이나 친인척이 운영의 목적성을 띠고 있을 경우에는 임차인의 대응 방법이 뚜렷하게 없고, 건물주가 명도를 요구할 때까지 기다리는 수밖에 없다.

사례 1 평택 중앙로에서 1층 30평은 삼겹살과 갈비를 판매하는 식당을 운영하고 지하 50평은 돈가스와 맥주를 판매하는 영업장을 3년간 운영해오던 S씨는 어느 날 건물주로부터 날벼락 같은 소리를 통보받았다. 계약이 만료됐으니 점포를 비워달라는 것이다. 건물주 자신이 옷가게로 사용하겠다는 것이다.

S씨는 항변도 해보았고 억지도 부려봤지만 아무런 효과도 보지 못하고 건물주로부터 2015년 12월 말까지 점포를 비워달라는 내용증명만 받아놓은 상태다. 물론 3년 동안 월세 한 번 뒤로 미룬 적도 없었고 서로 감정 상할 만한 일도 없었다.

평택 중앙로 상인들을 통해서 최근 모기업에서 근무하던 건물주의 큰아들이 2013년 말에 명예퇴직한 뒤 1층과 지하를 현재 자신이 하고 있는 유사한 업종으로 새롭게 단장해 입점하려고 한다는 사실을 알게 되었지만 계약 기간이 만료된 상태에서 S씨는 대항할 수 있는 방법이 없었다.

결국 S씨는 마음을 달래며 쓴웃음을 지을 수밖에 없었다. 1층이 장사가 잘 되어 1년 뒤에 동일 건물 지하에 돈가스점을 신규로 오픈한 자신의 실수를 생각하면서…… '그때 건너편 다른 상가에 돈가스점을 오픈했더라면 돈 많이 번다고 소문나지 않고 조용히 장사할 수 있었을 텐데' 하면서 말이다.

사례 2 얼마 전 예비 사업자 A씨는 점포 임대차계약을 맺으면서 큰 낭패를 경험했다. 건물주인 K씨와 좋은 조건으로 협상이 되어 계약을 체결하고 다음날 매장 인테리어 도면을 사전에 준비하기 위해 매장을 방문해 "어제 점포를 임대하기로 계약한 사람이다"라고 말했더니 때마침 있던 건물주 K씨의 부인이 "이 건물과 이 점포가 누구 것인데 누구와 계약을 했다는 것이냐"고 말하는 것이 아닌가. A씨는 계약 전 등기부등본을 확인하고 '당연히 부부이니까 남편이 계약을 하는구나' 정도의 생각으로 별 의심 없이 계약을 체결한 것이다.

사정을 알고 보니 급히 돈이 필요했던 남편 K씨가 아내의 동의도 얻지 않고 아내가 운영하는 점포를 매각하려 했던 것이다. 이 경우 A씨는 K씨를 사기혐의로 고소할 수 있지만 K씨가 위약금을 배상하겠다고 해 일단락되었다.

이 사건을 계기로 사전에 등기부등본을 떼어 건물소유주가 누구인지, 기존 임대인이 누구이며 그 임대인이 지금 계약하고자 하는 임대인이 맞는지 계약서 확인을 통해 검증해야 함을 A씨는 크게 깨달았다.

가맹계약

가맹계약서에 명시된 조항은 계약 기간 동안 가맹본부와 가맹점사업자 사이의 관계를 규정하는 중요한 근거가 된다. 따라서 계약서 내용에 따라 앞으로 순조롭게 동업자로서의 신뢰를 쌓아갈 수도 있지만 최악의 경우 가맹본부의 부당한 횡포에 끌려다니는 노비문서가 될 수도 있다. 반면에 가맹계약을 체결했을 때에는 그에 따른 조항 준수와 책임을 반드시 가맹점사업자가 이행해야 한다는 내용을 잊어서는 안 된다.

가맹계약이란

복합계약이고 불평등 당사자 간의 계약이다

장사꾼들 사이에는 '형제끼리라도 동업은 하지 말라'는 말이 있다. 그만큼 다른 사람과 함께 사업을 운영한다는 게 쉽지만은 않기 때문이다.

가맹점을 운영한다는 것은 어떤 면에서 부분적인 동업관계를 맺는 것이며, 가맹계약은 바로 이 동업에 대한 역할 분담을 문서화하는 절차라 할 수 있다. 따라서 가맹계약 단계에서 가맹점사업자와 가맹본부 사이에 가장 중요한 것은 서로를 사업의 동반자로 인정하고 신뢰감을 갖는 것이다.

그러나 엄밀히 말하면 이 가맹계약 단계에서부터 양자의 입장은 평등할 수 없다. 가맹본부는 상호·상표 등 라이선스, 영업지도 기타 지원사항, 지속적인 상품공급, 노하우를 갖고 있는 쪽이고, 가맹점사업자는 본부에게 상호·상표 등의 라이선스는 물론 지속적으로 상품과 운영 노하우를 제공받아야 하는 수혜자의 입장에 서게 된다.

그러므로 가맹계약이 비록 계약서에 의해 이뤄진다고 해도 현실적으로는 '가맹본부가 제시하는 조건을 수용하겠다'는 일방적 양해 절차에 불과할 수도 있다. 즉, 애초부터 양자 간의 이러한 입장(지위)의 차이가 있기 때문에 대등한 조건으로 계약을 맺는다는 것은 매우 어려운 현실일 수도 있다.

가맹계약은 언제 해야 하나

'3단계 가맹상담' 1, 2차 대면 시 세부 질문사항들이 〈표 4-1〉의 프랜차이즈 패키지 시스템 구성요소들의 매뉴얼 속에 포함되기 때문에 본부 선택을 올바른 기준에 따라 선택했다면 가맹계약이 큰 문제가 될 만한 사항이 아니다.

그러나 〈표 1-1〉 가맹본부 선택 요인에서 알 수 있듯이 대부분의 예비 가맹점사업자들이 가맹본부의 재무구조나 사업 수행 능력을 판단할 수 있는 패키지 시스템 파악을 간과한 채 가맹본부를 선택하고 있는 것이 현실이다.

따라서 가맹계약서 속에 녹아 있는 프랜차이즈 사업 수행 능력을 재심의하는 의미에서 4단계 〈표 4-1〉 프랜차이즈 패키지 시스템 항목 확인 사항을 가지고 계약서 항목을 검토해보기 바란다.

1~2시간 설명 듣고 계약할 사항이 아니다

무엇보다 가맹계약 절차를 정확히 알아야 한다.

설명·질의 → 검토 → 내용 조정 → 계약

먼저 가맹본부 직원으로부터 가맹계약서에 대한 설명을 들은 후에 가맹상담 시와 상이한 점 및 가맹본부 개설담당 직원에게 듣지 못한 새로운 내용 중심으로 전반적인 내용에 대해 질의해야 한다.

설명을 들은 후에 그 자리에서 내용에 대해 수긍하게 되면 계약서에 날인을 하게 된다.

그런데 대부분의 예비 가맹점사업자는 가맹본부 개설담당 직원의 설명만으로는 그 내용에 대한 이해도가 낮으며, 이해를 한다고 해도 일반적인 내용 숙지 수준에 그친다.

그러므로 3단계 가맹상담 시 질문항목에 따라 꼼꼼하게 체크해 이해의 폭을 넓혀놓아야 한다. 지금이라도 늦지 않았으니 다시 한 번 가맹상담 시 질문사항에 대해 정리해놓은 자료를 꺼내어 상기해보고, 계약서 항목을 비교하면서 질문하는 형태로 계약서를 검토해야 한다.

그래도 역량이 부족해 자신이 없다는 생각이 들면 가맹계약서 교부를 본부 개발담당 직원에게 신청하고, 교부받은 계약서 검토를 전문가에게 의뢰한다.

만약 대여가 곤란하다고 할 때는 〈가맹사업법〉 제7조(정보공개서의 제공의무 등)와 제11조(가맹계약서의 기재사항 등)에 따라 가맹계약서와 정보공개서를 요청하도록 한다.

가맹계약 시 잘못된 관행

가맹계약은 나 스스로 체결한다

가맹계약서는 약관으로 가맹본부가 미리 작성해둔 정형적인 내용의 형태로 체결되는데, 이러한 가맹계약서는 가맹본부가 일방적으로 작성한다. 약관의 내용에 대해서는 사전심사가 의무화되어 있지 않은 상태이므로 법률전문가 및 컨설팅회사 등의 전문가와 사전 상담 이후에 가맹계약을 체결해야 할 것이다.

바로 이런 준비성이 예비 가맹점사업자의 재산을 지켜주는 일이 될 것이다. 얼마나 많은 가맹점사업자들이 재산을 지키고 있는지 국내 유명 프랜차이즈 본부 D사의 사례 〈표 7-1〉을 통해 알아보자. 사례에서 볼 수 있듯이 불과 4%만이 안정적으로 자기 재산을 지키는 노력을 하고 있음을 알 수 있다.

〈표 7-1〉 계약서 전문가 검토 의뢰 여부

항목	응답자수	비율(%)
계약서 전문가에게 검토 의뢰함	13	4
계약서 전문가에게 검토 의뢰하지 않음	307	96
계	320	100%

계약서를 대충 검토하고 계약을 체결한다

계약서에 기명날인 하는 동시에 양자 간 법적 구속력을 갖게 되므로, 계약 후 부당한 내용을 발견하고 '난 몰랐다'고 항변해도 때늦은 후회일 뿐이다. 대부분의 예비 가맹점사업자는 가맹상담 시 가맹계약 내용에 대해 충실하게 검토하지 않고 상담원의 인간성, 외모, 경력 등을 계약판단의 잣대로 활용하는 경우가 있다. 그렇기 때문에 계약서를 대충 검토하고 계약을 체결하는 어리석은 행동을 하게 되는 것이다.

가맹상담원은 프랜차이즈 본부 소속으로 회사를 위해 일하는 것이지 예비 가맹점사업자를 위해 일하는 것이 아니며, 또한 보직 이동 및 퇴사 시 예비 가맹점사업자로서는 믿고 의지했던 믿음이 한 순간에 사라지게 된다.

계약 체결 시 가맹본부 담당자가 대충 설명한다

또 이런 문제도 있다. 가맹상담원이 대충 넘어가는 경우로, 계약서의 개별 항목이 무엇을 뜻하는 것인지 정확히 설명해주지 않고 가맹본부 입장에서 중요한 사항이나 예비 가맹점사업자가 묻는 것만 대충 설명하고 넘어가버리는 경우다. 이럴 경우, 예비 가맹점사업자는 창업의 기대심리를 잠시 접어두고, 바로 계약서 대여를 요청하거나 전문가를 대동한 후 항목별로 조목조목 따져 물어야 하고 재설명을 통한 이해와 합의가 있을 때 계약하면 된다.

계약 체결 시 계약서 수정을 요구하지 않는다

전문적 지식의 부족으로 계약서 항목의 숨은 뜻을 이해하지 못해 어떤 내용을 수정 요구해야 하는지 모르기 때문에 계약서 내용에 대해 수정 요구를 못 하는 경우이다. 이는 대충 넘어가려는 습관적인 계약 문화의 영향일 수 있다. 즉, 따져 묻고 수정을 요구하는 것을 예의에 어긋나는 행동으로 생각하는 우리 사회의 일반 정서가 반영된 셈이다.

따라서 부당한 계약 조항과 이해되지 않는 계약 내용에 대해 본부에 질의 및 수정 또는 삭제 요청을 한다.

가맹계약 요령 및 주의사항

가맹계약 시 예비 가맹점사업자는 법적인 조치를 활용한다

예비 가맹점사업자는 다음과 같은 사항을 숙지하고 가맹계약에 임해야만 투자에 따른 위험을 줄일 수 있다.

① 예비 가맹점사업자는 가맹본부의 가맹사업 관련 재무 상황, 최근 5년간의 사업 경력, 가맹사업 관련 진행 중인 소송에 관한 사항들을 서면으로 요구해 가맹계약 전 가맹본부 신용도를 체크한다.

② 예비 가맹점사업자는 가맹 시 또는 가맹 후 부담해야 하는 가맹료, 보증금, 기타 공과금 등의 금전에 관한 내용을 사전에 서면으로 요구해 추가비용의 증가를 예방해야 한다.

③ 예비 가맹점사업자는 상품 또는 용역의 공급조건, 영업지도와 이에 대한 대가

지급 방법, 영업의 통제사항, 계약의 해제·해지 및 갱신 조건들에 관한 구체적 내용에 대해 계약서나 가맹상담원의 설명만으로 이해가 곤란할 때 필요한 구체적인 사항에 대한 설명을 서면으로 요구한다.

④ 예비 가맹점사업자는 자기가 운영할 점포 인근지역의 가맹점 현황과 가맹본부가 입지·상권조사 시에 제시한 점포 예상매출액에 대해 매출액 산정과 관련한 내용이 설명만으로 이해가 안 되는 경우 가맹계약 체결 전 구체적인 서면으로 요구한다.

한편 가맹본부는 가맹계약서(계약서 이외의 유의사항, 특수거래 조건 등 가맹본부와 예비 가맹점사업자의 권리와 의무사항을 기재한 문서를 포함)를 가맹계약 체결 전 또는 가맹금 최초 수령일 이전에 교부해야 한다. 즉, 〈가맹사업법〉 제7조(정보공개서의 제공의무 등)에서 가맹계약 체결 또는 가맹금 지급 이전에 가맹계약서 사전 검토 기회 부여를 규정하고 있으므로 계약서 교부를 요청해도 된다.

공정거래위원회는 표준가맹계약서를 작성해 사용하기를 권장하고 있으며, 많은 프랜차이즈 본부에서 사용하고 있다. 따라서 프랜차이즈 가맹점을 창업하고자 할 때에는 가맹본부가 제시하는 가맹계약서가 표준가맹계약서와 동일한지 확인하고 만약 표준가맹계약서와 차이가 많다면 가맹계약 날인을 재검토하는 자세가 필요하다.

정보공개서의 제공의무는 〈가맹사업법〉에 다음과 같이 규정되

제7조 (정보공개서의 제공의무 등)

① 가맹본부(가맹지역본부 또는 가맹중개인이 가맹점사업자를 모집하는 경우를 포함한다. 이하 같다)는 가맹희망자에게 제6조의2제1항 및 제2항에 따라 등록 또는 변경등록한 정보공개서를 내용증명우편 등 제공시점을 객관적으로 확인할 수 있는 대통령령으로 정하는 방법에 따라 제공하여야 한다. 〈개정 2007. 8. 3, 2013. 8. 13〉

② 가맹본부는 제1항에 따라 정보공개서를 제공할 경우에는 가맹희망자의 장래 점포 예정지에서 가장 인접한 가맹점 10개(정보공개서 제공시점에 가맹희망자의 장래 점포 예정지가 속한 광역지방자치단체에서 영업 중인 가맹점의 수가 10개 미만인 경우에는 해당 광역지방자치단체 내의 가맹점 전체)의 상호, 소재지 및 전화번호가 적힌 문서(이하 "인근가맹점 현황문서"라 한다)를 함께 제공하여야 한다. 다만, 정보공개서를 제공할 때 장래 점포 예정지가 확정되지 아니한 경우에는 확정되는 즉시 제공하여야 한다. 〈신설 2013. 8. 13〉

③ 가맹본부는 등록된 정보공개서 및 인근가맹점 현황문서(이하 "정보공개서 등"이라 한다)를 제1항의 방법에 따라 제공하지 아니하였거나 정보공개서 등을 제공한 날부터 14일(가맹희망자가 정보공개서에 대하여 변호사 또는 제27조에 따른 가맹거래사의 자문을 받은 경우에는 7일로 한다)이 지나지 아니한 경우에는 다음 각 호의 어느 하나에 해당하는 행위를 하여서는 아니 된다. 〈신설 2007. 8. 3, 2013. 8. 13〉

1. 가맹희망자로부터 가맹금을 수령하는 행위. 이 경우 가맹희망자가 예치기관에 예치가맹금을 예치하는 때에는 최초로 예치한 날(가맹본부가 가맹희망자와 최초로 가맹금을 예치하기로 합의한 때에는 그날)에 가맹금을 수령한 것으로 본다.
2. 가맹희망자와 가맹계약을 체결하는 행위

④ 공정거래위원회는 대통령령이 정하는 바에 따라 정보공개서의 표준양식을 정하여 가맹본부 또는 가맹본부로 구성된 사업자단체에게 그 사용을 권장할 수 있다. 〈개정 2007. 8. 3, 2013. 8. 13〉 [제목개정 2007. 8. 3]

어 있다.

공정거래위원회는 가맹본사의 정보공개서를 공정거래위원회 사이트에 게재하여 일반인들도 열람할 수 있도록 공개하고 있다.

가맹본부는 정보공개서를 제공할 경우 인근가맹점 현황문서와 함께 제공하여야 한다.

그러나 〈가맹사업법〉 제13조(소규모 가맹본부에 대한 적용배제 등) 조항에 해당하는 경우, 즉 ① 가맹점사업자가 가맹금의 최초 지급일로부터 6개월까지의 기간 동안 가맹본부에게 지급한 가맹금 총액이 100만 원을 초과하지 아니하는 경우 ② 가맹본부의 연간매출액이 5천만 원 미만인 경우 또는 가맹본부가 가맹사업을 시작하기 전에 해당 가맹사업과 같은 품질기준이나 영업방식에 따라 상품이나 용역을 판매하는 직영점을 개설하여 1년 이상 운영하는 경우에는 2억 원(직영점 매출 포함) 미만의 경우, 다만 가맹본부와 계약을 맺은 가맹점사업자의 수가 5개 이상인 경우에는 제외한다.

그러나 〈가맹사업법〉 제9조(허위·과장된 정보제공 등의 금지), 제10조(가맹금의 반환) 규정(①항 1호의 정보공개서 제공의무 위반의 반환의무는 제외)은 위 제외 규정에도 불구하고 모든 가맹사업거래에 대하여 적용된다.

가맹계약서를 체결하고 보관하고 가맹비, 계약이행보증금 등의 금액을 지불하고 반드시 영수증을 받아두는 것을 잊어서는 안 된다.

가맹계약서 속에 숨겨진 이야기

가맹계약서의 구성 및 내용

가맹계약서의 구성은 가맹본부의 노하우 및 업종 특성에 따라 다소 차이점이 있으므로 어떤 규정된 형식은 없다. 그러나 성숙해지는 프랜차이즈 시장을 반영하듯이 변화 현상이 나타나고 있다. 〈가맹사업법〉 기준을 적용시켜 가맹계약서를 개정해 사용하는 프랜차이즈 본부도 증가하는 추세에 있다.

예비 가맹점사업자가 접할 수 있는 보편적인 가맹계약서의 형태는 다음의 '계약서 구성요소'와 같으며 업종 특성상 차이가 있을 수 있겠다.

가맹계약서 구성요소

① 계약 당사자	⑬ 점포공사
② 전문	⑭ 장비, 비품, 소모품
③ 용어의 정의	⑮ 상품공급(취급상품 및 구입처 제한)
④ 계약 기간과 재계약	⑯ 대금입금
⑤ 권리부여	⑰ 반품
⑥ '을'의 의무(영업상 기밀유지)	⑱ 임의양도 금지
⑦ 판매지역 제한(상권보호)	⑲ 계약해지('갑'의 해지 사유)
⑧ 계약이행 담보(가맹예치금)	⑳ 계약 종결의 결과
⑨ 가맹금	㉑ 계약서의 개정
⑩ 광고선전	㉒ 계약의 해석
⑪ '갑'의 경영지원	㉓ 각서
⑫ 점주 교육훈련	㉔ 날인

계약서 구성요소 중 주의 깊게 체크해야 할 항목

가맹계약서에 명시된 조항은 앞으로 가맹본부와 가맹점사업자 사이의 관계를 규정하는 중요한 근거가 된다. 계약서 내용에 따라 앞으로 양자가 동업자로서의 신뢰를 쌓아갈 수도 있지만, 최악의 경우 수준 미달의 프랜차이즈 본부를 만나게 되면 부당한 횡포에 끌려다니는 노비문서가 될 수도 있다.

따라서 '3단계 가맹상담' 1, 2차 대면 시 꼼꼼하게 정리된 내용을 가맹계약 단계에서 비교 검토해보아야 한다. 계약 내용에 적힌 항목 하나하나는 모두 중요한 의미를 담고 있지만, 그 가운데서도 가맹점사업자가 특히 주의를 기울여야 할 점은 다음과 같다.

11조	'갑'의 경영지원
13조	점포공사
15조	상품공급(취급상품 및 구입처 제한)
16조	대금입금
18조	임의양도 금지
21조	계약서의 개정
●	'을'의 해지조항

※ 위의 표기된 조항의 경우 표준계약서를 토대로 작성된 사항으로 가맹본부가 작성한 가맹계약서에 따라 조항은 변경될 수 있습니다.

주의 깊게 체크해야 할 항목의 특징

11조 '갑'의 경영지원 내용은 프랜차이즈 사업을 하는 본부라면 당연히 있어야 할 조항이다. 실제로 노하우를 준다고 하는데 구체적인 노하우가 무슨 내용인지 의문이 들 때가 많다. 경영지원 조항의 경우 슈퍼바이저의 방문 횟수 및 지도 내용, 연간 판촉 계획 등 구체적인 내용 삽입이 있어야 하기 때문이다.

13조 점포공사, 즉 실내외장식 및 설비공사의 경우 가맹본부가 가맹사업의 이미지 통일을 위해 예비 가맹점사업자 또는 가맹계약자로 하여금 점포의 실내외장식 등의 설비를 설치하게 함에 있어서, 가맹본부가 제시한 사양서나 품질기준에 따라 가맹점사업자가 구입 및 설치할 경우 점포의 통일적 이미지 확보에 지장 없음에도 점포설비의 구입 및 설치를 가맹본부 또는 가맹본부가 지정한 자로부터 구입 및 설치를 강요할 수 있기 때문이다.

15조 상품공급 시 취급상품 및 구입처 제한의 경우 가맹본부가 상품에 대해 제시하는 적절한 품질기준을 가맹점사업자는 준수해야 할 의무가 있으나, 가맹본부가 가맹사업의 목적 달성을 위한 필요 범위를 벗어나서 가맹점사업자에게 취급상품 종류를 제한하고, 판매상품(원재료 포함)을 가맹본부 또는 가맹본부가 지정한 자로부터 공급받도록 하거나 그 상품의 구입처 변경을 제한할 수 있기 때문이다.

16조 대금입금의 경우 가맹본부가 가맹점사업자와 상품 또는 용역 등의 대금결제 방법을 정함에 있어서, 일반적인 거래관행에 비추어 대금결제를 가맹본부가 요구해야 하나 부당하게 가맹점사업자에게만 불리하게 하고, 가맹본부에게만 유리하도록 강요하는 조항이 있기 때문이다.

18조 임의양도 금지 조항의 경우 가맹본부의 허락 없이 임의로 가맹점사업자가 제3의 매입자에게 점포를 양도하는 행위를 금지하는 조항이 있기 때문이다.

21조 계약서의 개정의 경우 가맹본부가 정당한 이유 없이 사전에 가맹점사업자의 동의를 받지 않고 가맹점사업자에게 불리하도록 계약의 내용을 변경·수정할 수 있는 조항이 삽입되어 있기 때문이다.

'을'의 해지조항의 경우는 가맹계약서상에 가맹본부가 해약할 수 있는 규제조항은 복잡 다양할 정도로 많이 있는데 가맹본부가 가맹점사업자의 동의를 받지 않고 계약 내용을 변경·수정할 수 있다는 조항이 없는지를 확인하는 것도 중요하다. 실제로 어떤 가맹본부는 가맹점사업자의 이해가 부족한 점을 악용해 정당한 이유 없이 일방적으로 계약 내용을 변경하는 사례가 종종 있다.

계약 종결은 〈가맹사업법〉 제13조에서 가맹점사업자가 부당하게 본부로부터 해지당하지 않게 갱신거절 사유를 제한하고 있으며, 최초 가맹계약 기간을 포함한 가맹계약 기간 10년을 초과하지 않는 범위에서 가맹점사업자의 계약갱신요구권을 인정하고 있다.

- 가맹본부에 의한 계약 종료는 정당한 사유가 있는 경우에만 가능하도록 함
- 정당하게 계약갱신을 거절할 수 있는 사유
  ① 가맹점사업자가 가맹계약상의 가맹금 등의 지급의무를 지키지 아니한 경우
  ② 다른 가맹점사업자에게 통상적으로 적용되는 계약조건이나 영업방침을 가맹점사업자가 수락하지 아니한 경우
  ③ 가맹사업의 유지를 위하여 필요하다고 인정되는 것으로서 다음 각 목의 어느 하나에 해당하는 가맹본부의 중요한 영업방침을 가맹점사업자가 지키지 아

니한 경우

(1) 가맹점의 운영에 필요한 점포·설비의 확보나 법령상 필요한 자격·면허·허가의 취득에 관한 사항

(2) 판매하는 상품이나 용역의 품질을 유지하기 위하여 필요한 제조공법 또는 서비스기법의 준수에 관한 사항

(3) 그 밖에 가맹점사업자가 가맹사업을 정상적으로 유지하기 위하여 필요하다고 인정되는 것으로서 다음의 경우

1) 가맹본부의 가맹사업 경영에 필수적인 지식재산권의 보호에 관한 사항

2) 가맹본부가 가맹점사업자에게 정기적으로 실시하는 교육·훈련의 준수에 관한 사항. 다만, 가맹점사업자가 부담하는 교육·훈련 비용이 같은 업종의 다른 가맹본부가 통상적으로 요구하는 비용보다 뚜렷하게 높은 경우는 제외한다.

계약 시 준비 서류 및 투자분담 기준

권리금계약, 임대차계약에 이어 가맹계약은 가맹사업에 대한 의사결정을 확정한 문서이다. 가맹계약과 동시에 준비해야 할 서류는 〈표 7-2〉와 같다. 가맹본부에 따라 일정액의 보증금을 받고 추가로 타인 보증을 요구하는 경우와 부동산 담보를 요구하는 경우가 있으므로 준비해야 할 서류가 다소 차이가 있다.

또 가맹계약 시 개설상담 담당자에게 소요비용 분담 기준에 대해서 설명을 듣고 명확하게 계약서에 명기해두어야 한다. 분담 기

〈표 7-2〉 가맹계약 시 준비 서류(예시적)

항목	점주	본사	비고
가맹계약 시 준비서류	주민등록등본 1통 인감증명 - 계약용 또는 보증용 인감도장 가맹금 및 보증금	신청서 가맹계약서 가맹상담서 시장조사서 입금표	점주 전달 교육일정표

〈표 7-3〉 투자비용 분담 기준(예시적)

구분			본사	가맹점	비고
점포투자	임차보증금			○	실비
	영업권			○	실비
	월임대료			○	실비
	중계수수료			○	실비
점포시설	인테리어	건축 전기 수전 영업용 설치 간판	○	○ ○ ○ ○	50% 본부지원
	판매장비	기계 장비		○ ○	
	기타	설계감리		○	
	전산			○	단말기, 모뎀 설치비
	냉난방기			○	
	영선·용역비			○	점주 직접계약
가맹준비금	잔돈준비금 교육비 가맹비 용도품구입비 제품이행보증금			○ ○ ○ ○ ○	실비 가맹계약 조건과 동일 가맹계약 조건과 동일
기타	인허가			○	실비
	전화			○	실비
	보험			○	화재, 도난, 산재보험

준에 대해 계약서에 표기가 없을 경우 〈표 7-3〉 투자비용 분담 기준과 같이 별도 서류를 요구해야 한다. 그래야 소요 예산 계획을 세울 수 있고 향후 개점준비 과정 및 개점 후에도 추가비용에 대한 분담 규정에 근거를 두고 가맹본부와 가맹점사업자 간의 분쟁을 줄일 수 있기 때문이다.

계약분쟁 사례

사례 1 S 편의점 ○○○점(점주 최○○)

1. 상권조사 의무 위반

1-1 점주 최○○ 주장 : 가맹점 모집 시 약정에 따라 상권조사를 실시해야 함은 물론 가지고 있는 최대한의 정보를 이용해 계약 체결의 객관적 판단자료가 되는 정확한 자료를 제시해야 할 의무가 있음.

1-2 S사 답변 : 사업계획서의 내용은 그 실현을 보증한 것이 아니고 계약 체결을 위한 판단자료로 제공된 것에 불과.

1-3 항소심 판결 : 가맹계약 해지 페널티에서 60%의 범위로 감액.

2. 설명 의무 위반

2-1 점주 최○○ 주장 : 약관의 규제에 관한 법률은 사업자가 그 거래상의 지위를 남용해 불공정한 내용의 약관을 작성 통용하는 것을 방지하고, 불공정한 내용으로 약관을 규제해 건전한 거래질서를 확립하고자 함으로써 소비자를 보호하고 국민생활의 균형 있는 향상을 도모함을 목적으로 하고, 위 법률 제3조에서 규정하고 있는 설명 및 교부의무는 약관이 사업자에 의해 일방적으로 작성되고 그 상대방으로서는 그 구체적 조항 내용을 검토하거나 확인할 충분한 기회 없이 계약이 체결되는 계약 성립 과정을 고려한 것이라 할 것인데, 이러한 법률을 피해갈 의도로 사업자가 미리 작성한 또 하나의 약관, 보관증은 위 법률의 취지에 반하므로 당연히 무효임.

2-2 S사 답변 : 점주 최○○은 편의점 계약을 체결하면서 S사와 상담을 하고 자신도 점포의 입지 선정에 대해 조사를 한 끝에 S사와 가계약을 체결하고, 그 후에도 S사로부터 2주에 걸쳐 교육을 받은 뒤 본계약을 체결했으며, 위 계약은 최○○으로서는 큰돈을 투자하는 것이었기 때문에 위 계약을 체결할 당시 그 계약서를 읽어보고 의문 나는 점은 담당 직원에게 일일이 물어본 뒤에 계약서에 서명했으므로 위반 아님.

2-3 항소심 판결 : 최○○은 S사로부터 편의점 계약의 중요 내용을 설명받고 이를 검토할 충분한 기회를 가졌다고 보여짐.

3. 최○○의 항변권에 대해

(전기요금 부담의무, 상호계산 계정의 오류 시정의무, 실제 재고조사 의무 등의 위반에 따른 피고의 판매대금 송금의무 등의 거절에 대해)

3-1 점주 최○○ 주장 : S사가 실제 재고조사 의무도 위반하고, 계약 내용에 반해 상호계산 처리에서도 오류를 범하고서도 이를 묵살한 경우 계약을 해지할 수 있음.

3-2 S사 답변 : 판매대금 송금의무는 전기요금 부담의무와 달리 가맹계약의 본질적인 요소로 전기요금 부담의무 등과는 서로 대가관계가 없음.

3-3 항소심 판결 : 전기요금 부담의무, 상호계산 계정의 오류 시정의무, 실제 재고조사 의무 등의 위반에 따른 피고의 판매대금 송금의무 등의 거절에 대해 대가적인 관계에 있다고 인정되지 않음.

사례 2 **B 편의점 ○○○점(점주 유○○)**

1. 〈독점규제 및 공정거래에 관한 법률〉 위반(자점매입 금지)

1-1 점주 유○○ 주장 : 가맹점사업자들이 스스로의 판단에 따라 물품 구매처를 선택할 권리가 있으며, 이를 제한하고 있는 가맹계약 규정은 영업의 자유를 지나치게 제한하는 규정이므로 신의원칙 및 〈약관규제법〉에 위반되어 무효일 뿐 아니라 〈공정거래법〉에도 위배됨.

1-2 B사 답변 : 일부 가맹점사업자들이 공정거래위원회에 신고해 공정거래위원회에서는 위 신고 건에 대해 조사한 다음 시정권고를 한 사실은 있으나, 시정명령을 내리는 등의 후속적인 제재조치를 취하지 않고 있음. 따라서 가맹계약이 〈독점규제 및 공정거래에 관한 법률〉에 위반되는 것이라 할 수 없음.

1-3 항소심 판결 : 계약상의 본질적인 권리 의무 구조에 비추어 위 자점매입 금지조항 자체도 B사의 이미지나 브랜드 특성을 통일하기 위해서는 불가피한 일이고 정당한 사유가 있는 경우에 예외를 허용하는 한 위 〈독점규제법〉에 위반되지 않음.

2. 〈독점규제 및 공정거래에 관한 법률〉 위반(송금의무)

2-1 점주 유○○ 주장 : 판매대금 1일 송금 의무조항 규정은 〈독점규제 및 공정거래에 관한 법률〉(상당한 구속조건부 거래행위) 위반에 해당되어 무효.

2-2 B사 답변 : 이미 공급된 상품에 대한 대가.

2-3 항소심 판결 : 일괄적이고 체계적인 회계처리, 상품 구입, 공급 및 대금결제를 계약의 중요한 내용으로 하고 있고, 위 송금의무는 이미 실현된 판매분에 한해서 지워진다는 점에서 자유로운 사업활동을 부당하게 구속하는 조건이라 할 수 없음.

사례 3 기망에 의한 가맹점계약 체결 여부

1. 판시사항

1-1 서비스표의 등록명의자인 甲이 타인에게 서비스표를 이전할 의무를 부담하고 있는 상태에서 乙에게 서비스표의 독점적 사용권을 부여하기로 하는 내용의 가맹점계약을 체결한 경우, 甲이 위 가맹점계약 당시 위 서비스표에 대한 전용사용권을 상실하였다고 보기 어렵다는 이유로 이를 기망에 의한 계약으로 볼 수 없다고 한 사례.

1-2 탈북자로서 남한 내에서 '평양옥류관'이란 상호로 가맹점사업을 하면서 가맹점사업자에게 위 상호의 사용권을 보장하고, 북한 내 평양옥류관과 연계되거나 그로부터 아무런 지원을 받지 못하게 된 경우, 위 가맹점계약을 기망에 의한 계약으로 볼 수 없다고 한 사례.

2. 판결요지

2-1 서비스표의 등록명의자인 甲이 타인에게 서비스표를 양도하기로 하는 내용의 계약을 체결하여 그 등록명의를 이전할 의무를 부담하고 있다고 하나, 당시 〈상표법〉상 서비스표에 대한 등록명의자로서 여전히 대외적으로 위 서비스표를 독점 사용할 권리를 가지고 있었고, 타인에게 위 서비스표에 대한 권리를 양도한 후

에도 위 서비스표의 사용과 관련하여 실질적인 영향력을 행사할 수 있는 지위에 있었던 이상 乙과 사이에 乙에게 위 서비스표의 독점적 사용권을 부여하기로 하는 내용의 가맹점계약을 체결하였다고 하여 이를 기망에 의한 계약으로 볼 수 없다고 한 사례.

2-2 탈북자로서 남한 내에서 '평양옥류관'이란 상호로 가맹점 사업을 하면서 가맹점사업자에게 위 상호의 사용권을 보장하고, 북한 내 평양옥류관의 음식과 유사한 맛을 가진 음식을 제공하기로 약정하였는데 결과적으로 북한의 평양옥류관과 연계되거나 그로부터 아무런 지원을 받지 못하게 된 경우, 가맹점사업자와 가맹점계약을 체결함에 있어 북한의 평양옥류관으로부터 각종의 지원을 받을 수 있음을 확정적으로 약속하였다기보다는, 북한의 음식문화를 잘 아는 탈북자로서 평양옥류관에서 사용하는 조리법, 사용 재료 등에 관하여 그가 보유하고 있는 제반 정보를 이용하여 남한 내에 평양옥류관의 음식을 소개하고, 그와 유사한 맛을 가진 음식을 제조·판매함과 아울러 가능한 한 북한의 평양옥류관과 연계하여 지원을 받도록 노력하겠다는 장래의 사업계획을 밝힌 것에 불과하고, 가맹점사업자로서도 이러한 사정을 어느 정도 인식하고 위 가맹점계약을 체결하였다고 봄이 상당하다고 할 것이므로, 허위선전을 통하여 가맹점사업자를 기망하였다고 볼 수는 없다고 한 사례.

3. 참조조문

3-1 〈민법〉 제110조, 제750조

3-2 〈민법〉 제110조, 제750조

※ **분쟁 사례 참고 사이트 _http://franchise.ftc.go.kr**

8단계

시설 및 기계·장비 계약

[〈가맹사업법〉 제5조 가맹본부의 준수사항]

가맹점사업자에 대해 합리적 가격과 비용에 의한 점포설비, 원재료, 제품 또는 용역 등의 설치와 공급

[〈가맹사업법〉 제6조 예비 가맹점사업자의 준수사항]

가맹본부가 사업장의 설비와 외관, 운송수단에 대해 제시하는 적절한 기준의 준수

점포공사의 실행과 절차

가맹계약이 끝나면 영업장소, 즉 가맹점에 대한 시설 인테리어 및 기계·장비설치 공사에 들어가게 된다. 그런데 보통 이쯤 되면 가맹점사업자는 가맹본부에게 나머지 개업 준비 작업을 맡겨놓고 한 걸음 뒤로 물러나 그동안 누적된 피로와 부담감에서 벗어나고 싶어 한다.

그도 그럴 것이 아무런 경험도 없는 사람이 손수 나서서 업종과 업체를 고르고 점포를 임대하는 등 사업 준비를 한다는 게 사실 대단히 힘든 중노동이기 때문이다.

하지만 사실은 이때부터가 가장 중요한 순간이다. 왜냐하면 가맹점을 개업할 때 소모성 개념의 지출 자금 규모가 가장 커지는 것이 바로 점포 인테리어와 기계·장비구입 부분이기 때문이다. 지출 규모가 커지는 데에는 수많은 변수가 작용하기 마련인데, 말한마디에 따라 많게는 수백만 원의 돈이 흔적도 없이 사라질 수도 있다.

시설·인테리어 및 기계·장비설치 진행 과정은 〈표 8-1〉과 같이 가맹본부가 주도적으로 진행하게 되고, 가맹점사업자는 전문적인 지식이 없기 때문에 가맹본부가 진행하는 절차에 따를 수밖에 없는 것이 현실적인 상황이다.

그러나 가맹점사업자는 항목 항목마다 참여하고 내용들을 검토하는 것이 바람직하다. '난 잘 모르니까', '가맹본부가 알아서 해

〈표 8-1〉 시설·인테리어 및 기계·장비설치 진행 과정

진행 절차	소요일
① 인테리어 업체 선정(실내건축면허 보유업체 선정이 중요) ② 후보지 실측 ③ 점 레이아웃 확정 ④ 도면설계 ↓ ⑤ 견적도출 ⑥ 견적협상 ⑦ 업체선정 ⑧ 계약서 체결 → 시설·인테리어 기계·기물 ↓ ⑨ 착공 ⑩ 완공(검수·인수인계) ↓ 개점	약 20~30일 소요

주겠지' 하는 수동적인 자세로 임하게 되면 수개월 장사해 벌어야 될 만큼의 이익금을 손해 볼 수가 있다. 그러므로 가맹본부가 해야 할 일이 무엇이며, 가맹점사업자가 해야 할 일이 무엇인지를 알아야 할 필요성이 있다.

가맹본부가 해야 할 일, 점주가 해야 할 일

모든 과정을 본부가 진행하는 것이 아니고, 또한 본부에게 책임이 있는 것도 아니다. 현실은 모두 가맹점사업자의 세밀한 준비성이 필요한 때이다.

그러므로 가맹본부가 해야 할 일이 무엇이며, 가맹점사업자가 해야 할 일이 무엇인지 〈표 8-2〉처럼 일의 주체 구분을 알아두어야 할 필요성이 있다.

일의 주체가 누구인지 알게 되면 가맹점사업자는 본부가 올바르게 업무를 수행할 수 있는지를 ①~⑩ 항목으로 분류하여 체크할 수 있다. 또한 가맹점사업자인 나의 권한 행사 내용이 무엇이며, 가맹본부와 협의해야 할 사항이 무엇인지 알고 있어야만 수개월 장사해 벌어야 할 만큼의 이익금을 손해 보지 않고 지킬 수 있다.

〈표 8-2〉 일의 주체 구분

구분	가맹본부	가맹점사업자
① 후보지 실측	●	
② 점 레이아웃 확정	○	○
③ 도면설계	●	
④ 견적도출	●	
⑤ 견적협상	○	○
⑥ 업체선택	본사 계약 시 불법 (단, 허가가 있을 경우 합법)	●
⑦ 계약서 체결		●
⑧ 간판사용 승낙서	●	
⑨ 착공	●	
⑩ 완공(검수 · 인수인계)	○	○
주도적 권한 : ●	협의사항 : ○	

점포공사의 항목별 내용 체크

<표 8-2> 일의 주체 구분을 중심으로

후보지 실측에서 도면설계까지(일의 주체 구분 ①, ②, ③)

예비 가맹점사업자가 입지·상권조사를 가맹본부에 의뢰하고, 가맹본부가 출점 가능성을 통보하면 임대차계약 및 가맹계약을 체결한 후에 가맹본부는 후보지 실측에 임하게 된다. 후보지를 실측하는 목적은 건물의 평수 및 건물구조를 정확히 파악하여 하고자 하는 업종의 특성에 맞는 레이아웃을 구성하기 위해서다.

점포 레이아웃은 실측한 후보지 도면을 가지고 구성하게 된다. 레이아웃은 기계, 집기 및 장비 등을 고객의 동선 및 업종의 특성을 고려해 면적을 효율적으로 배분하고, 매출을 극대화시킬 수 있는 방향으로 이루어진다. 따라서 레이아웃은 가맹본부가 표준으로 정해놓은 기준에 따라 본부가 거의 일방적으로 결정할 수도 있다.

공사 완료 후 불만을 토로하기 전에 레이아웃 구성 시 적극적으로 가맹점사업자가 의견을 제시해야 한다. 가맹본부 입장에서는 향후 이 부분이 분쟁의 소지가 있음을 알고 있기 때문에 가맹점사업자의 의견을 적극 수렴해줄 것이며, 도면에는 점주 확인란에 사인을 받아두었을 것이다.

확정된 레이아웃을 기준으로 가맹본부는 시공할 수 있는 시공도면을 설계하게 되고, 이에 따라서 견적서가 가맹점사업자의 눈앞에 놓이게 되는 것이다.

후보지 실측을 거쳐 확정되는 레이아웃은 고객 동선이나 장비 설치 계획에 따라 면적을 효율적으로 배분하는 작업으로, 여기에 따라 시공 도면이나 견적서가 최종 결정된다. 그러므로 원칙대로라면 가맹본부는 점포구조에 따라 매우 다양한 레이아웃 계획을 가지고 예비 가맹점사업자를 대응해야 하는 것이다.

시설 및 인테리어 견적서 도출(일의 주체 구분 ④)

점주가 체크해야 할 항목

필자의 가맹점 개설 경험에 비추어보면 가맹점사업자의 '열이면 열'이 견적서 내용이 무엇인지, 그에 따른 공사가격이 적정한지 모르고 있다고 단정하고 싶다. 그 이유는 가맹점사업자가 시설 및 인테리어 전문가가 아니기 때문이며, 또한 현재 국내 가맹사업의 현실로 보아 시설 및 인테리어가 가맹본부 주 수입원의 한 부분을 차지하고 있으므로 가맹본부가 정확한 내역 공개를 꺼린다는 사실이다. 그러면 이때 가맹점사업자의 대응 방법은 없을까?

대응 I

레이아웃에 따라 공사 견적서가 나왔을 때 반드시 이를 제3의 인테리어 전문가에게 견적을 받아 가맹본부가 제시한 견적서와 비교 검토한 후에 적정한 가격으로 산출된 것인지 확인하는 것을 잊지 말아야 한다. 흔히 가맹본부가 어떤 특정 업체를 지정해 인테리어 공사를 맡길 때, 그 업체의 공사 견적서를 다른 업체와 비교해보면 적정 금액을 발견할 수 있기 때문이다.

대응 II

'잘 모르기 때문에 좋은 게 좋다. 신경 안 쓴다'는 생각이 점주들의 일반적인 대응 방법이다. 이처럼 가맹점사업자가 허술하게 대처하기 때문에 가맹본부는 더 많은 이익을 시설 및 인테리어에서 끌어내기 위해 가맹본부 및 가맹본부가 지정한 업체에게 시설 및 인테리어 시행을 강요하게 된다. 따라서 수개월 장사해 벌어야 할 만큼의 이익금(초기투자비)을 손해 보지 않기 위해 대응 I 과 같이 대처하는 것이 바람직한 방법이다.

왜 I 과 같이 대응해야 하는가? 그것은 현실적으로 나타나는 가맹사업의 먹이사슬, 즉 숨어 있는 로열티 때문이다.

예를 들어 A라는 가맹점사업자가 시설·인테리어 및 기계·장비에 소요되는 비용과 가맹금까지 토털 투자비용을 2억 7천만 원에 가맹본부와 계약할 경우, 가맹본부는 가맹금을 제외한 시설·인테리어 및 기계·장비시설 대금 중 본부 마진을 제외한 금액으로 B라는 업체에 하도급을 주는 형태이다.

가맹본부가 인테리어 공사나 기계장비 구입을 〈그림 8-1〉과 같이 책임지겠다고 나서는 것이 과연 사업 파트너에 대한 순수한 책임감 때문일까? 결론부터 말하자면 이런 믿음은 가맹점사업자의 희망사항일 수 있다는 것이다.

일부 가맹본부의 궁극적인 목표는 '눈먼 돈', 즉 인테리어 공사나 기계장비 구입 시 가격을 실제보다 높게 계산해 그 차액으로 발생하는 마진을 챙기려는 데 있다. 가맹본부들이 가맹계약 시 '인

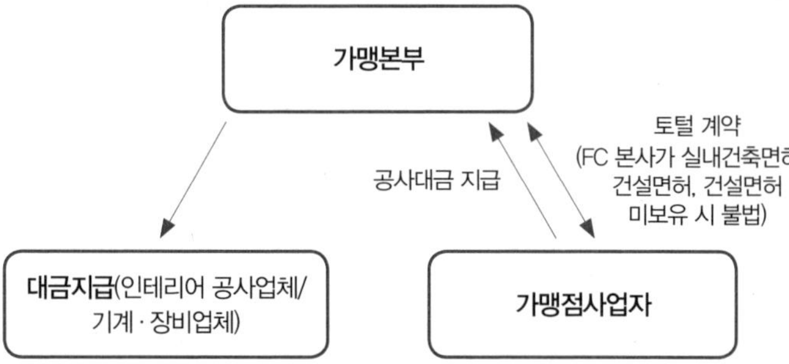

〈그림 8-1〉 가맹본부가 시설·인테리어 및 기계·장비를 토털 계약하는 경우

테리어나 기계·장비 계약은 본부가 전담하겠다'는 내용을 강요하는 것도 바로 이 부분을 염두에 두고 있기 때문이다.

그렇다고 가맹본부가 인테리어 공사에 관심을 갖고 참여하는 것이 반드시 나쁘다고는 할 수 없다. 제대로만 한다면 가맹본부가 개업준비 작업을 도와주는 게 예비 가맹점사업자에게도 가장 이상적인 방법이다. 그럼에도 가맹점사업자의 관리·감독 책임을 거듭 강조하는 것은 가맹사업이 순리대로만 진행되지 않는 각박한 우리의 현실을 무시할 수 없기 때문이다.

시작도 하기 전에 막대한 재산상의 손해를 입지 않으려면 예비 가맹점사업자는 진행 절차에 적극적으로 개입해서 투자비가 제대로 쓰이고 있는지를 항상 면밀히 살펴보아야 한다. 〈그림 8-2〉는 필자가 올바른 인테리어 공사의 계약구조를 정리해본 것이다. 물론 이것으로 완전무결하다고 할 수는 없지만 경험이 부족한 가맹점사업자라면 일의 진행 순서를 참조할 수 있을 것이다.

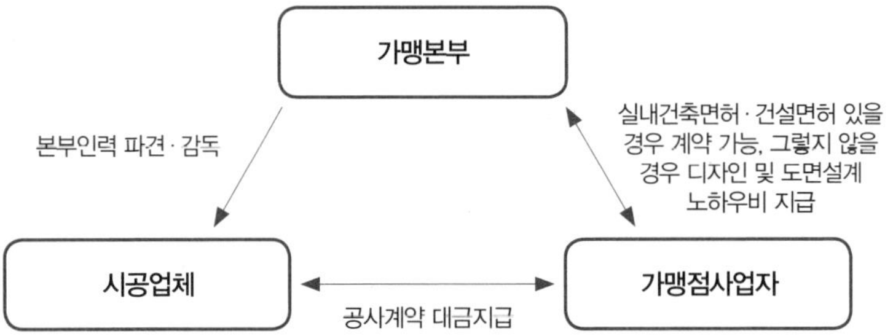

〈그림 8-2〉 시설 및 인테리어 공사의 올바른 계약 방법

〈그림 8-2〉와 같이 가맹사업을 하는 가맹본부는 현실적으로 그리 많지 않다. 가맹본부의 자회사이거나 전문시설 및 인테리어 업체가 전담하는 경우가 대부분인데 이것은 가맹본부의 고정비 감소 및 전문성을 강조하는 면에서 바람직하나 반면 가맹점사업자 투자비가 높아지는 부작용도 있다.

이런 견적서 주의하라

대표 항목만 기재되어 있는 견적서는 세부 항목을 모르기 때문에 가맹점사업자가 자문을 구할 수도 없을 뿐만 아니라 시공감리도 불가능하다.

따라서 이런 견적서가 자기 눈앞에 제시되면 세부 항목이 표기되어 있는 견적서 사례, 즉 예를 들어 〈표 8-4〉 목공 부문 견적서와 같이 세부 항목 견적서를 요구한다. 그래야만 합리적인 견적가가 도출되었는지 확인할 수 있으며, 시공감리가 가능해질 수 있기 때문이다.

한편 견적서 내용에서 제외된 항목에도 주의해야 한다. 통상 견적서 내용 중에 '○○은 제외'라고 되어 있는 항목은 반드시 견적서에 포함시키는 노력이 필요하다. 견적서 내용에 제외되는 일반적인 항목으로 외부유리 공사, 철거, 간판, 시트로고, 전기증설 공사 등이 있는데 이 또한 별도의 공사 금액이 많이 들어가기 때문에 견적서 항목에 포함시켜 견적서를 받아야 한다.

〈표 8-3〉 대표 항목만 기재되어 있는 견적서

No.	품명	규격	단위	수량	단가	금액
1	목공	(자재 및 시공비, 내부공사, 집기류 포함)				5,080,000
2	도장	(멀티스펙 1004 외 시공비)				1,600,000
3	전기	(전선부자재 및 시공비, 배전판 포함)				1,900,000
4	타일	(이태리도기 타일 및 시공비)				1,920,000
5	조명기기	(U-LAMP 및 FL 및 시공비)				725,000
6	설비	(상하수 및 트렌치 시공)				600,000
7	덕트	(덕트, 환기공사)				800,000
8	조적미장	(시멘트 + 모래 + 방수 및 시공비)				400,000
9	유리					40,000
10	공과잡비	5%				553,250
11	소계					13,618,250
12	설계 및 기업이윤	20%				2,723,650
13	합계					16,341,900
합계	금 일천육백삼십사만 일천구백 원정(₩16,341,900)					
비고	※ 외부유리 공사 및 철거 별도　※ VAT, 간판, 시트 로고 별도					

〈표 8-4〉 올바른 견적서 형태(목공 부문)

No-1	품명	규격	단위	수량	단가	금액
목공	목재	12×15×15	개	68	1,800	122,400
	목재	12×15×30	개	87	3,600	313,200
	합판	2×4×8	장	6	13,000	78,000
	합판	0.15×4×8	장	1	10,000	10,000
	석고보드	3×6×9	장	219	3,500	766,500
	M, D, F	4×8×9	장	11	14,000	154,000

No-1	품명	규격	단위	수량	단가	금액
	M, D, F	4×8×12	장	2	26,000	52,000
	철물		식	3	300,000	900,000
	무늬목	얼라이트	평	9	6,000	54,000
	시공임	야간포함	인	26	100,000	2,600,000
	점검구		EA	2	15,000	30,000
	마감방염		식	0	0	0
합계						5,080,000

기계·장비 견적서 도출(일의 주체 구분 ④)

점주가 체크해야 할 항목

가맹본부의 사업 노하우를 제공받기 위해서는 그 업체의 장점을 살릴 수 있는 특수한 장비를 사용해야 한다. 그런데 이런 장비는 일반적인 장비가 아니기 때문에 가맹본부가 견적서를 제시해도 마땅히 적정 가격인지를 확인해볼 방법이 없다.

그러나 보통 여기에서도 〈그림 8-1〉과 같이 인테리어 및 기계·장비 토털 계약 시 많은 금액이 수수료로 새나가는 것이 일부 가맹본부의 관행이라 볼 수 있다.

그러므로 가맹점사업자의 노력 여하에 따라서 여기에서도 많은 금액을 절약할 수 있다. 쉬운 일은 아니지만 이를 위해서는 기계·장비 견적서를 받을 때 처음부터 세부적으로 설명되어 있는 것을 요구해야 한다. 예를 들어 쇼케이스라면 〈표 8-5〉와 같이 각각의 정확한 치수는 물론 제조업체 등을 명시하도록 하는 편이 좋다.

이런 기계·장비 견적서 주의하라

대표 항목만 기재되어 있는 견적서, 즉 견적서가 없고 기계·장비 계약서상에 금액만 표기되어 있는 경우

기계·장비 금액 : 20,000,000원

그러면 올바른 기계·장비 견적서 유형은 어떤 것일까?

〈표 8-5〉 올바른 기계·장비 견적서 형태

구분	단위	수량	단가	금액	비고
쇼케이스	자	6	600,000	3,600,000	폭 : 700, 높이 : 1000 넓이 : 1m 20, 재질 : ○○
오븐	대			11,000,000	800×1100×7500(외산)

〈표 8-5〉와 같이 단위, 단가 등이 기재되어 있고, 특히 규격과 외산에 대한 기록을 명기해놓은 견적서의 경우 기계·장비업체 또는 전문가에게 상담하게 되면 견적가의 높낮음을 파악할 수 있다. 따라서 기계·장비 견적서가 대표 항목 등만 기재되어 내용 검증이 어려울 경우 세부 항목이 기재되어 있는 견적서를 요구한다.

시설·인테리어 및 기계·장비업체 선정

(일의 주체 구분 ⑥)

공사업체 선정은 어떻게 할 것인가

업체선정은 가맹점사업자가 하는 것이고, 단지 가맹본부는 보조 역할만 하는 것이지 가맹본부가 독단적으로 시공업체 및 기계·장비업체를 지정할 수는 없다.

〈가맹사업법〉 제5조 가맹본부의 준수사항을 보면 '가맹점사업자에 대해 합리적 가격과 비용에 의한 점포설비, 원재료, 제품 또는 용역 등의 설치와 공급'의 규정을 준수해야 한다. 제6조 예비 가맹점사업자의 준수사항은 가맹본부가 사업장의 설비와 외관, 운송수단에 대해 제시하는 적절한 기준의 준수의무를 가지고 있다.

그러므로 가맹본부가 합리적인 점포설비를 제안할 경우 업체선정은 다음과 같은 기준으로 선정하면 된다.

- A/S 보증 기간을 2년으로 인정하고, 그에 따른 하자 이행 보증보험을 가입할 수 있는 업체
- 무상(A/S 보증 기간 내) 또는 유상이든 고장 발생 처리를 점주가 요구할 때 즉시(30 or 60분) 처리 못해 피해상품 발생 시, 피해금 보상 가능 업체
- 기계·장비업체의 경우 구입 후 1개월 이내에 가맹점사업자가 운영상 필요치 않다고 판정할 시 반품 가능 업체

중요한 것은 계약서 체결이다(일의 주체 구분 ⑦)

편의점 B사의 분쟁대상 조사 시 가맹점사업자 320명 중 162명(50.6%)이 분쟁 경험이 있거나 분쟁 중인 것으로 나타났다. 이들의 분쟁 내용 중 가장 큰 비중인 30%를 차지하는 대상 항목이 바로 시설·인테리어, 기계·장비의 시공 및 유지 관리 부문으로, 49명이 이 항목에 대해 응답했다.

이처럼 '8단계 시설 및 기계·장비 계약'도 '7단계 가맹계약'만큼 중요한 비중을 차지하므로, 예비 가맹점사업자는 계약서 체결 제안 형태로 주의 깊게 계약해야 투자비용 절감과 함께 개점 후 지속영업에 애로사항 없이 영업을 할 수 있다.

따라서 분쟁 대상으로 높은 비중을 차지한다는 것은 결국 가맹본부와 시공업자 간의 먹이사슬로 인해 점포의 시설·인테리어 및 기계·장비의 질 저하를 가져오며, 그렇기 때문에 개점 후 지속적

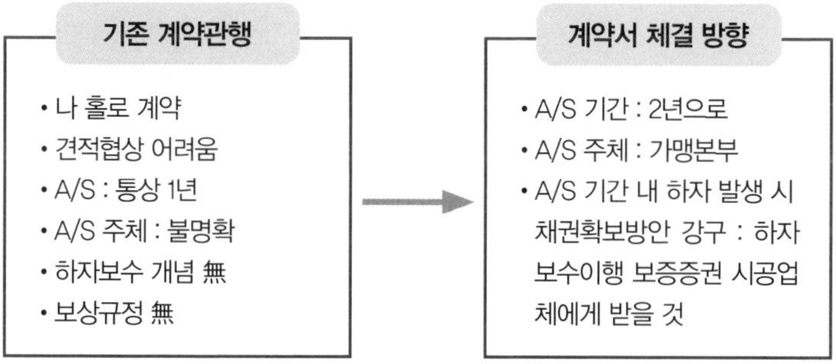

〈그림 8-3〉 바람직한 시설 및 인테리어 계약 체결

인 하자 발생으로 인해 분쟁 발생의 원인이 되는 것이다.

계약 시 계약금 30%, 인감도장을 준비해야 하며, 전기를 증설해야 할 경우에는 건물주 각서 1통, 최종 전기 납입영수증 사본, 건축물대장 1통을 준비해야 공사마감일 및 개점 일정을 맞출 수가 있다.

따라서 '6단계 임대차계약'에서처럼 전기용량 증설에 대한 내용을 계약조건에 삽입하지 않을 경우 매장 인테리어 단계에서 건물주와 분쟁 소지가 발생하므로 반드시 계약단계에서부터 준비해야 할 사항이다.

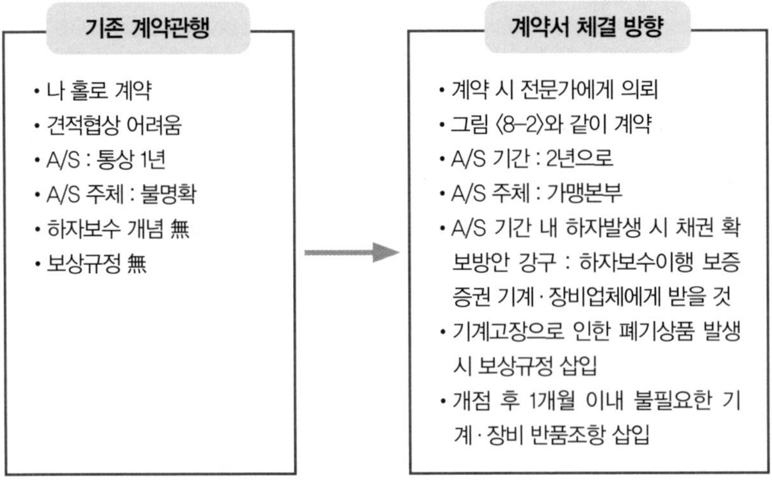

〈그림 8-4〉 바람직한 기계 및 장비 계약 체결

착공(일의 주체 구분 ⑨)

공사 기간 중에 가맹점사업자 교육이 시행된다

시설·인테리어 및 기계장비 계약이 종결되면, 바로 시공도면과 동일하게 공사 착공을 하게 된다. 가맹본부는 착공과 동시에 가맹점사업자 교육훈련을 시행한다. 따라서 시공 가맹본부 및 가맹본부의 위탁업자 또는 가맹점사업자가 주체가 되어도 공사현장을 직접 체크하기는 어렵다.

그러므로 본부인력 파견 감독은 가맹본부가 시행하고 시설 및 인테리어 공사는 인테리어 업체가 시행하는 것이 상호 견제를 통해 시방서에 따라 정확한 공사를 유도할 수 있기 때문에 바람직한 방법이 될 수 있다.

검품 검수를 하라

기계·장비는 견적사양 형태로 입점되었는지 입점 시에 반드시 정확하게 검품 검수해야 하며, 시설 및 인테리어 공사 역시 완공 후 검품 검수가 어렵기 때문에 공사 중 견적 내용을 검품 검수하기 바란다.

이처럼 과정별로 시설·인테리어 및 기계·장비를 점검하고 체크해야 하는 것은 궁극적으로 가맹점사업자가 계약의 먹이사슬로 인해 개점 후 영업을 통해 벌어들이는 손익의 수개월 치를 가맹본부에게 로열티로 지급하는 것을 사전에 예방하는 데 그 목적이 있다.

따라서 예방하는 금액이 바로 가맹점사업자의 투자비용 감소와 경상이익이 되는 것이며, 그만큼 가맹점사업자는 초기 투자비를 절감하는 효과를 얻게 되는 것이다. 이것은 폐점 시 소멸되는 시설·인테리어 및 기계·장비 비용을 최소화시키는 역할을 하게 되므로 가맹점사업자는 스스로 재산을 보호하는 것이 된다.

또 제대로 된 시설·인테리어, 제대로 된 기계·장비를 설치하면 개점 후 가맹계약 기간 동안 하자보수를 줄여 추가로 지출되는 비용을 줄이는 것이기 때문에 과정별로 세밀하게 체크하고 점검하는 자세가 필요하다.

점주 교육훈련

가맹점사업자는 교육훈련을 단순한 통과의례쯤으로 가벼이 여길 것이 아니라 교육과정을 충실히 이수해 점포운영의 노하우를 보다 적극적으로 배우려는 자세가 필요하다.

왜 교육훈련을 시행하는가

가맹점사업자 및 그 종업원에 대한 교육은 점포운영에 필요한 노하우를 제공하는 가장 일반적인 방법으로, 가맹점사업자의 점포운영 능력 향상과 가맹점사업자와 가맹본부 간 커뮤니케이션의 활성화, 지식, 기능의 전수를 통해 프랜차이즈 사업을 조기에 정착시키기 위해서 가맹본부가 시행한다.

또 1차 계약 후 가맹점사업자 교육을 시행해 교육 이행도가 본부의 일정기준 이상이 되었을 경우 2차 본계약을 하는 프로세스 도입으로 우량 점주 발굴을 위해 시행한다.

따라서 가맹점 모집 시 설명한 가맹본부의 전반적인 시스템에 대한 이해와 〈가맹사업법〉 제5조 제4항을 이행하고 그에 따른 세부 교육 내용에 대해 가맹본부는 충실도가 있어야 한다.

또 가맹점사업자는 개업 전이나 개업 후에도 동일 수준의 교육훈련 서비스를 제공받을 수 있어야 한다. 또한 가맹점사업자 역시 점주 교육을 단순한 통과의례쯤으로 가벼이 여길 것이 아니라 교육과정을 충실하게 이수해 점포운영의 노하우를 보다 적극적으로 배우려는 자세가 필요하다.

가맹본부는 무엇을 가르쳐주나

매뉴얼을 기초로 점포운영 방법을 가르쳐준다

교육 내용은 점포운영 매뉴얼을 근간으로 회사에 대한 소개, 고객서비스, 청결관리, 메뉴개발, 상품관리, 상품 판매기술, 발주관리, 재고관리, 점포 기기관리, 안전관리, 점포 인사관리, 작업관리, 점포회계, 점포 운영관리, 점포 마케팅 등의 내용을 교육하며, 교육 형태는 이론과 실습으로 구분해 시행하고 있다.

즉, 운전면허를 취득할 때 이론시험을 통과하고, 실기시험에 통과해야 하는 것과 같다. 따라서 점포운영 매뉴얼은 바로 자동차를 운전할 수 있게 해주는 자동차 운전 교범과 같다고 생각하면 된다.

교육 형태별 일정은 〈표 9-1〉, 〈표 9-2〉, 〈표 9-3〉의 사례를 통해 무엇을, 어떻게 가르쳐주는지 세밀하게 알아보기로 하자.

〈표 9-1〉 아이스크림 B사의 가맹점사업자 교육 일정표

일자	시간	교육내용	교육대상
1일차	10 : 00 ~ 10 : 30 10 : 30 ~ 11 : 30 11 : 30 ~ 12 : 30 12 : 30 ~ 13 : 30 13 : 30 ~ 15 : 00	• 회사소개 및 B사의 역사와 정신 • 아이스크림 제조 방법 및 상품 종류와 특징 • 상품 판매기술(이론) • 중식 • 스쿱핑, 핸드팩킹, 스페셜 상품(실습)	교육점 매니저
2일차	10 : 00 ~ 10 : 30 10 : 30 ~ 12 : 00 12 : 00 ~ 13 : 30 13 : 00 ~ 14 : 00 14 : 00 ~ 15 : 00	• 개폐점 방법 및 위생 • 점포 장비관리 • 중식 • 금전등록기 취급법(실습) • 일일보고서 작성법, 재고조사 방법, 손익계산	A/S직원 판촉직원
3일차	10 : 00 ~ 12 : 00 12 : 00 ~ 13 : 00 13 : 00 ~ 14 : 30 14 : 40 ~ 16 : 00	• 판매예절 – 비디오, 롤 플레잉 • 교육 테스터 • 중식 • (가맹점사업자) 점포운영 방안 및 직원관리 • 점포 마케팅	판촉직원
4일차	10 : 00 ~ 16 : 00	**오픈실습** • 개점 시 항목별 점검 방법(온도 및 보존 상태, 복장 상태 등) • 디퍼웰 소독 및 위생관리 • 항목별 청소 방법 및 실시 • 콘 취급법 및 콘, 컵 판매 방법 • 드라이아이스 취급 및 포장 방법 • 아이스크림 인지(맛보기 및 이름 알기)	
5일차	17 : 00 ~ 23 : 00	**마감실습** • 스페셜 상품 및 판매 방법 • 장비관리 교육(온도 체크, 성애제거, 비상 시 요령) • 일일보고서 및 재고조사 실전 • 마감 방법(스쿱 소독약 담가 놓기, 온도 확인, 스위치 확인, 뒷정리)	
6일차	14 : 00 ~ 20 : 00	**판매실습** • 오픈, 마감교육, 재점검 • 매장꾸미기와 상품진열 • 발주 방법 • 판매예절 및 고객관리 • 맛보기 스푼 사용 방법	

〈표 9-2〉 편의점 C사의 가맹점사업자 교육 일정표

일자	시간	과정	교육내용	강사
1일차	10 : 30 ~ 11 : 00 11 : 10 ~ 12 : 00 12 : 00 ~ 13 : 00 13 : 00 ~ 13 : 50 14 : 00 ~ 15 : 40 15 : 50 ~ 17 : 30 17 : 40 ~ 18 : 00	오리엔테이션 VTR 신청 중식 가맹 시스템 고객서비스 점포회계 과정정리	• 교육일정 소개 • 땀과 눈물의 CVS 오늘 개점 • 중식 • 가맹 시스템 이해 • 고객서비스 개념 이해 • 인출금 · 영업조성금 · 종합소득세 • 일정정리(접객 4대용어 실습)	
2일차	10 : 30 ~ 11 : 00 11 : 10 ~ 12 : 00 12 : 00 ~ 13 : 00 13 : 00 ~ 13 : 50 14 : 00 ~ 15 : 40 15 : 40 ~ 17 : 30 17 : 40 ~ 18 : 00	리뷰 상품관리 중식 CVS 이해 발주 · 재고관리 POS 실습 과정정리	• 접객 4대용어 실습 • 상품분류, 유통경로, 전표 • 중식 • CVS 이해 및 〈유통법〉 일반 • 적정재고 · 발주의 개념 · 로스관리 • POS – 스캐닝, 정산 등 • 일정정리(접객 4대용어 실습)	
3일차	10 : 30 ~ 11 : 00 11 : 10 ~ 12 : 00 12 : 00 ~ 13 : 00 13 : 00 ~ 13 : 50 14 : 00 ~ 15 : 40	리뷰 안전관리 점인사관리 중식 과정정리	• 접객 4대용어 실습 • 기기 및 안정관리 · 교육점포견학 • 비디오 시청 • 중식 • 일정정리(접객 4대용어 실습)	
2주간 현장 실습	08 : 00 ~ 17 : 00 14 : 00 ~ 23 : 00 23 : 00 ~ 08 : 00	점포 OJT 일정	• 매장 현장실습	
20일차	10 : 30 ~ 11 : 00 11 : 10 ~ 12 : 00 12 : 00 ~ 13 : 00 13 : 00 ~ 13 : 50 14 : 00 ~ 15 : 40	피드백 평가 · 설문작성 수료식 중식 과정정리	• OJT 정리 • 교육과정 평가 · 피드백 • 수료증 수여 · 인사말씀 • 중식 • 교육과정 정리	

〈표 9-3〉 부대찌개 전문점 L사의 가맹점사업자 교육 일정표

교육시간 : 09 : 30 ~ 22 : 00(12시간 30분)
교육내용 : 주방, 홀 업무 및 서비스 매뉴얼 교육

구분	일자	과정	세부내용
이론	1일	B사 이해하기	• 사훈, 경영이념, 회사소개
실습	1일	서비스 기초 향상	• 서비스의 기본 외식업 용어 정리
	1일	출입구	• 아침 조회 • 각 구역별 청소 · 관리 방법 숙지 • 출입구에서 고객접객 및 좌석안내 • 야간 대기고객 관리 방법 교육
	4일	홀 1	• 기본적인 고객접객 방법 및 주문요령 • 사용법 교육 • 상품에 따른 세팅 방법 및 서빙 교육 • 고객 수에 맞추어 반찬 담기 • 홀업무 실시 • 점포 내외부 관리요령 숙지 • 점포정리 및 준비과정 습득
	4일	홀 2	• T · C카운터 보조(업무의 영역 및 중요도) • 홀 마감 및 정리과정 교육 • 주방에 주문요령 숙지(순서별, 종류별)
	6일	주방	• 오전 준비과정(채소류, 햄류 재고관리) • 식자재 준비사항 확인 • 소시지 삶은 요령 및 슬라이스 보조 • 재고파악 방법 및 적정 사입량 교육 • 주방 영업마감 시 체크사항 중점 교육
	2일	점장교육 1	• 아침 조회 방법 파악 • 직원관리 방법 • 시간대별 점장업무 파악 • 고객접객 및 좌석안내(대기고객 관리) • 고객불만 대처법 교육 • 영업마감 시 점검사항 교육(매출정산)
	1일	카운터	• 환전금 준비 및 매출정산 요령 교육 • 고객 계산 시 접객방법 및 주의사항 교육
	1일	점장교육 2	• 오전 아침 조회 주관 • 5일, 6일 업무 반복 실습
	1일	점장교육 3	• 각종 필요 사착물 파악 · 교육마감

점포운영에 필요한 지식, 기능을 체계적으로 전달하기 위해 교육을 이론과 실습으로 나누어 실행하는데 〈표 9-1〉과 같이 이론을 3일, 실습을 3일하는 업종(가맹점 1,600개 오픈한 개점교육) 및 〈표 9-2〉와 같이 이론 3일, 실습 2주간(가맹점 10,000개 오픈한 개점교육)을 시행하는 업종 등 업종에 따라 전수해야 할 노하우 내용과 방식에 따라 다를 수 있다.

따라서 종업원을 잘 관리하는 방법, 판촉하는 방법, 고객관리 방법 등의 노하우를 습득하기 위해 별도의 방법으로 노력할 필요가 없다. 왜냐하면 체계적으로 구성되어 있는 가맹본부의 운영 매뉴얼에 따라 점주 교육훈련을 충실하게 습득하게 되면, 아무런 문제없이 성공적인 점포운영이 가능하기 때문이다.

교육훈련의 중요성

가맹본부로부터 전수받는 교육훈련의 중요성

성공하는 점포운영 기법, 즉 실패하지 않는 점포운영 방법이 점포운영 매뉴얼 속에 내재되어 있으므로 점주 교육훈련을 전수받는다는 것은 매우 중요한 의미를 갖는다고 했다.

먼저 이론지식을 습득해 기본 자격을 취득한 다음, 실기과정을 통과해야 최종적으로 운전면허증을 발급받아 자동차를 운전할 수 있는 것처럼 점주 교육훈련도 점포를 제대로 운영하기 위해 이수하는 중요한 과정인 셈이다. 무엇보다 이 과정은 가맹상담 및 가맹계약서 내용 등 본부 운영 시스템에 대해 검증하고 이해하는 단계라는 사실을 잊어서는 안 된다.

만약 가맹점사업자 교육 시 가맹상담 및 가맹계약 과정에서 가맹본부가 전달한 사업 시스템에 대해 가맹점사업자가 이해하고 있는 사업내용과 다른 점을 발견할 경우 가맹점사업자 입장에서 사업전개를 재검토하는 마지막 단계가 될 수 있으므로 통과의례로 생각하면 안 된다.

따라서 점주는 교육훈련을 별도가 아닌 점포운영과 직결시켜 생각해야 한다. 즉, 점주 교육훈련이 요식행위가 아니라는 것을 깨달아야 한다. 따라서 적극적인 자세로 임해 가맹본부가 전수하는 가맹점사업자 및 그 종업원에 대한 교육과 매장운영 및 판매 노하우에 대해 습득해야만 성공적인 점포운영을 할 수 있다.

한편 '3단계 가맹상담' 시 본부 직원의 가맹점 시스템에 대한 설명 내용 및 '7단계 가맹계약' 시 설명 내용, 그리고 가맹점사업자 교육훈련 시 설명 내용이 상이한 점은 없는지 꼭 확인해야 한다. 적어도 창업 프로세스 중에서 본부의 부실한 정보 전달로 인해 피해 보는 일을 개점 전 미리 방지할 수 있고, 또한 가맹상담 이전으로 되돌아갈 수 있는 시간적인 여유가 있기 때문이다. 점주 교육훈련 시 시작과 끝의 일관성을 눈여겨보는 자세가 필요하다.

무엇을 체크하고 주의해야 하나

가맹본부의 일관성을 체크하라

가맹상담 시 본부 직원이 설명한 내용과 계약서 체결 시 가맹계약서상의 내용이 불일치하는 경우가 자주 발생하고 있다. 물론 가맹계약서 체결 단계에서 비교 검증을 했다면 다행이지만, 만약 그리하지 못했다면 이 단계에 체크를 해야 한다.

또 가맹계약 시 설명한 가맹본부의 프랜차이즈 시스템 운용 설명 내용과 점주 교육훈련 시 설명하는 내용을 비교 검토해야 한다. 이때 가맹점사업자가 비교 검토하기 위해서는 반드시 '3단계 가맹상담' 내용과 '7단계 가맹계약' 체결 시 본부 직원이 설명한 가맹계약서 부연 설명 내용을 기록해두어야만 점주 교육훈련 시 비교 검토가 가능할 것이다.

가맹본부의 연간 점주 교육훈련 일정을 체크하라

일반적으로 가맹본부는 개점 전 며칠간 점주교육을 시행하고, 개점 후 개점지도 2~3일 시행 후에는 가맹점 경영지도가 거의 없는 경우가 현실이다. 그러나 가맹본부는 일정 기간마다 교육 프로그램을 통해 가맹점사업자에게 점포운영의 노하우를 전수해야만 하기 때문에 가맹점사업자는 가맹본부의 노하우 전달 방법을 꼼꼼하게 체크해야 한다.

분기, 반기, 연간 단위별로 점주 및 그 종업원에 대한 보수교육 계획, 교육이수에 따른 비용 분담 등에 대해 계약서 내용에 표기가 되어 있는지 체크해야 한다. 특히 외식업계의 경우 잦은 이직으로 인해 체계적인 현장교육 프로그램 이수 등을 통한 인력의 성장은 거의 기대할 수 없는 상태이므로 가맹점에서 신규 직원 채용 시 가맹본부 위탁교육이 필요하다. 사원 교육일정이 〈표 9-4〉와 같이 잘 짜여 있는지 꼼꼼하게 챙겨보아야 한다.

〈표 9-4〉 외식업체 B사의 연간 교육일정

구분	교육과정	시행일	비고
체인점	경영주 입문교육 신규 체인점 입문교육 체인점 신입직원 교육 총가맹점 교육 순회교육	매월 매월 매월 격월 수시	신규 가맹 매장 경영주 신규 가맹 매장 직원 요청하는 매장(방문교육)

운영 매뉴얼을 장식용 백과사전쯤으로 취급하지 마라

교육훈련을 받고 나면 바로 운영 매뉴얼을 복습해 그 내용을 내 것으로 만들어야 한다. 교육이 끝나자마자 바로 장식용 백과사전으로 취급하게 되면 성공적인 점포운영을 기대할 수 없다. 운영 매뉴얼 내용은 성공적으로 점포를 운영하기 위한 가맹본부의 노하우가 담겨져 있다.

모든 운영 매뉴얼 내용을 한 번의 교육으로 습득하기는 불가능하기 때문에 가맹점사업자는 교육훈련을 받고 나면 즉시 운영 매뉴얼을 복습해 그 내용을 자신의 것으로 만드는 것은 물론 창업 후에도 항상 참고하는 자세를 갖추어야 한다.

한곳에 집중하라

교육훈련이 진행되면 없던 일도 만들어 어떻게 하면 '교육훈련을 빼먹을 수 있을까' 하는 가맹점사업자들의 고민이 시작되고, 다음날이 되면 번갈아 1명씩 교육에 참가하는 점주들을 많이 볼 수 있다. 앞에서도 여러 번 강조했지만 이렇게 중요한 과정을 점주 스스로 묵살하여 망하는 지름길을 택해서는 안 된다. 하나라도 더 많은 내용을 습득하겠다는 적극성을 가지고 집중해야 한다.

개점준비와 개점

개점준비란 점포개발팀으로부터 입지·상권조사서 및 사업계획서를 인수받고 그것을 토대로 점포 레이아웃 확정 후 도면을 점포시설로부터 인수받아 개점작업을 진행, 완료 후 점포운영으로 인계하는 시점을 말한다.

점포 개점준비

점주 교육훈련이 끝나면 점포 오픈을 위한 개점준비와 개점 단계로 들어가게 된다. 필요한 제반사항의 준비 및 개점행사 주관, 초기 운영지도를 포함한 일련의 과정을 개점준비라고 한다.

또 단위 점포가 최종 소비자에게 상품 및 서비스를 제공할 수 있도록 점포를 공개하는 행위 또는 시점으로, 〈그림 10-1〉과 같이

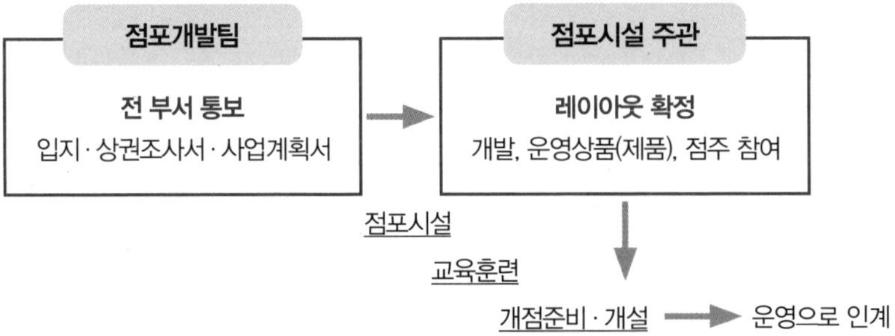

〈그림 10-1〉 개점 시점

나타낼 수 있다. 점포개발팀으로부터 입지·상권조사서 및 사업계획서를 인수받고 그것을 토대로 점포 레이아웃 확정 후 도면을 점포시설로부터 인수받아 개점작업을 진행, 완료 후 점포운영으로 인계하는 시점을 말한다.

개점 프로세스

〈그림 10-1〉과 같이 개점 시점은 점포시설에서 확정된 레이아웃을 기준으로 시설·인테리어 및 기계장비를 발주하는 '8단계 시설 및 기계·장비 계약'과 '9단계 점주 교육훈련' 과정이 약간의 시차를 두고 동시다발적으로 진행된다.

따라서 가맹점사업자가 교육을 받고 있을 경우 나머지 업무가 진행되어 교육기간 동안 참여하는 것이 쉽지 않으므로, 개점 단계별 내용에 대해 가맹점사업자가 숙지해야 할 내용과 체크하는 방법에 대해 중점적으로 알아보기로 한다.

먼저 개점 절차는 〈그림 10-2〉와 같다.

이 시기쯤 되면 가맹점사업자는 가맹본부에 사업계획서 외에 점 운영계획서를 요구해야 한다. 사업계획서는 점을 출점하기 위한 타당성 분석 위주로 작성되기 때문에 세부적인 점 운영 노하우를 함축하고 있지 못하다. 따라서 개점할 때 상품(제품)발주에서 인력 고용 시기 및 방법, 지역판촉 등 점 운영을 위한 세부적이고 구체적인 내용과 일정을 담은 점 운영계획서를 요구해야 한다.

구분	주관부서	협조부서
상품구성 메뉴구성	상품팀	개점팀
점 운영계획서 수립	개점팀	개발팀
초도상품, 판촉물 집기, 소도구 발주		상품팀 / 점포시설팀
검품 · 검수 · 진열		상품팀
개점 · 개점행사		전 부서
개점 후 지도		

〈그림 10-2〉 개점 절차(사례적)

개점 단계별 내용

상품구성

개발팀의 입지·상권조사서 및 개점팀의 세분 시장조사를 근거로 가맹본부는 상품을 구성한다. 도소매업에서는 고객이 구매할 목적을 둔 목적상품 → 고객의 호기심을 자극해 구매하게 하는 충동상품 → 계절별 출시되는 상품순으로 배치한다.

이때 충동상품은 목적구매 후 시선을 끌도록 배치하고 계절상품은 출입구 전면에 배치한다. 유리 스크린은 쇼윈도 역할을 하므로 컬러풀하게 장식해 점포의 존재를 충분히 호소할 수 있게 하며 사람들 눈에 잘 띄는 상품으로 구성한다.

상품의 노출 면적을 확대하고 방문객의 동선을 길게 하기 위해 핵심상품을 가능한 한 매장 구석 깊이 배치하는 원칙 등을 기준으로 상품을 구성한다. 외식업의 메뉴구성은 주메뉴와 보조메뉴를 선정해두고 주요 테마별, 계절별로 필요한 아이템을 구성해 고객 욕구에 대응한다.

상품(메뉴)구성 시 가맹점사업자도 참여해 의견을 제시하라

가맹점사업자가 개점 후 채 일주일도 지나지 않아 '이 상품은 진열 위치가 잘못되었고, 이 상품은 우리 점포에 맞지 않는다'는 등의 불만사항을 얘기할 수도 있으므로, 가맹본부의 의사결정과정에서 가맹점사업자의 의견도 반영시켜 적어도 3개월 정도 운영 후 상품의 위치 및 상품 종류(외식은 메뉴구성)에 대해 재구성하기 바란다.

점포운영 계획서

개발팀의 입지·상권조사서 및 개점팀의 세분 시장조사를 근거로 점 운영계획서를 작성한다.

이는 대상 점포의 향후 운영 방향을 결정해 점포이익에 직접적으로 영향을 미치는 계획서라고 할 수 있다. 대상 점포에 대해 점포개발팀에서 작성된 입지·상권조사 및 사업계획서를 근거로 경쟁 상황에 대한 세분 시장분석, 그에 따른 상품의 종류, 메뉴구성(외식의 경우) 및 가격 등을 결정하며, 점포의 정확한 투자·이익을 실현하기 위한 작업 스케줄을 수립해 점포운영의 방향을 제시해 주는 역할을 한다.

세부적인 개점 및 운영계획서 항목은 다음과 같다.

① 대상 점포의 입지·상권, 통행량, 경쟁상황 등의 물리적 조건을 기술하는 시장개요
② 대상 점포의 향후 운영방향 및 전략수립을 하는 운영계획
③ 상품구성 및 메뉴구성(외식의 경우)의 기본방향과 매출계획을 수립하는 상품계획
④ 점포의 존재를 널리 알리고, 지역고객에 대한 일시적인 서비스를 제공함으로써 초기 고정고객의 확보 및 좋은 점포 이미지를 정립하기 위한 개점 판촉행사
⑤ 사업계획서상의 실투자비용을 근거로 점포의 투자 및 손익계획을 수립하는 투자·손익계획
⑥ 가맹점용 비품 발주서에 의거 자본 및 개점 경비예산을 수립하는 소요예산 계획
⑦ 표준 작업계획에 의거 근무 로테이션표 및 인건비를 계산하는 인원계획
⑧ 개점준비 체크표를 기록하는 추진일정 등의 내용으로 구성

따라서 점 운영계획서가 제대로 작성되었는지 확인하고, 또한 점 운영계획서대로 잘 시행되고 있는지 확인하는 것도 게을리해

서는 안 된다. 계획을 위한 계획서가 되지 않도록 체크하는 것이 가맹점사업자의 창업 성공과 연관되기 때문이다.

초도상품(제품) 발주

적정 수량이 발주되어야 한다

가맹본부의 개점 담당자가 상품 및 메뉴(외식의 경우) 제조를 위한 원재료와 부자재를 발주하므로 초도상품에 대해 가맹점사업자는 적정 물량을 알 수가 없다. 필자의 경험으로 보면 초도물량이 3개월 이상 점포 창고 또는 냉장고에 잠겨 있는 경우가 비일비재한 것이 현실이다.

따라서 사후 조치가 중요하다. 대부분의 가맹계약서에는 초도상품 과대물량에 대한 '반품조항'이 없다. 그러므로 계약 시에 체크해 개점 후 일주일 내에 반품할 수 있는 근거를 마련해두어야 한다. 왜냐하면 바로 가맹점사업자의 돈이 낭비되기 때문이다.

검품·검수는 돈을 확인하는 것이다

발주한 초도상품의 수량 및 품질을 확인하는 일련의 작업으로서, 개점준비 시 가맹점사업자는 입고되는 상품 및 메뉴 제조(외식의 경우)에 필요한 원자재 및 부자재를 확인해야 한다. 또 입고 확인된 상품과 원자재 및 부자재 전표를 반드시 보관해 월말 결산 시 검토해야만 한다.

개점준비 시 경황이 없는 관계로 검품·검수를 직접 하지 않게 되면 입점된 상품 및 원재료, 부자재의 현황 파악이 어렵고, 전표 분실 우려가 있다. 그러므로 직접 확인하고 전표를 반드시 보관해야만 한다.

각종 인허가

가맹본부는 사업 개시·수행에 있어서의 제 허가 및 특정상품 취급에 대해 관할 또는 행정관서에 신청, 허가를 얻는 절차로서 원활한 사업 수행을 위해 허가대상 및 신고기한, 제출서류 등을 확실히 체크해 행정상의 불이익이 없도록 지도할 것이다. 그러므로 가맹본부의 안내사항을 성실히 이행하고, 단지 많은 인허가로 인해 서류제출 시 인감증명과 인감도장 날인 시에는 왜 어디에 사용되는지 확인하기 바란다.

주요 인허가 사례를 살펴보면 〈표 10-1〉과 같다.

〈표 10-1〉 주요 인허가 준비사항(서초구 기준)

인허가명	식품영업 영업신고 (자동판매기, 건강보조식품, 식품운반업 · 식품 등 수입판매, 기타 식품판매, 유통 전문업체, 식품소분업)
대상 · 목적	식품영업 허가를 신청하는 민원서류
구비서류	1. 식품영업 영업신고서 2. 교육필증 1부 3. 제조 · 가공하고자 하는 식품의 종류 및 제조 방법 설명서 1부 4. 시설 사용계약서 1부(식품운반업에 있어서 차고 또는 세차장을 임대할 경우) 5. 먹는 물 관리법에 의한 먹는 물 수질검사기관이 발행한 수질검사 성적서 1부 6. 액화석유가스 사용시설 완성검사 필증 1부 7. 소방 · 방화시설 완비증명서 1부(지하의 경우)
수수료	28,000원
처리 절차	민원서류 접수 → 서류 검토 → 신고증 교부(구청 민원여권과)
처리 기간	즉시

인허가명	유통관련업 (멀티 · 전용게임장, 노래연습장) 영업등록
대상 · 목적	유통관련업을 운영하고자 하는 경우에 신청하는 서류
구비서류	1. 유통관련업자 등록신청서 2. 영업시설 · 기구 및 설비개요서 3. 법인 등기부등본(법인인 경우에 한함) 4. 임대차계약서 사본(임차한 경우에 한함)
수수료	게임장업 20,000원, 노래연습장업 20,000원
처리 절차	민원서류 접수 → 현장조사 및 서류 검토 → 등록증 교부(구청 민원여권과)
처리 기간	3일
유의사항	〈학교보건법〉 적용, 정화조 용량 검토

인허가명	유흥주점업 허가 신청
대상 · 목적	유흥주점 영업을 신규로 허가받고자 하는 경우에 신청하는 민원서류
구비서류	1. 유흥주점 영업허가 신청서(신규) 2. 액화석유가스 사용시설 완성검사 필증 1부 3. 영업주 위생교육 필증 ※ 위생교육 실시기관 : 한국유흥음식업중앙회 주관 4. 소방 · 방화시설 완비증명서 1부 5. 학교환경 위생정화위원회 심의필증 6. 먹는 물 관리법에 의한 먹는 물 수질검사기관이 발행한 수질검사 성적서 1부
수수료	28,000원
처리 절차	민원서류 접수 → 현장조사 및 서류검토 → 허가증 교부(구청 민원여권과)
처리 기간	3일
유의사항	도시계획상의 지역구분은 상업지역, 건축물의 용도는 위락시설에 한함.

인허가명	식품접객업(휴게 · 일반 · 단란 · 유흥) 지위승계(명의변경)
대상 · 목적	식품접객업 영업을 명의 변경하고자 하는 경우에 신청하는 민원서류
구비서류	1. 영업자 지위 승계 신고서 2. 양도양수서(양도자는 반드시 인감도장 날인, 양수자는 일반도장) 3. 양도자 인감증명서 1통 4. 양수자 위생교육필증 5. 구 허가신고증 반납
수수료	9,300원
처리 절차	세무2과 체납확인(2층) → 위생과 행정처분 사항 조회(8층) → 민원서류 접수(민원여권과) → 위생과 처리 → 허가신고증 교부(구청 민원여권과)
처리 기간	즉시
유의사항	최근 1년 이내의 행정처분 사항은 양수자에게 승계되어 같은 위반사항으로 적발 시에는 가중처분됨.

인허가명	사업등록증 신청
대상 · 목적	사업을 시작하는 경우에는 규모나 업종에 관계없이 세무서에 신청하고 사업자등록증을 발급받아야 한다. 사업자등록을 하면 사업자등록번호가 나오는데 이 번호는 모든 상거래에 있어서 그 사업체를 표시하며 거래 시마다 사용되는 고유번호이다.
구비서류	1. 사업자등록 신청서 2부(세무서 민원봉사실에 비치) 2. 개인 주민등록등본 2부, 법인 법인등기부등본 1부 3. 사업허가증 사본 1부 4. 전세 임대차계약서 사본 1부 5. 법인설립 등기 전이나 사업허가 전에 등록을 할 때는 법인설립을 위한 발기인의 주민등록등본 또는 사업허가신청서 사본이나 사업계획서를 첨부
처리 절차 · 기간	사업자등록은 사업을 시작한 날로부터 20일 이내에 구비서류를 갖추어서 관할 세무서 민원봉사실에 신청하면 된다. 과세특례자와 제조 · 도매업을 제외한 일반과세자는 민원봉사실 컴퓨터를 이용해 즉시 발급받고, 수동발급 대상인 경우에는 발급일시를 기재한 접수증을 발급받은 납세자가 예정된 발급일시에 민원봉사실에서 사업자등록증을 받을 수 있다. 이 경우 처리기한은 7일이다. 그러나 사업자가 사업을 개시하기에 앞서 상품을 구입하거나 시설투자를 하고자 하는 경우 매입 시 부담한 부가가치세를 돌려받으려면 사업을 개시하기 전에 사업자등록을 할 수 있다. 이 경우 미리 사업자등록을 해서 매입 세금계산서를 교부받는 것이 유리하다. 사업개시 전에 사업자등록을 했지만 사실상 사업을 시작하지 않게 된 경우에는 지체 없이 관할 세무서에 폐업신고를 해야 한다.

개점행사

개점행사는 점포의 존재를 널리 알리고, 지역고객에 대한 일시적인 서비스를 제공함으로써 초기 고정 고객의 확보 및 좋은 점포 이미지를 정립하고자 실시한다. 따라서 점포운영 계획 수립 시 개점행사 내용에 대해 언급하므로 가맹점사업자는 가맹본부의 지원

사항, 즉 가맹계약 시 약속한 지원사항이 올바르게 지원되는지 확인하기 바란다.

개점 판촉행사의 흐름도는 행사 타당성 분석 → 행사 가능 아이템 선정 → 행사일자·기간·방법 결정 → 행사품 입점 → 행사 실시 단계로 진행된다.

행사진행 내용으로는 첫 번째, 증정품을 주는 방식이 있는데 증정품에는 일정 금액 이상 구매고객에게 구매충동을 일으킬 수 있는 상품을 덤으로 주는 방식을 말한다. 두 번째, 주 고객이 선호하는 상품을 선정해 개점행사 기간 동안 세일을 하는 방법과 세 번째, 공연·풍선 증정·화합놀이 등 고객의 구매욕구를 자극해 개점행사 목적에 부합한 개점 판촉행사를 가맹본부가 가맹본부의 운영 콘셉트에 맞게 기획하고 진행한다.

개점 후 개점지도

혹자들은 점포개점이 중요하다고 한다. 그러나 개점 그 자체가 중요한 의미가 있는 것이 아니라 개점 후 점포가 고객들에 의해 변화해가는 상황 판단과 그것에 따른 대응력이 더 중요하다고 볼 수 있다. 개점일을 전후해 일주일 동안은 고객 구매력이 최고치 매출로 이어지다가 〈그림 10-3〉과 같이 매출이 급감하는 상황이 발

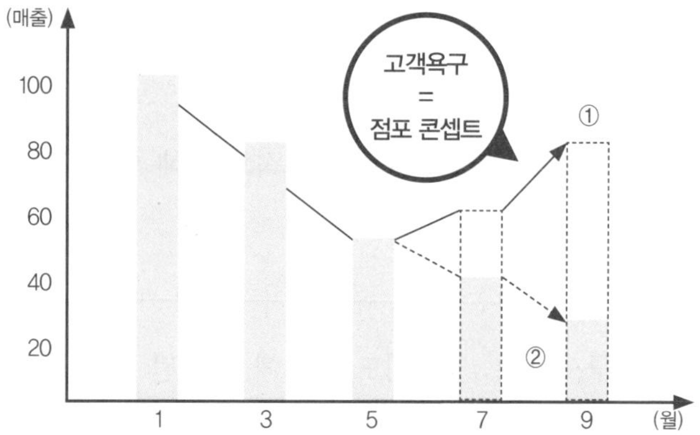

〈그림 10-3〉 개점 후 매출 흐름도

생하게 된다.

매출이 ②번 상황으로 전개되는 것을 방지하고 ①번 곡선처럼 상승하는 매출을 유지하기 위해서는 가맹본부의 개점 후 지도와 그에 따른 본부의 체계적인 지원 노하우가 필요하다. 이처럼 점 운영 시스템이 불안정할 때 점 매출을 ①번 곡선처럼 지속적으로 유지한다는 것은 매우 어려운 일이다.

따라서 화살표 지점에서 고객욕구와 점포운영 콘셉트가 일치할 경우는 매출이 ①번 곡선을 따라갈 것이며, 그렇지 못할 경우 고객 이탈현상이 발생해 매출이 ②번 곡선을 따라갈 것이다.

가맹본부는 점 매출을 ①번 곡선처럼 유지하기 위하여 '9단계 점주 교육훈련' 〈표 9-1〉, 〈표 9-2〉, 〈표 9-3〉의 가맹점 교육일정을 기본으로 개점지도 계획표를 작성해 그 내용에 따라 항목별 교육을 실시한다. 또 운영 매뉴얼에서 정한 원칙 교육과 일회성, 지속성 내용을 구분한 교육, 해당일 항목을 미실시한 경우 개점일지에 기록한 후, 익일 반드시 재교육시키는 내용으로 개점 후 짧게는 일주일에서 한 달간 장기간 개점 경영지도를 해 점 운영을 정상화시키고자 노력해야 한다.

이 시점에 가맹본부는 운영 슈퍼바이저에게 개점 시 접수된 고객불만과 요구사항 및 개점지도 일지에 기록된 가맹점사업자 요구사항과 점 경영지도에 관한 사항을 인수인계받도록 해 지속적인 경영지도를 통한 점 관리를 정책적으로 결정하게 된다.

개점 시 주의사항

개점준비 단계는 이제 창업 7부능선을 넘어가는 시점이다. 그러나 이 단계에서 가맹점사업자가 마치 제3자처럼 '가맹본부가 가맹비를 받았으니까 알아서 개점해주겠지' 하는 안일한 수동적인 자세를 취한다면 창업 실패의 가장 큰 요인이 될 수 있다.

거듭 말하지만 가맹점을 한다고 해서 가맹본부가 모든 것을 알아서 척척 해준다는 기대는 갖지 말아야 한다. 왜냐하면 사업 자체는 바로 '가맹점사업자'들의 사업이지 '가맹본부'의 사업이 아니기 때문이다.

프랜차이즈 패키지 시스템이 완숙 단계에 접어들게 되면 그때 비로소 가맹본부가 척척 알아서 5단계 입지·상권조사에서 10단계 개점까지 다 해주는 'turn key system'이란 서비스를 제공할 것이다. 이때는 신규점 오픈 당일 날 금고 열쇠와 정문 출입문 열쇠만 가맹본부로부터 받아 영업할 수 있다.

또 가맹점사업자는 다음 사항을 잊지 말아야 한다.

① 상품구성 시 반드시 참여해야 하며, 작성된 개점 운영계획서에 따라 진행단계 체크를 잊지 말아야 한다.

② 또 상품 및 원재료와 부자재 입고 시 전표에 사인하고 잘 보관해두어야 한다. 전표는 바로 돈이라는 생각을 가져야 한다. 개점준비 중에는 체계적인 서류 정리가 불가능하기 때문에 전표 분실 시 가맹본부가 초도상품 및 원부자재 대금 청구 시 대조가 불가능하기 때문이다.

③ 집기·장비 입점 품목을 검수하는 것은 가맹점사업자 입장에서도 좋고, 가맹본부 입장에서도 좋은 일이다. 서로가 명확하게 서류로 근거를 남겨두어 책임 한계를 구분하는 것이다. 명확한 구분을 하지 않으면 책임 한계가 불분명해 분쟁의 소지가 되곤 한다.

④ 본부 지원사항을 체크해야 한다. 가맹상담 시 이런저런 지원을 해준다고 했는데 막상 개점 당일 지원 내용이 일부만 진행되는 경우가 있기 때문이다.

11단계

지속운영

옛 속담에 "구슬이 서 말이라도 꿰어야 보배다"라는 말이 있다. 아무리 훌륭한 프랜차이즈 패키지 시스템을 보유한 본부가 경영 노하우를 지원한다 해도 가맹점사업자 스스로 이행하려는 마음가짐이 없다면 결국 성공할 수 없다.

점포운영 구조분석

가맹점사업자가 점포를 운영한다는 것은 〈그림 11-1〉과 같이 본부에서 점포운영, 상품, 기타관리 지원을 받아 프랜차이즈 본부의 경영지도 요원을 매개로 교육훈련 시 체득한 점포운영 매뉴얼에 의거해 노하우를 실행하는 것을 말한다.

가맹점사업자와 프랜차이즈 본부를 원활하게 연결해주는 경영지도 요원의 역할에 대한 중요성을 〈그림 11-1〉 점포구조 형태에서 알 수 있듯이 이들은 프랜차이즈 사업의 우열을 좌우하는 핵심요소이다.

경영지도 요원들은 프랜차이즈 시스템을 점포에 실현하는 본부의 대표자이다. 또한 본부와 가맹점의 공감대는 점포 이익에서 출발하므로 이익의 창조자인 동시에 소비자 욕구와 효율경영을 향한 혁신으로 차별화를 도모하는 혁신자들이다. '프랜차이즈 본부가 가맹점을 과학적인 방법으로 지도해준다'는 것은 바로 이들과 같이 잘 훈련된 경영지도 요원들이 있기 때문에 가능하다.

그러므로 이들은 끊임없는 교육을 통해 프랜차이즈 본부의 영업 및 관리 측면 등의 전문적인 지식을 습득하고 가맹점에 경영지도할 수 있는 능력을 배양해 본부가 가지고 있는 노하우를 살려서 지원하는 역할을 담당하고 있다.

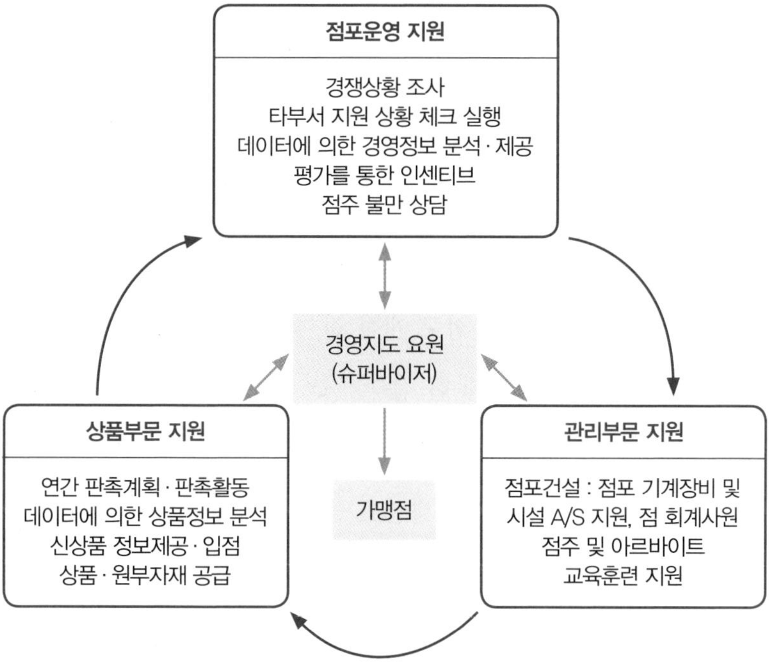

〈그림 11-1〉 가맹점사업자 점포운영 구조 형태

점포운영 어떻게 해야 하나

기초가 튼튼해야 창업 성공한다

점포를 개점하게 되면 '이제 운영을 어떻게 해야 하나' 하고 고민하게 된다. 일반적으로 점포 개점 전 창업준비 과정을 충실하게 준비한 점주보다 그렇지 못한 점주가 더 많은 고민과 걱정이 앞서게 된다.

따라서 가맹점사업자가 단계별로 꼼꼼히 창업을 준비했다면 점포 개점 전에 이미 절반 이상은 성공 창업을 했다고 생각해도 좋을 것이다. 그것은 개점준비 과정, 즉 〈그림 11-2〉의 단계별 창업과정과 같이 기초를 단계별로 튼튼하게 쌓았기 때문이다.

〈그림 11-2〉와 같이 단계별 창업과정을 진행하는 동안 조금씩 중복되는 부분이 있다. 그렇다고 해서 여러 단계를 한꺼번에 진행

해도 좋다는 이야기는 아니다.

필자의 경험으로 보면 가맹점을 개설해줄 때 예비 가맹점사업자들의 여러 가지 오류들을 발견할 때가 있는데 그중에서 몇 가지 예를 들어보겠다.

첫 번째, 정보수집을 통한 분석된 정보 없이 프랜차이즈 본부를 상대로 가맹점을 개설하려고 한다. 즉, 창업을 준비하는 대부분의

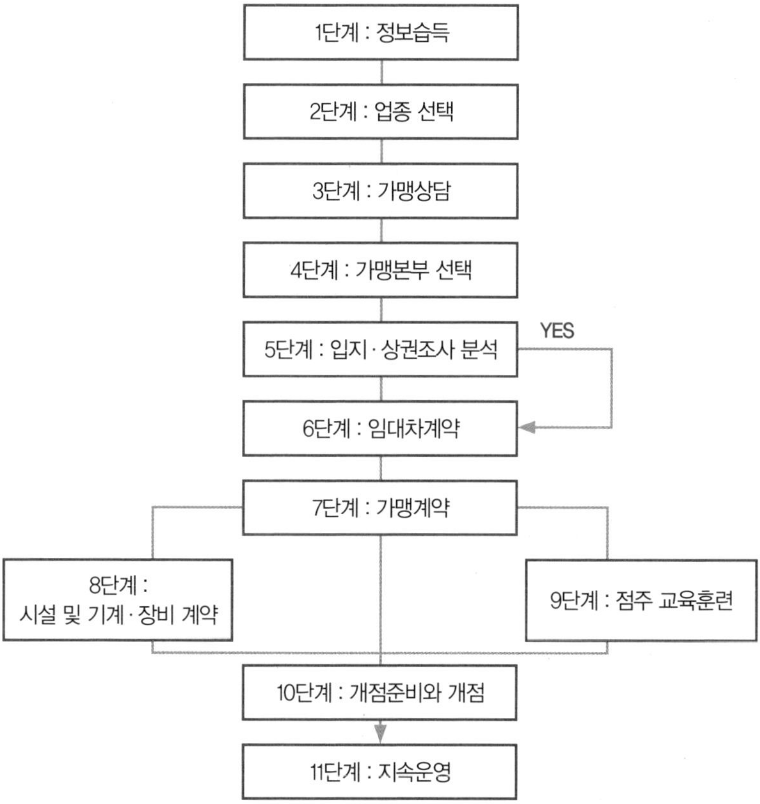

〈그림 11-2〉 단계별 창업과정

예비 가맹점사업자들이 정보습득 과정 없이 가맹상담을 한 후 업종을 선택하는 경향을 보인다는 점이다. 물론 정보습득이 어렵기 때문에 오히려 이 방법이 더 나을 것 같지만 프랜차이즈 본부가 제공하는 정보의 폐쇄성을 고려한다면 오히려 가맹점사업자 스스로 습득한 정보들이 창업준비에 더 도움이 된다는 점을 알아야 한다.

두 번째, 1단계 정보습득에서 바로 4단계 가맹본부 선택으로 건너뛰면 안 된다. 숨이 차서 넘어지면 점주만 손해이기 때문이다.

창업준비 과정 중 단계별 내용 준비는 수험생이 수능시험을 준비하는 자세와 같이 세밀하게 정보를 습득하고 분석해야 할 필요성이 있으나 대부분 TV, 인터넷, 라디오, 신문, 잡지, 소셜미디어와 같은 2차정보 및 창업서적, 정확한 정보력이 없는 창업 컨설팅 업체들이 가공해 전달하는 3차정보를 더 소중하게 취급하고 있는 실정이다.

어떻게 보면 우리나라 프랜차이즈 시장 여건을 고려할 때 자녀들이 수능시험을 준비해 대학에 들어가는 것보다 창업에서 성공할 수 있는 확률이 두세 배 더 어려운 것이 현실이다.

이처럼 창업절차에 따라 창업준비를 할 경우 여러 가지 어려움 가운데 하나가 '정확한 정보습득이 어렵다'는 점이다. 또 단계별로 진행하는 절차, 요주의 사항, 대처하는 방법 등을 제시했지만 현실과 다소 차이가 있을 수 있다.

그러나 분명한 사실은 조금 늦게 창업시기를 조절하는 한이 있더라도 보다 정확한 정보습득 과정을 밟아야만 창업 성공의 가능성이 높다는 점이다. 쉽게 창업하면 쉽게 망할 수밖에 없는 프랜차이즈 현실을 감안하다면 프로세스별 단계에 따라 꼼꼼한 창업준비를 해야만 한다.

창업 프로세스 1단계에서 10단계까지의 내용들은 창업 전체 과정 중 그 중요도를 따진다면 70% 이상을 차지하므로 개점 전 기초 준비단계의 중요성은 몇 번 강조해도 지나침이 없다.

개점 후 점포운영

나도 모르게 점포운영 기초가 쌓여간다

가맹본부의 노력에 의해 이론과 실습으로 되어 있는 가맹점 교육 및 개점지도를 받는 경우와 운영 시 슈퍼바이저의 경영지도에 따라 점포운영에 대한 기초 노하우를 점주가 자연스럽게 습득할 수 있도록 시스템이 준비되어 있다.

따라서 개점 후 점포의 매출을 올리고 이익창출을 극대화하기 위해서는 〈그림 11-3〉 점포운영 기초습득 과정에서 습득한 지식을 제대로 이행해야 한다.

그러므로 본부의 운영 노하우를 꿰고 있는 집결체인 슈퍼바이저는 가맹점 교육 시 체득한 이론과 실무 중심에 대한 내용과 개점

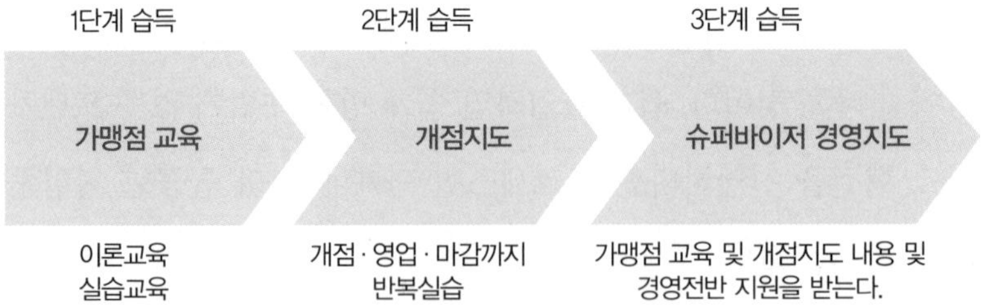

〈그림 11-3〉 점포운영 기초습득 과정

지도 시 개점담당이 파악한 가맹점사업자의 강점, 약점에 대한 정보를 기초로 가맹점 경영지원에 대한 계획을 수립해 단계별로 진행하게 된다.

점주 교육훈련 시 체득한 점포운영 매뉴얼대로 이행한다

점포관리가 소홀해지면 곧바로 매출이 떨어지게 된다. 즉, 규정된 점포운영 매뉴얼대로 가맹점이 이행하지 않을 경우 매출 및 이익은 결코 올라가지 않는다. 오랜 장사 경험이 있는 가맹점사업자는 본인의 경험을 맹신함으로써 과거 습관을 고집해 프랜차이즈 시스템을 활용하지 않는 경우가 있다. 이러한 가맹점사업자도 본인 의지만큼 매출이 올라가지 않을 것이다.

따라서 적극적인 점포운영 매뉴얼 이행만이 매출실적을 올려준다는 사실을 반드시 이해하고 숙지하기 바란다. 이 운영 매뉴얼을 장식을 위한 백과사전처럼 취급하면 겉으로는 허울 좋은 '사장님'으로 대우받을 수 있지만, 안으로는 이익창출이 없는 속 빈 점포를 경영하는 결과를 맞이하게 될 것이다.

가맹점사업자 교육 시에 익히고 습득한 내용으로 매출 우량점의 기본 구성요소인 점포운영 매뉴얼의 구성요소를 9단계 〈표 9-1〉, 〈표 9-2〉, 〈표 9-3〉 가맹점사업자 교육 일정표에서 살펴보면 접객 서비스(고객 응대), 청결관리, 상품 종류 및 특징 파악, 상품관리, 상품판매 기술, 상품별 제조 방법, 발주관리, 재고관리, 점포 기기관리, 안전관리, 점인사관리, 작업관리, 점마케팅, 점 회계관리, 주방관리 등의 항목으로 업종 형태별 점포운영 전반의 내용을 세밀하게 구성해놓았다.

운영 매뉴얼 구성요소들은 점포운영력에 커다란 영향을 끼치는 요소들로서 그중에서도 소매업 운영의 기초는 접객에 있다. 매일 손님을 맞이하는 데에서 점포의 기쁨이 있는 것과 같이 주고받는 친절한 서비스, 즉 가족처럼 대하는 접객 응대는 점포운영력을 결정짓는 중요한 항목이다.

또 동네에서 가장 신뢰받는 점포가 되기 위해서는 철저한 상품관리, 청결 및 정리정돈 항목이 중요한 요소이기 때문에 운영 매뉴얼대로 이행해야 한다. 특히 강조된 항목은 더욱 세심한 노력을 기울여야 할 필요성이 있다.

경영컨설턴트인 슈퍼바이저를 활용하는 점포경영을 이행해야 한다

본부의 경영지도 요원을 괴롭게 만들라는 것은 그들을 채근과

감정이 섞인 불만을 토로하는 대상자가 아닌 점포운영에 대한 조언자로서 활용하라는 의미다. 즉, 점포를 활성화해 매출을 상승시킬 수 있는 내용들에 대해 그들에게 협조를 구하고, 그에 따른 경영지도를 받아 점포운영에 반영할 수 있는 방향으로 괴롭게 만들라는 것이다.

이들의 임무는 〈그림 11-1〉 가맹점사업자 점포운영 구조 형태에서도 알 수 있듯이 '본부 노하우의 집결체'로 오직 가맹점을 위해 존재하는 직분이라고 보면 된다. 그래서 가맹점사업자들은 이들의 실체를 알아야 할 필요성이 있다.

슈퍼바이저는 가맹본부와 가맹점포가 마음으로부터 같이 움직일 수 있는 분위기를 만들고 가맹본부와 각 점포가 함께 양호한 이익을 얻을 수 있는 조건을 만들기 때문에 체인 간 우열을 좌우하는 중요한 역할과 기능을 〈그림 11-4〉와 같이 수행하고 있다.

슈퍼바이저의 6가지 주요 기능은 체인 간 우열을 좌우하는 중요요소이므로 가맹점사업자 입장에서는 그 기능을 십분 이해해 받아들이고 응용할 수 있는 능력이 우량점을 쉽게 만들 수 있는 지름길이라고 생각하면 된다. 이러한 기능을 상실한 가맹본부 슈퍼바이저는 대리점 수금사원에 지나지 않는다.

슈퍼바이저가 대리점 수금사원으로 전락하게 되면 가맹점사업자는 슈퍼바이저가 필요 없다고 생각할 것이고, 그때부터 서로 껄끄러운 상대가 되는 것이다. 이렇게 되면 가맹점사업자가 많은 손

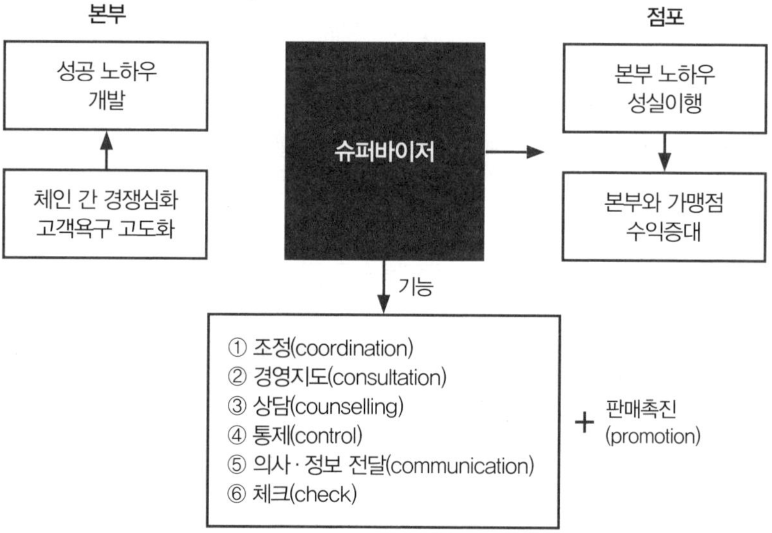

〈그림 11-4〉 체인의 우열을 좌우하는 슈퍼바이저의 중요성과 기능(6C+1P)

출처 : 서민교, 《프랜차이즈 경영론》, 벼리커뮤니케이션, 219쪽

해를 보게 된다. 따라서 가맹점사업자는 슈퍼바이저의 6가지 주요 기능이 체인 간 우열을 좌우할 수 있다는 중요성을 반드시 인식해야 한다.

첫 번째, 조정(coordination) 기능은 본부 및 외부 지원 기능의 통합 지원 및 일정관리와 점포 자원의 수평조합을 뜻한다. 이것을 도식으로 설명하면 〈그림 11-5〉와 같다.

두 번째, 경영지도(consultation)는 넓은 시야에서의 맨투맨 방식의 면밀한 경영 진단 및 지도로 점포의 좁은 시야를 극복하고 투하자본에 대한 만족한 성과를 도출하는 기능을 가지고 있다. 경영

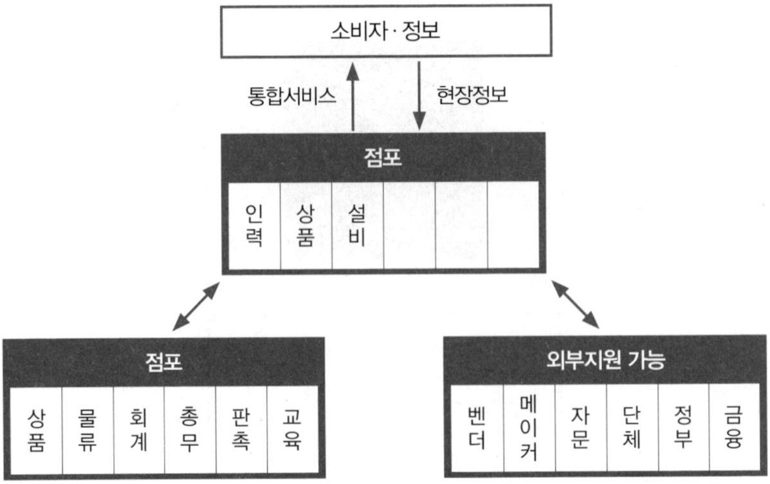

〈그림 11-5〉 슈퍼바이저의 조정 기능

지도 주요 내용으로는 가맹본부의 경영철학을 지도하고 노하우와 시스템을 원활히 운영할 수 있도록 지도해 가맹점포가 지속적으로 발전해나갈 수 있도록 하는 것이다.

또 작업표준의 습관화와 신입직원 및 점주에 대한 전수 교육의 체계를 구축하고 표준 미달 점포의 철저한 훈련과 운영 매뉴얼의 지속적인 훈련을 지도한다. 이외에도 경쟁점 진출 가능성을 항상 염두에 두고 출현 전 시장 동향, 경쟁사 동향, 향후 시나리오 등을 자료화해 대비하는 노력도 한다.

또 개점 후 상권변화 조사를 지속적으로 시행해 점주에게 동향을 알려주는 역할도 한다. 의외로 가맹점사업자는 자기 업종 분야 시장 동향을 모르는 경우가 많이 있다. 이런 활동은 가맹점의 이익을 창조하고 부진점을 방지하기 위한 노력이므로 가맹점사업자 입장에서는 슈퍼바이저가 생명의 은인이라 해도 과언이 아니다.

세 번째, 상담(counselling) 기능은 '인간'을 상대하는 일이므로 점포운영에 장애가 되는 개인적 고민의 조언 또는 성의 있는 공감대 형성을 통해 의욕을 진작시킨다.

네 번째, 통제(control) 기능이 있다. 기술적 의미로 가맹본부 노하우의 충실한 실천 및 시스템 유지가 있으며, 법률적 의미로는 분쟁의 사전예방 차원에서 가맹계약의 준수 여부 감독기능을 수행한다(시스템 유지를 위한 평가 인센티브 내용 삽입).

다섯 번째, 의사·정보 전달(communication) 기능으로 가맹본부의 의지와 점포 요청의 전달체계 확립으로 가맹본부와 가맹점 간의 교량역할을 한다. 그 수단으로 문서, 매뉴얼, 회의, 교육, 세미나, 면담, 전화를 이용하며, 가맹본부와 가맹점사업자는 복장·태도, 사용하는 말의 선택 등에 있어서 성의 있게 행동해야 한다.

여섯 번째, 체크(check) 기능으로 가맹점사업자가 점포운영 외 현상을 파악해주고 대안으로 매출을 활성화시키는 도구로 사용해야 한다.

슈퍼바이저에게는 이러한 다양한 역할이 있으므로 가맹점사업자 입장에서는 그를 일개 수금사원으로 전락시키기보다는 십분 활용할 가치가 높다고 판단해야 한다. 다른 한편으로 생각하면 가맹점을 하지 않았다고 가정하면 이 모든 일들이 개인 창업주 스스로 해결해야 할 문제이니 정말 힘든 점포사업이 아닐 수 없다.

상호 가맹계약 시 약속한 가맹계약서 내용을 이행한다

가맹점사업자들이 점포를 개점해 점포를 운영하는 동안 프랜차이즈 본부의 우월적 지위 남용으로 계약 불이행 사태가 발생하여 애로사항을 느끼게 되는 경우가 있다.

가맹점사업자 또한 프랜차이즈 본부의 정책을 따르지 않는 쌍방 간의 모순점을 가지고 있다. 따라서 '7단계 가맹계약'에서 이미 이런 애로사항은 본부와 협의되어 가맹계약서가 체결되어야 하고, 그에 따라 약속한 사실을 이행하는 것이 프랜차이즈 시스템의 계약 관계이고 또한 유지하는 길이라고 언급한 바 있다. 이의 조정은 슈퍼바이저의 네 번째 통제 기능이 그 역할을 하고 있는 것이다.

프랜차이즈 본부가 우월적인 지위를 가지고 있기 때문에 애로사항을 계약서에 삽입한다는 것이 다소 어려움이 있겠지만 〈표 11-1〉 점포운영 시 점주의 애로사항 정도의 가맹점사업자 애로사항을 '3단계 가맹상담' 시나 '4단계 가맹본부 선택'의 중요한 잣대로 삼는 것도 고려해볼 만한 사항이다.

왜냐하면 모든 자본금 투자 후의 사업 실패는 점주만의 손해가 되는 것이지 프랜차이즈 시장 현실로 보아 본부는 큰 손실이 없다. 즉, 프랜차이즈 본부는 금전적으로 손해 볼 일이 없다는 것이다.

편의점 B사의 사례인 〈표 11-1〉의 결과를 보면 점주가 애로사

〈표 11-1〉 점포운영 시 점주의 애로사항

구분	항목	응답자수	비율(%)
상품	상품(제품)거래처 지정	9	3
	상품(메뉴)의 지정	13	4
	가격의 통제	6	2
	원·매가의 일방적인 변경	10	3
	소모품의 원·매가의 변경	6	2
	반품처리	10	3
	상품 및 소모품의 오·미송	16	5
	대금결제 조건	6	2
지원	시설 및 기계·장비 A/S	45	14
	점주 재교육훈련 미비	26	8
	판촉행사의 미비	13	4
개발	본부 및 경쟁사 근거리 출점	29	9
운영	아르바이트 채용 관리	13	4
	경영지도 요원 경영지도 미비	38	12
	매출액 감소	80	25
계		320	100

항으로 느낀 점은 가맹계약서 체결 시 가맹계약서에서 제외된 내용들이라는 것을 알 수가 있다. 역설적으로 점주가 애로사항을 느끼지만 프랜차이즈 본부는 처리 능력이 부족하므로 계약서 설계 시 제외시킬 수 있다.

〈표 11-1〉과 같은 애로사항을 세부적으로 '어떻게 처리해주고, 손해를 끼친 점에 대해 본부는 가맹점사업자에게 어떻게 배상하겠다'는 구체적인 내용을 정보공개서 형태로 요구해야 할 것이다.

필자도 19년간 가맹사업을 하는 동안과 17년간 컨설팅을 하면서 이것을 적용하는 프랜차이즈 본부를 접해보지 못했지만 지금의 프랜차이즈 현실은 많은 변화를 거듭하고 있다. 따라서 7단계의 가맹계약서 조항별 점주 대응 방법과 같이 대응 방안에 대해 가맹계약서 체결 시 세부사항 설명을 정보공개 요청서 형태로 받아두는 게 분쟁 시 가맹점사업자에게 유리할 수 있다.

〈표 11-1〉에서 표면적으로 매출액 감소 부분이 점포운영의 가장 큰 애로사항으로 나타나지만 이런 현상은 상품, 지원, 개발, 운영지도에 대한 노하우가 모두 반영된 결과치로 볼 수 있다. 즉, 매출액 감소에 대한 애로사항이 25%의 결과치를 나타낸다고 해서 나머지 75%가 가맹점사업자에게 그다지 문제가 안 된다는 뜻은 결코 아니다. 단지 애로사항이 매출과 연관된다는 사실을 인지하지 못하고, 불편하게 느끼는 애로사항이 피부 가깝게 느껴지므로 상대적으로 적게 나타날 뿐이다.

따라서 가맹점사업자가 〈표 11-1〉과 같이 애로사항을 느낄 때 본부에서 대처하지 않거나, 불성실하게 대응하게 되면 바로 이 시점에서 가맹본부와 가맹점사업자 간에 분쟁이 발생하게 된다. 분쟁 발생이 심화되면 가맹계약은 존속되기 어렵다.

따라서 분쟁이 심화되기 전에 가맹점사업자는 사전예방에 중점을 두고 애로사항에 대해 프랜차이즈 본부와 협의점을 잘 찾아야 할 것이다.

가맹본부의 마케팅 정책을 활용하라

가맹본부는 연간 마케팅 계획을 수립해 월 단위 또는 분기별 마케팅 활동을 전개하게 된다. 그때 방관자가 되면 가맹본부에 가맹점으로 가맹한 목적이 없어진다. 자영점이 혼자서 쉽게 할 수 없는 기획력을 뒷받침으로 목표와 전략을 수립해 〈사례 1〉 B 외식업체 2020년 하반기 마케팅 전략과 같이 적극적인 자세로 마케팅에 임해 매출 증대에 노력해야 할 것이다.

물론 슈퍼바이저가 방문해 전략을 강하게 시행하겠지만 마케팅 활동에서 대충이란 있을 수 없다. 〈사례 2〉는 가맹본부 마케팅 시행계획에 따라 가맹점에서 시행 후 매출에 대한 변화 및 그에 따른 평가내용을 제시한 것이다.

사례 1 B 외식업체 2020년 하반기 마케팅 전략

- **목표 :** 지속적인 매출증가 및 인지도 확산
  1. 신문광고 및 홍보활동 강화
  2. 할인 프로모션 행사 강화
- **전략 :** 경쟁사와 대등한 지원(메뉴, 시스템)구축
  1. 스낵류 신상품 출시로 다양한 메뉴 강화
  2. 양질의 상품 할인 프로모션으로 매출 증대
  3. on-off의 전략적 제휴로 user base 확대
  4. 기존 고객 로열티 강화

• **프로모션 사례(월 단위)**

1. 목표 : 버거 재론칭으로 인지도 극대화 및 매출 증대

2. 전략 : ① 경쟁사들의 가격할인 대응

→ 30% 할인으로 가격경쟁력 강화

2. 전략 : ② 재포지셔닝으로 소비자 인식상의 차별 강화

3. 실행 방법 : ① 론칭 시기 : 2020년 10월 2일 ~ 11월 2일까지

3. 실행 방법 : ② 대상매장 : 전 가맹점

3. 실행 방법 : ③ 소구 대상 : 20대 여성(40%)

3. 실행 방법 : ④ 론칭 콘셉트 : 크고 신선한 ○○버거 한 달간 특별한 할인 가격에 만나보세요.

3. 실행 방법 : ⑤ 커뮤니케이션 : 매장 내외부 POP, 판촉 전단지 배포, 온라인 홍보

사례 2 L 외식업체 압구정점 홍길동 점주 마케팅 활동 사례

주중 점심시간대 직장인 고객유치 | 압구정점 홍길동

• **배경**

압구정점은 2019년 7월 오픈한 매장으로, 주말에는 인근 아파트 지역의 가족 고객이 주고객층이며 주중에는 회사원과 학생이 많다. 압구정점은 주중 직장인 고객의 이용을 늘리기 위해 Happy Day Set를 홍보하기로 하고 소형 휴대폰충전기를 배포하는 점마케팅을 실시키로 했다.

• **목표** : Happy Day Set 홍보를 통해 주중 점심시간대의 식사고객을 증대

• **행사 기간 :** 2020. 7. 17 ~ 소진 시까지

• **행사 방법**

① 직장에서 많이 사용하고 눈에 잘 띄는 소형 휴대폰충전기를 판촉물로 결정하고 1,000개를 제작했다.

② 소형 휴대폰충전기에는 Happy Day Set를 홍보하고 배달주문을 위한 매장 전화번호도 함께 홍보했다.

③ 판촉물의 배포는 주로 점심시간에 걸어서 올 수 있는 지역의 사무실에 증정했다.

④ 소형 휴대폰충전기 점마케팅은 압구정점뿐만 아니라 영업환경이 유사한 양재점, 삼성점, 대치점, 잠원점의 5개점에서 시행되었다.

• **운영 및 고객반응**

부서별 간단한 점심식사, 회식 비용에 부담을 느낀 직장인들이 HHappy Day Set에 좋은 반응을 보였다.

• **매출분석**

압구정점의 소형 휴대폰충전기 점마케팅 행사가 매출에 어떻게 영향을 미쳤는지 알아보기 위해 식사 매출의 고객수와 객단가를 점마케팅 행사실시 전 2개월(2020년 5~6월)과 행사실시 후 2개월(2020년 7~8월)로 비교했으며, 서울지역 매장 중 일부 매장을 제외한 28개 매장의 평균과 비교했다. 단, 서울지역 매장 중 서울대점, 건대점, 종로3가점, 명동역점 등 4개 점과 압구정점과 함께 소형 휴대폰충전기 점마케팅을 실시한 양재점, 삼성점, 대치점, 잠원점 등 8개 매장을 비교매장에서 제외했다.

• **식사고객 분석**

점마케팅 시행 이후 압구정점의 식사고객은 시행 전인 봄철 성수기에 비해 16.3% 감소했다. 그러나 같은 기간 중 서울 매장이 평균 17.7% 감소한 것을 비교하면 점마케팅을 통해 1.4%의 식사고객 감소 저항 효과를 거둔 것으로 분석되었다.

[표 1] 식사고객 분석

구분	행사 전 2개월 (2020년 5~6월)	행사 후 2개월 (2020년 7~8월)	증감폭
압구정점	96.6	80.3	–16.3%
서울지역 28개 매장 평균	100	82.3	–17.7%

• **식사고객 객단가 분석 :** 압구정점의 식사고객 객단가는 행사 후 2.0%가 감소했는데, 주중 Happy Day Set의 판매로 인한 영향인 것으로 판단된다.

[표 2] 식사고객 분석

구분	행사 전 2개월 (2020년 5~6월)	행사 후 2개월 (2020년 7~8월)	증감폭
압구정점	95.0	93.0	–2.0%
서울지역 28개 매장 평균	100	101.1	+1.1%

• **압구정점 점마케팅 평가**

압주정점의 소형 휴대폰충전기 점마케팅은 취약한 주중 점심시간대의 매출증진을 위한 좋은 기획안이었으며, 소형 휴대폰충전기를 통해 Happy Day Set를 홍보하고 아울러 배달 전화번호를 지속적으로 고지하는 종합적인 판촉물을 활용한 점이 돋보인다.

가맹점으로 사업을 운영해도 경영분석만은 꼭 알아야 한다

프랜차이즈 시스템이 완숙하다면 점주가 손익계산을 일일이 해볼 필요성이 없다. 왜냐하면 가맹본부가 손익계산에 대한 정확한 정보를 제공하기 때문이다. 하지만 아직 우리의 프랜차이즈 현실은 점 경영정보 시스템을 도입해 사업을 전개할 만한 환경이 미흡하므로 이 부분은 독자 창업한 자영점주와 같이 점 경영분석 방법에 대해 알고 있어야 한다.

입지 · 상권조사 시 투자 타당성 조사에서 투자 가능성을 인정받음으로 인해 창업의사 결정을 했을 것이다. 그러나 처음 분석한 투자 타당성과 영업 후 손익계산을 하게 되면 반드시 오차가 발생하게 마련이다. 이때 슈퍼바이저의 도움을 받거나 아니면 스스로 손익분기점 계산을 해보아야 한다.

소매점을 운영하면서 현재의 매출액이 손익분기점 이상인지 또는 그 이하인지, 이하라면 이익을 내기 위한 재투자비용은 얼마이고, 이를 회수하기 위해서는 매출이 얼마나 증가되어야 하는지 수치로 파악하는 일은 매우 중요하다.

이익은 총수입과 총비용의 차이다. 비용은 매출액의 증감에 따라 변동하는 변동비와 매출액의 변동과 관계없이 고정화되어 있는 고정비로 나눌 수 있으며, 이들을 세분해보면 다음과 같다.

1) 고정비

① 인건비 : 급료 등을 포함해 종업원에게 사용되는 모든 비용의 합을 말한다.

② 임대료 : 매월 건물주에게 지불하는 고정비용을 말한다.

③ 이자 : 점포를 개업할 때의 투자액에 대한 이자를 말한다.

④ 감가상각비 : 인테리어 및 기계설비 등에 투자된 금액으로 대체로 5년을 감가상각 기간으로 계산한다.

⑤ 기타 고정비 : 세금 + 보험료(화재 등) + 개업 경비에 대한 감가상각(1년) 등 매출액의 변동에 관계없이 고정적으로 지출되는 경비를 말한다.

2) 변동비

① 재료비 : 원부재료 + 포장

② 제경비 : 영업용 소모품비 + 통신비 + 전기가스 + 운임 + 수선유지비 등 매출액에 따라 비례적으로 증가하는 비용

예를 들어 어떤 제과점이 다음과 같은 상황에서 개업을 해 영업하고 있다고 가정해 손익분기점 매출액을 계산해보겠다.

전세 보증금 : 6,000만 원

임대료 : 100만 원

인테리어 및 설비 : 3,000만 원

개업경비 : 100만 원

종업원(4인) 급료 : 500만 원

1) 고정비

① 인건비 : 500만 원

② 임대료 : 100만 원

③ 이자(보증금 + 인테리어 및 설비투자액에 대한 연 10%) :

(6,000만 원 + 3,000만 원) × 0.1 ÷ 12개월 = 75만 원

④ 감가상각비(5년 정액 상각) : 3,000만 원 ÷ (5년×12개월) = 50만 원

⑤ 개업경비 감가상각 : 100만 원 ÷ 12개월 = 8만 3천 원

⑥ 기타 고정비(세금 + 보험료) : 15만 원

고정비 합계 : 748만 3천 원

2) 변동비

매출액을 A라 하고, 원재료비의 비율을 35%라 가정하면,

① 재료비 : 0.35 × A

② 제경비(10%라 가정) : 0.1 × A

변동비 합계 : 0.45A

손익분기점 : 총수입 − 총비용(고정비 + 변동비) = 0이 되는 점이므로

A − (748.3 + 0.45A) = 0,　0.55A = 748.3

A = 1,360만 원/월

따라서 이 제과점의 경우는 30일 영업기준으로 일 손익분기점 매출은 45만 원 정도이다. 손익분기점 매출액의 간략한 식을 소개하면 다음과 같다.

$$\text{손익분기점} = \frac{\text{고정비 합계}}{1 - \dfrac{\text{변동비 합계}}{\text{월 매출액}}}$$

손익분기점 계산의 활용 방법

위 식에서 보면 손익분기점 매출액을 낮추기 위해서는 월 매출액을 증가시키거나 변동비 또는 고정비를 낮추어야 한다. 대부분의 제과점에서는 매출이 낮아지면 변동비나 고정비를 낮추는 방법으로 종업원의 수를 줄이거나 상품 가격을 상향 조정함으로써 재료비의 비중을 적게 하는 방법들을 이용했을 것이다.

손익분기점을 활용해 경영전략을 수정한 구체적인 예를 서울 주거 지역에서 종업원 4명으로 하루 80만 원 정도의 매출을 올리는 제과점들을 예로 들어보겠다.

이들 제과점의 손익분기점을 분석한 결과 월 손익분기점 매출액은 평균 1,800만 원~2,000만 원 정도로 나타났는데, 이를 자세하게 살펴보면 변동비 중 원부재료가 차지하는 비율이 35% 정도였고, 인건비 비중은 20% 정도로 나타났으며, 세후 순이익이 25~17% 정도로 다른 제조업체에 비해 높았다.

특이한 점은 원부재료 중 포장비가 차지하는 비율이 상대적으로 높은 경향을 보였다는 사실이다.

반면 손익분기점의 조업도(현재 매출액에 대한 손익분기점의 매출액 비율)는 70~80% 정도를 나타내 매출이 조금만 하락해도 손익분기점 이하로 떨어져 적자를 나타내는 취약한 구조를 갖고 있다. 따라서 이들 제과점이 안정적인 경영을 하기 위해서는 매출액의 증가가 필수적이었으며, 소비자 조사를 실시해 다음과 같은 전략이 제시되었다.

소비자 조사 결과

- 상품의 품질 : 아주 좋다.
- 상품의 가격 : 조금 비싸다.
- 주당 평균 구매 횟수 : 1~2회
- 고객의 주된 주거 지역 : 제과점 반경 2km 이내
- 고객의 연령 및 성별 : 30~40대 주부
- 제과점 분위기 및 서비스 : 대체로 만족

제안 사항

① **상품 품질 :** 현재 수준을 유지하고 잘 팔리는 상품의 판매에 주력한다.

② **상품 가격 :** 고객층이 가격에 민감한 주부이므로 쿠폰 등을 이용한 가격 할인 혜택을 줌으로써 재구매 비율을 높인다.

③ **이익의 극대화 :** 고정비 투자를 동결하고, 재료비 중 포장비 비율을 낮춘다. 즉, 낱개 포장을 지양하며 그린 마케팅의 일환으로 향후 종이 포장지로 대체한다.

④ **고객관리 :** 고정 고객에 대한 정보를 자료화해 중점 관리한다.

⑤ **생산성 향상에 의한 비용절감 :** 생산성이 높으며 이익이 큰 상품을 월간 중점 판매상품으로 정해 홍보하고, 생산성이 낮은 구색 상품은 다른 제과점과 제휴해 상호 교환 판매한다.

이와 같이 손익분기점을 파악함으로써 경영의 안정성 여부를 판단할 수 있고 재투자를 결정할 수도 있다. 그러나 더욱 중요한 것은 소비자 조사를 통한 근거하에서 소비자의 욕구를 충족시킬 수 있는 방향으로 손익분기점을 이용하는 것이다.

분쟁 발생 시 대응

분쟁은 상호신뢰로 인한 이해대립 요소의 노출로 악의로서가 아니라 분쟁의 예방과 해결을 통해서 프랜차이즈 시스템의 향상을 적극적으로 꾀하는 것으로 이해하면 된다.

분쟁의 원인은 가맹본부와 가맹점사업자 간 인식 차이를 상호 비교해보면 쉽게 이해된다.

〈표 11-2〉 가맹본부와 가맹점사업자의 인식 차이 비교

가맹본부	가맹점
과도한 매출 · 이익계획	자주성 · 인내성 부족
개설 우선의 본부 자세	과도한 기대 · 적성 결여
본부기능의 미비	여가의 일(부업)
– 상품구매조건 · 상품미송, 물류 시스템의 대비	자점사입
– 공사의 문제(공사, 공사 후 사후관리)	프랜차이즈 시스템 이해 부족
– 입지 · 상권조사 능력 미흡	로열티 대가 없음
– 영업의 경영지도 기능 약화	자영점으로 전환 희망

가맹본부는 과도한 매출·이익계획 및 가맹점 개설 우선의 본부 자세, 본부기능 구축이 미비한 상태에서 가맹점사업자의 잘못을 비난하게 되고, 가맹점사업자는 자주성·인내성 및 과도한 기대와 프랜차이즈 시스템 이해 부족 상태에서 부업으로 운영하는 점주의 상황 인식을 뒤로 한 채 가맹본부만 비난하게 되어 분쟁의 요소로 작용하고 있는 것이다.

원인별로 국내 유명 프랜차이즈 C사의 사례로 분류해보면 〈표 11-3〉과 같다.

제1순위는 손익 부진으로 매출 저조 34%, 투자비 과다 5%, 운영력 부족 14% 순서로 나타났고, 전체 53%가 손익 부진 현상으로 나타난 것은 초기에 C사의 입지 선정 방법 및 프랜차이즈 시스템에 문제가 있다고 볼 수 있다.

구축된 노하우 축적이 없는 상태에서 가맹점사업자 영업행위를 하는 것은 실패의 위험을 C사가 부담하지 않고 가맹점에게 부담시키는 일종의 간접투자 방식, 즉 가맹점사업자 영업 실패 경험으로 노하우를 축적하는 과정이었다고 볼 수 있다.

제2순위는 시스템의 이해 부족이 30%로, 가맹계약에 대한 불합리성을 강조하고 있다.

가맹계약 시 지불하는 가맹비, 보증금, 초도상품비 및 C사의 교육기술 부족, 매장 운영기술 부족, 실내장식과 기타설비의 시공, 계약 불이행과 같은 중요 사항은 해약 사유에 포함되지 않았으며,

〈표 11-3〉 C사 분쟁 원인별 분류(예시적)

원인		대상점포	점포수	구성비	순위
손익 부진	매출 저조 –예상 매출 예측 저조 –입지 선정 오류	상계5, 도봉1, 방학1, 보문2, 미아3-2, 하월곡1-2, 수유1, 해방촌, 가락그린, 삼전1, 암사, 구로병원, 안양본점, 삼성, 자유선택, 도화, 인천시청, 계산, 김포, 보문	20	34%	1
	투자비 과다 –매출액 대비 상대적 물건 과다 –투자대비 손익 미비	창1, 종로관철, 종로3	3	5%	5
	운영력 부족 –관리 능력 부족 –재고감모손 과다 –판관비 과다 지출	길음3, 장위3, 용현소망, 산곡믿음, 주안명문, 계산3, 충대백마, 충북대	8	14%	4
시스템 이해 부족	가맹조건(계약서) –불합리 –로열티 과다 –매출액 송금 –판관(수선)비 과다 –24시간 영업 요구 –상품 거래처 지정 –계약 기간이 길다	동소문, 방학3, 쌍문3, 종암2, 월곡4, 쌍문2, 구월대선, 효성, 인천용현, 선화법원, 문하동산, 둔산, 한신, 삼성산대, 유성한빛, 청주사직, 청주여대, 공단	18	31%	2
점주 불성실	–헝그리정신 부족 –운영보다는 명예로 인식 –본업보다 부업 –가맹점계약 주체와 운영주가 다른 경우	동대문, 잠실본, 동작대로, 강동명일, 신림본, 성남모란, 희망점, 주안청운, 사창옐리, 신림난곡	10	17%	3
소계			59	100%	

C사에게 지불하는 로열티, 세제, 판관비, 무리한 영업 요구, 구매처 지정 등 가맹점주의 이익과 직접 연관되는 사항이 분쟁의 원인이 되었다고 볼 수 있다.

제3순위는 가맹점사업자의 불성실로(17%), 가맹점사업자 10명 중 2명으로 나타나고 있다.

이것은 C사가 프랜차이즈 사업을 진행하면서 새로운 문제점으로 고민하고 있는 사항이었고 위탁가맹 개설 시에도 점주 선정은 최대 고민거리였다. 프랜차이즈 계약 이전 불성실 점주를 식별해 가맹점사업자로 계약하지 않는 방법을 도입했지만 정확성이 떨어질 수밖에 없다.

가맹점사업자들이 가장 큰 애로를 느끼는 것은 운영하고 있는 점포의 손익 부진인데, 여타의 일반 영업 형태와 비교했을 때 가맹점 영업만이 가지는 강점인 가맹본부 노하우가 처음 시작할 때의 기대에 미치지 못하고 있음을 반영하고 있다.

C사의 상품 공급방식의 2원화로(자사가 아닌 제2의 물류 공급업체에서 공급) 인해 원가가 상승되었고, 2원화 공급방식으로 인한 원가상승은 C사의 우월적 지위에서 가맹점사업자에게 부담을 전가하는 결과로 볼 수 있다.

이처럼 분쟁은 언제든지 발생한다. 분쟁 해결에 대한 지혜는 가맹본부와의 견해 차이를 줄여 조기 해결하는 것이 제일 바람직한 방법이다. 가맹본부와 가맹점 간의 이익의 최대한 확보, 즉 '윈윈

사고'를 가져야 한다.

또 가맹본부와 가맹점 간의 주기적인 대화가 필요하다. 문제의 소지를 사전에 가맹본부 슈퍼바이저를 통해 제시하고 그 해결책을 대화로 모색하는 방법을 반드시 고려해야 할 것이다.

가맹점사업자는 이런 경우를 방치하면 폐업을 결심해야 한다

문제 점포를 위한 청사진

문제 점포나 문제 시장은 몇 가지 점에서 병든 사람과 유사점이 있다. 항상 징후(사전 경고)가 있다. 그리고 이것이 결국 문제를 야기한다. 어떤 점포나 시장이 기대이하일 때 그 여파를 최소화하기 위해 사전 문제 파악은 매우 중요하다.

그러나 인력과 자원의 비효율적 사용을 피하기 위해서는 문제 해결에 알맞은 교육과 이성적인 반응 또한 중요하다. 문제점을 파악하기 위한 주요 '징후'를 살펴보면 다음과 같다.

- 2주 이상 계획 이하로 운영되는 점포 매출액
- 12주 이상 평균고객의 지속적 감소
- 이익손실을 보충하기 위해 판매 중
- 고객불만 수의 갑작스런 증가나 지속적 상승
- 특별한 판매촉진 시기에만 계획을 달성한 후 급격한 하락현상 발생

마지막으로 고객의 소리에 귀를 기울여라. 점포 직원과 고객은 직접적인 라인을 갖고 있어야 한다. 현장으로부터의 어떠한 요구나 리포트도 완벽하게 검토 조사해야 하며, 그것이 아무리 불합리한 사항이라도 철저히 조사해야 한다.

매출감소 점포에서의 문제 파악 절차

1단계 : 내부직원 감사

내부직원은 문제를 어떻게 보는지 인터뷰한다. 점포관리와 관련 있는가? 상품분류와의 관련은? 광고·판촉과의 관련은? 고객과의 관련은? 이 상태에 대한 일치점과 그 해결책은 있는가?

2단계 : 시장조사

주변 상권의 경쟁요소의 본질이 무엇인지 파악하기 위해 점포지역을 순회하라. 쇼핑 경험을 평가하기 위해 그 점포를 조사하라.

- 새로운 경쟁사가 그 지역에 출점하는가? 기존 경쟁사가 그들의 상품·광고활동을 변화시켰는가?
- 점포의 교통 흐름에 영향을 끼칠 수 있는 교통 패턴 또는 건물의 신축이 진행 중인가?

- 매장입구나 출구에 문제가 있는가? 주차공간은 충분한가? 점포가 충분하게 표시되었는가? 외부가 잘 정돈되어 있는가?
- 쇼핑 경험에 대해서는 어떤가? 서비스 수준은? 직원들은 충분한 지시와 도움을 줄 수 있는가? 매장의 상태는? POS(판매관리시스템)는? 청결상태는? 물건은 잘 정돈되어 있는가? 상품이 고르게 섞여 있는가? 회사전략이 잘 실천되는가? 점포운영점의 수준은? 점포가 지역적으로 시장의 흐름에서 벗어나지는 않았는가? 점포가 그것을 커버하기 위해 보충광고를 필요로 하지는 않는가?

3단계 : 경쟁점에 쇼핑을 가라

경쟁자의 판매위상은? 어떻게 점포가 설계되었는가? 서비스 수준은? 직원 수는? POS와 점포 내 정보 수준은? 전체적 조화는? 고객에 맞춘 어떤 독자적 출발이 있는가? 점포에서 고객분류 시 나누어 호칭하는가?(예 - 여성, 패스트푸드 이용자 등) 실행하고 있는 특별한 판촉이나 행사가 있는가? 자점 · 브랜드에 불리한 경쟁력 있는 전략이 있는가? 점포 내에서 구체적으로 무엇을 하고 있는가? 세일상품 전시는? 점포에 이익을 주는 일괄판매와 통신판매에서 그들은 더 잘하고 있는가? 가격, 선택, 질적인 면에서 우리에게 타격이 있을 것인가?

4단계 : 현장조사

이 전 단계의 직원·점포·시장조사 결과가 문제의 본질에 접근할 수 없을 경우 이 단계가 활용된다.

문제가 되는 점포를 직접 방문하여 고객의 시점에서 매장을 바라보고 이용하는 것이다. 이용하는 과정에서 문제가 인식되거나 의문이 제기되는 경우 고객 또한 동일하게 매장을 받아들일 것이기 때문이다. 이를 통해 외부에서가 아닌 내부에서 매장에서 발생하는 문제를 확인할 수 있을 것이다.

5단계 : 점포 재정비

판매와 재정을 고려해서 공격되어질 수 있는 정도의 부정적인 것을 고쳐라. 문제가 소비자와 관련된 것이라면 문제들이 고쳐진 것을 고객에게 알릴 필요가 있을 것이다. 선택을 위해 부가된 전략 메뉴를 보아라.

가맹점 성공을 유지하기 위한 청사진

문제가 언급되면 계획이 필요하고, 다음 문제점이나 계획으로 이동할 필요가 있다. 추후 같은 문제의 발생을 피하기 위해 점장은 다음 지침을 따라야 한다.

재고를 관리하라

이것은 재고가 과하거나 부족할 경우 적용된다. 가능한 한 정확히 발주하라. 상품(제품)이 품절되면 고객은 실망하고 그들은 경쟁점으로 가게 된다. 상품(제품-원부자재) 과다는 재고로 쌓이고 현금 유통에 문제를 일으킨다.

당신의 노동비를 조절하라

고객에게 서비스할 충분한 직원이 있음을 확인하라. 어느 누구도 기다리는 것을 좋아하지 않는다. 그러나 직원이 너무 많으면 인건비 조절이 안 된다.

직원들로 하여금 우선순위를 생각하게 하라

직원들은 팔기 위해 있다. 그리고 두 번째로 다른 의무를 수행한다. 직원들이 상품정리를 끝내느라 고객이 점포 안을 돌지 못하게끔 해선 절대 안 된다. 덧붙여 전화도 판매에 도움이 됨을 알게 하라. 직원들로 하여금 고객이 필요로 하는 물건들을 모두 구입하는지를 확인할 수 있게 한다.

안 된다고 말하지 마라

직원들은 가능한 한 모든 방식으로 고객의 요구를 들어줄 수 있어야 한다. 그들을 고객의 문제에 해결책을 줄 수 있게끔 가르쳐라.

점포는 청결하게, 도소매업은 상품을 가득 진열하라

바닥을 쓸고 창문을 닦아라. 재고는 정리하고 상품 안내가 제 위치에 있는지, 상태가 좋은지를 확인한다.

사업가가 되어라

기대 이상으로 가라. 고객을 위한 특별상품, 독특한 상품전시, 인센티브 프로그램의 개발, 사회단체에의 참여, 주차장에서 세차 허용 등 점장으로서의 권리를 이용한다.

경쟁점을 주의하라

경쟁점에 가서 가격, 서비스, 상품구성 등을 수시로 체크한다.

당신의 말을 듣게 하라

아이디어가 있다면 주저 말고 그것을 다른 누군가에게 알린다.

★☆★

부록 I

예상매출 의무제공과 영업지역 의무설정을 위한
객관적이고 과학적인 사업계획서 사례

본문 2장 5단계 참조용

1. 점포 현황
2. 예상매출 및 BEP
3. 임차조건
4. 후보점 담보 현황
5. 통행량
6. 주택 및 집객시설
7. 주택조사
8. 거주자 연령
9. 점포 여건
10. 도로
11. 경쟁점
12. 레이아웃
13. 경쟁점 위치 및 후보점 상권 범위
14. 후보점 상권 요약도
15. 후보점 전경 사진
16. 지역성 및 조사자 의견
17. 후보점 평일 통행량
18. 매출 예측

맥세스컨설팅

1. 점포 현황

점포명	비빔밥 전문점
주소	서울 중구 서소문동 120-35번지
면적	8.5평 + 5평
현재 상호 및 업종	스낵프라자(일반음식점) / 삼성편의마트
건물주	명숙자 외 3人(공유자 : 명숙영, 명윤원, 명윤민)
명도 및 open	

2. 예상매출 및 BEP

예상매출				점주 BEP
6개월차	1년차	2년차	3년차	
6,276,667/월	–	–	–	812,316원/일

3. 임차조건 [점주 부담]

임차보증금	권리금	임차료	선수관리비	관리비
80,000,000	130,000,000	3,500,000	960,000	320,000

4. 후보점 담보 현황

공시지가	건물가	공시지가 + 건물가	선순위	근저당 설정액
254,000,000	110,000,000	364,000,000	근저당	0
문제점/특이사항	집합건물로서 현시세 70% 산정			

5. 통행량

평일 [8:00 ~ 19:00]			휴일 [8:00 ~ 19:00]		
남자	여자	계	남자	여자	계
7,996	3,548	11,544			

6. 주택 및 집객시설

구분	주택			집객시설						총계
	오피스텔	APT	소계	사무실	유흥업	요식업	병의원	기타	소계	
세대수										
인구				50,000				6,000	56,000	56,000

7. 주택조사 [350m]

구분	지역 수준		구분	오피스텔 평형별 분포				
	소득 수준	차량 보유		20평 이하	21~30평	31~40평	40평 이상	기타
오피스텔			세대수					
APT			인구수					

8. 거주자 연령 [서소문동]

연령	남		여		계	
	인구	구성비	인구	구성비	인구	구성비
10대 이하	22	5%	25	6%	47	5%
10~20대	32	7%	51	12%	83	9%
20~30대	67	14%	48	11%	115	13%
30~40대	79	17%	52	12%	131	15%
40~50대	108	23%	78	18%	186	21%
50대 이상	155	33%	177	41%	332	37%
계	463	100%	431	100%	894	100%

9. 점포 여건

전면			도로형태 (대로/이면)	가시거리	전기용량(Kw)		
일면/코너	길이	계단			확보	증설	계
일면	5m	0	이면	50m	16	4	20

10. 도로

주차, 정차	주차 대수	도로폭	횡단보도	버스정류장	전철역	차량 흐름
		5m	1	1	1	

11. 경쟁점

상호	업태	면적(평)	거리(m)	추정 일매출	영업 시간	비고
오복정	외식업	25	50	120만 원	09 : 00 ~ 22 : 00	전주비빔밥 메뉴

12. 레이아웃

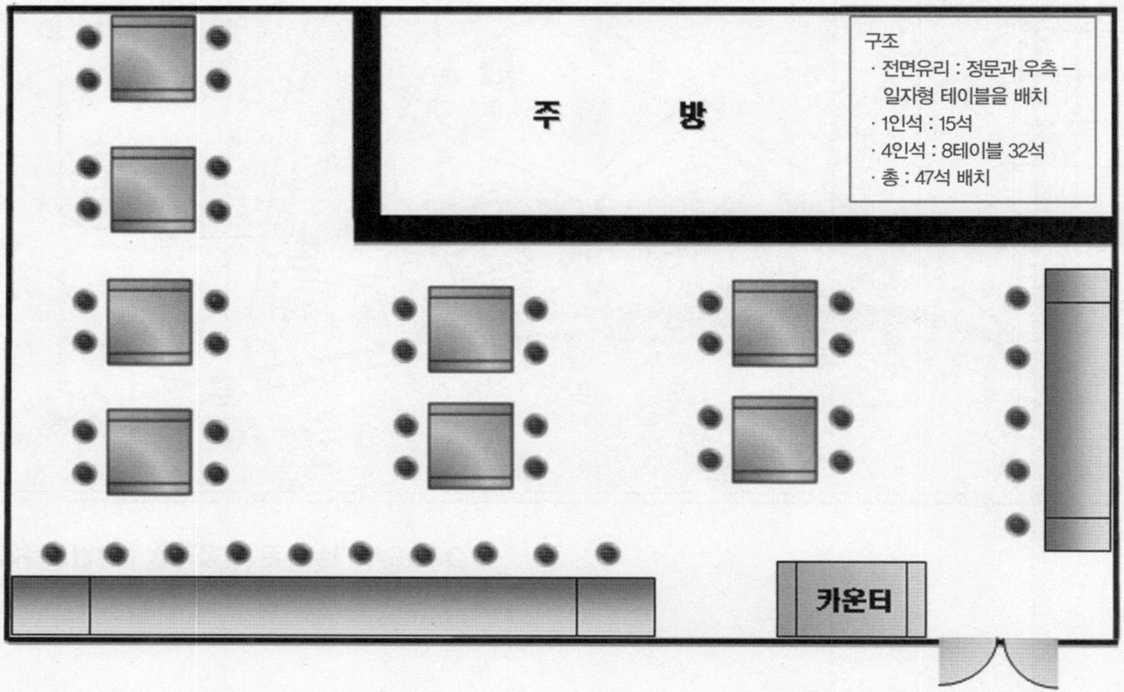

13. 경쟁점 위치 및 후보점 상권 범위 : 1/5,000

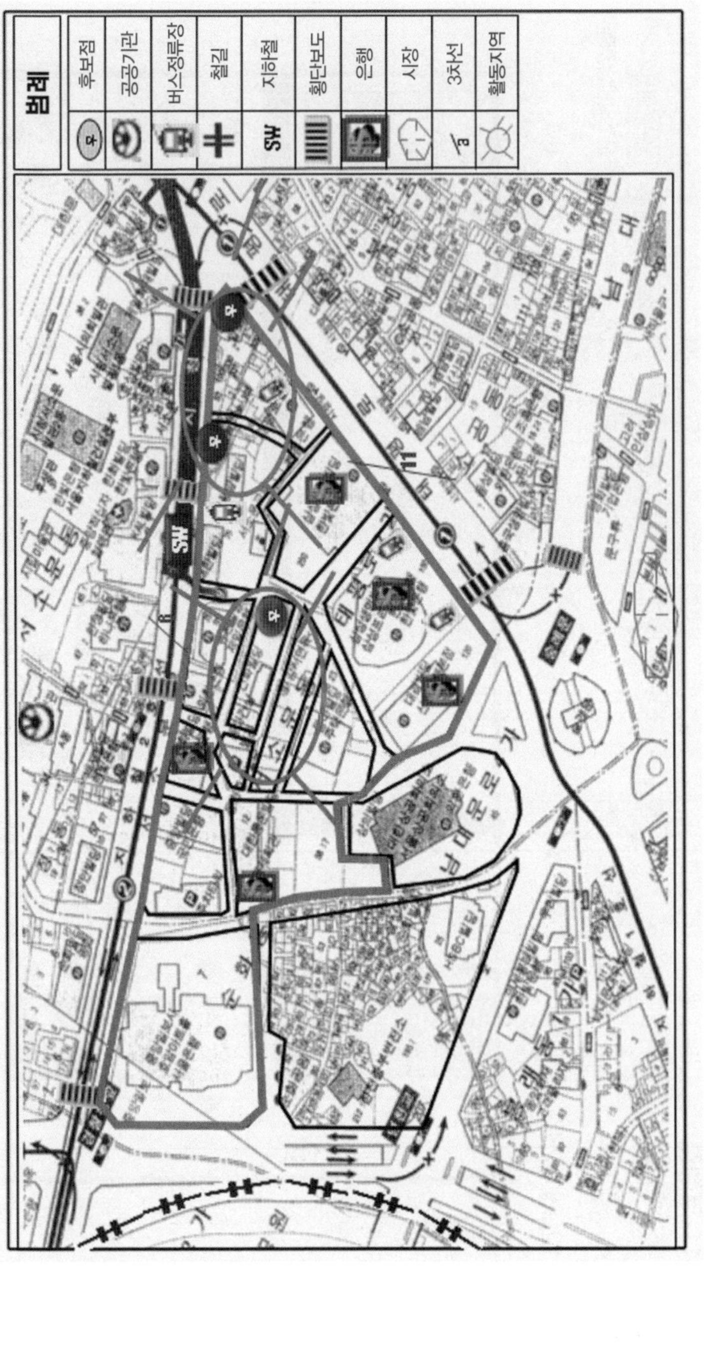

14. 후보점 상권 요약도 [50m 이내]

15. 후보점 전경 사진

16. 지역성 및 조사자 의견

지역성	• 오피스텔 밀집지역으로 office가를 형성하고 있음 • 동남방향으로 삼성본관을 비롯한 삼성타운이 형성돼 있음 • 남서방향으로 대한상공회의소 및 중앙일보사가 위치해 있음 • 주거용 아파트 및 주택이 전무한 지역 • 도로를 따라 25층 이상의 대형 빌딩이 삼각형의 빌딩숲을 이루고 있음 • 빌딩숲 중앙의 점포들은 샐러리맨을 위한 점심식사를 주메뉴로 하는 점포들로 구성돼 있음 • 북쪽 도로의 지하철 연계 동선을 따라 점포가 다수 분포되어 있음
조사자 의견	• 여자보다 남자의 통행량 비율이 높은 관계로 남자를 타깃으로 잡는 업종이 적격 • 점심시간대 고객이 집중되며, 상대적으로 퇴근 이후는 고객이 분산되는 지역임 • 특정 시간대에 집중되는 고객을 효과적으로 분산시킬 수 있는 회전율이 빠른 업종이 적격 • 20~30대 젊은층이 대부분으로 이들의 기호에 맞는 메뉴 및 인테리어 개발이 필요 • 주 5일 근무 확대 및 대규모 집객시절이 전무한 관계로 주말 및 휴일은 매출이 급감할 것으로 판단됨

17. 후보점 평일 통행량

조사 일자	기상 조건	조사자	상권	비고
2020. 06.	맑음	서민교	오피스상권	

구분	남							여							총계
	1~13	14~20	21~30	31~40	41~50	50~	소계	1~13	14~20	21~30	31~40	41~50	50~	소계	
08:00 ~ 09:00	–	32	131	352	135	38	688	–	11	137	32	14	12	206	894
10:00 ~ 11:00	–	10	29	131	53	14	237	–	5	35	11	2	5	58	295
12:00 ~ 13:00	–	142	609	1,350	482	131	2,714	–	38	492	97	35	32	694	3,408
14:00 ~ 15:00	–	15	43	131	48	14	251	–	2	38	8	7	5	60	311
16:00 ~ 17:00	–	18	62	142	53	15	290	–	4	42	12	9	2	69	359
18:00 ~ 19:00	–	63	193	623	213	58	1,150	–	15	211	45	18	16	305	1,455
	–							–							
	–							–							
계	–	280	1,067	2,729	984	270	5,330	–	75	955	205	85	72	1,392	6,722
1시간 평균	–	47	178	455	164	45	666	–	13	159	34	14	12	174	840
12시간 평균	–	560	2,134	5,458	1,968	540	7,995	–	150	1,910	410	170	144	2,088	10,083
추정 통행량	–	420	1,601	4,094	1,476	405	7,996	–	113	1,433	308	128	1,566	3,548	11,544
구성비	0.0%	3.6%	13.9%	35.5%	12.8%	3.5%	69.3%	0.0%	1.0%	12.4%	2.7%	1.1%	13.6%	30.7%	100.0%

18. 매출 예측

[1] 상권별 통행량

상권	12시간 통행량	추정 입점객	비고	상권	주택가/아파트	유흥 + 역세권	오피스/학원가
유흥가	10,083	806		흡입률		8%	7%

[2] 상권별 객단가 기준

주택/오피스	유흥+학원/유흥+주택	아파트	유흥가	학원가	극장가	역세권	Drive in
7,000	6,000	7,000	6,000	6,000	6,000	6,000	7,000

[3] 배후세대 특성별 가중치

	배후지경 실시 조사				기본 배후 세대		
배후특성	세대수	상	중	하	아파트	단독/다세대	오피스텔
오피스텔			100%	90%			

※ 실제 조사를 통하여 배후지가 기본 배후 세대를 초과할 경우 上, 미만일 경우 下

[4] 연령대별 가중치

연령	13세 이하	10대	20대	30~40대	50대 이상	비고
가중치	95%	100%	110%	100%	95%	전면 통행량 조사에 근거한 추정

[5] 경쟁점 가중치

구분	경쟁점 기준			실지조사 : 强	주요 경쟁점
	强	中	弱		
경쟁점 가중치	90	100	110	90	오복정(전주전통식 메뉴, 전주비빔밥 등 3개 메뉴)

[6] 집객시설 가중치

구분	경쟁점 기준			실지조사 : 强	주요 집객시설
	밀집	보통	이격		
집객시설 가중치	110	100	90	110	백화점/사무실(은행, 증권사)

[7] 예상 매출

추정입점객/3	객단가	배후 가중치	연령대 가중치	경쟁점 가중치	집객시설 가중치	예상 매출	비고
269	6,000	90	110	90	100	1,438,074	

※ 출점하고자(계약하고자) 하는 예상 후보지에 대하여 예비 가맹점사업자는 반드시 프랜차이즈 본사로부터 견본과 같은 사업계획서를 받아서 검증해보고 이 서류를 반드시 보관해야 한다.

★☆★

부록 II

빅데이터로 분석한 상위 5%

가맹하고 싶은 프랜차이즈

빅데이터로 분석한 상위 5% 가맹하고 싶은 프랜차이즈[1)]

- '빅데이터로 분석한 상위 5% 가맹하고 싶은 프랜차이즈'는 예비 가맹점주에게 객관적 데이터 제공을 위해 기획되었으며, 예비 가맹점주에게 프랜차이즈 본사를 선택하기 위한 정보로 활용할 수 있는 기초자료를 제공하기 위해 객관적인 지표를 적용하여 선정하였음.
- 단순하게 브랜드의 순위를 정하기 위한 목적이 아닌, 첫째, 감에 의존해 브랜드를 선택하고 창업을 결심하던 방식에서 벗어나 예비 창업자가 신뢰를 바탕으로 가맹사업을 지속할 수 있는 브랜드를 선택하는 데에 도움을 주고자 하며, 둘째, 가맹본부는 브랜드의 현재 위치를 파악하고 프랜차이즈 시스템을 정비함으로써 가맹점과 상생하는 길을 모색하는 계기를 제공하고자 하는 목적을 바탕으로 분석된 자료임.
- 공정거래위원회에 등록된 정보공개서 데이터를 바탕으로 앞서 분석된 산업전반의 통계를 기반으로 외식, 서비스, 도소매 업종별 개별 브랜드의 FC 생산성, FC 성장성, FC 안정성, 노하우 집약도, 본사 수익성, 가맹점 수익성 등 6개 지표를 적용하여 전체 브랜드 중 약 상위 5%인 외식, 서비스, 도소매 300개 브랜드를 도출하였음.
- 각 브랜드의 점수는 정보공개서에 등록된 전년도 데이터 기준이므로, 해당 브랜드의 현재 운영상황과 차이가 있을 수 있기 때문에 절대적인 점수가 아닌 프랜차이즈를 선택하고 비교할 때 검토해야 할 참고자료로 활용하고, 프랜차이즈를 선택할 때 해당 브랜드의 현재 상황(점포수, 직원, 현재 기준 재무현황 등)을 반드시 살펴볼 것을 권장함.
- 순위별 지표분석 결과는 **맥세스컨설팅 홈페이지(www.maxcess.co.kr)**와 (사)외식·프랜차이즈진흥원(www.ffa.or.kr)에서 매년 업데이트됨.
- 또한 브랜드별 세부 데이터를 기반으로 예비 창업자가 어떤 항목을 중점으로 확인하고 브랜드를 선택해야 하는지에 대한 교육과 함께 관련 컨설팅을 수행하고 있음.

1) 프랜차이즈 산업통계현황(2021, 빅데이터로 분석한 상위 5% 가맹하고 싶은 프랜차이즈 300), 서민교, 벼리커뮤니케이션(2021)

1) 가맹하고 싶은 프랜차이즈 선정 개요

- 가맹하고 싶은 프랜차이즈 선정을 위한 데이터는 공정거래위원회가 공개하는 50개 항목, 112개 Cell의 한정된 정보를 바탕으로 구성하였으며, 데이터를 조합하여 만들 수 있는 이상적인 프랜차이즈 지표를 엄선하여 이를 토대로 가맹하고 싶은 프랜차이즈를 선정함.
- 우수한 프랜차이즈 선정 사례는 많지 않으나 미국, 일본 등 해외 프랜차이즈 선진국에서 사례를 확인할 수 있었으며, MAXCESS 프랜차이즈 지표 및 선정방식의 준거로 활용하였음.

2) MAXCESS 프랜차이즈 지표

- MAXCESS 프랜차이즈 지표는 해외의 저명한 프랜차이즈 순위 사례를 준거로 하고, 예비 창업자의 니즈를 고려하여 지표수립 및 가중치를 책정하였으며, 가중치의 타당성을 검토하고자 수차례의 시뮬레이션을 통해 검증을 실시함.
- MAXCESS 프랜차이즈 지표는 정량적, 정성적 지표로 구성되며, 1단계 정량적 지표는 다음 6개 차원, 19개 지표로 구성되며, 1단계에서 추출된 우수 브랜드 중 가맹본부의 법 위반, 부도 및 오너리스크 등 기업의 사회적 책임과 관련된 사항을 정성적으로 평가하여 최종 순위에서 제외함.

MAXCESS 프랜차이즈 지표의 구성(정량적 지표)

	구분	지표	단위	산출방법	가중치
정량적 지표	FC 생산성	인당매출액	천원	기업 매출액 / 기업 임직원 수	105%
		점당매출액	천원	매출 / 기업 전체 매장 수	
		매출기여도	천원	브랜드 매장 수 / 기업 전체 매장 수×매출액	
	FC 성장성	매출액증가율	%	당기매출액 / 전기매출액-1	120%
		순이익증가율	%	당기순이익 / 전기순이익-1	
		임직원증가율	%	당기 임직원 수 / 전기 임직원 수 -1	
		점포증가율	%	당기 점포 수 / 전기 점포 수-1	

	구분	지표	단위	산출방법	가중치
정량적 지표	FC 안정성	자본비율	%	자본 / 자산×100	95%
		가맹점 폐점률	%	폐점 수 / 전체 매장 수×100	
		계약기간	년	브랜드 최초 계약기간	
		임직원 비율	%	임직원 수 / 개점 매장 수×100 (15% 미만 순위 제외)	
	노하우 집약도	직영점 비율	%	직영점 수 / 전체 매장 수×100	90%
		법인존속일	일	법인등록일 기준	
		브랜드 수	개	기업의 운영 브랜드 수 (브랜드 수가 적을수록 집약도 높음)	
	본사 수익성	매출액영업이익률	%	영업이익 / 매출액×100	95%
		매출액순이익률	%	순이익 / 매출액×100	
		자기자본순이익률	%	순이익 / 자본×100	
		총자산순이익률	%	순이익 / 총자산×100	
	가맹점 수익성	투자대비 가맹점매출	배수	가맹점 평균 연매출 / 브랜드 초기 투자금	95%

MAXCESS 프랜차이즈 지표의 구성(정성적 지표)

	구분	항목	평가방법
정성적 지표	사회적 유용도	가맹본부와 그 임원의 법 위반 사실	정보공개일 현재 최근 3년 동안 사기, 횡령, 배임 등 타인의 재물이나 재산상 이익을 영득 또는 이득하는 죄를 범하여 형의 선고를 받은 사실이 있는 경우 최종 순위에서 제외함
		가맹본부 갑질 분쟁	전년도 기준 기업의 사회적 책임과 관련하여 가맹본부의 갑질로 인한 분쟁, 경영진의 법적·도덕적 문제로 가맹점주에게 피해, 기업의 부도, 위생관리 문제로 인한 이슈 등이 방송 3사에 보도되거나 재판에 회부되어 브랜드 이미지가 실추된 경우 순위에서 제외함
		오너리스크	
		가맹본부 부도	
		위생관리 위기	

3) 가맹하고 싶은 프랜차이즈 선정 방법

- 앞서 제시한 정량적, 정성적 지표를 통한 실제 산출은 다음과 같이 5단계로 나누어 진행하였음.

1. 브랜드별 지표 점수 산출

전체 프랜차이즈 브랜드(연매출액 2조 원 이상, 점포수 10개 미만, 해외에 본사를 둔 브랜드 제외)의 데이터를 이용하여 각 지표별 점수를 산출함.

2. 각 지표에 따른 우수 브랜드 산출

각 업종별 지표의 점수 순으로 브랜드를 나열하는 단계로 '인당매출액'이라는 지표로 예를 들면 각 브랜드의 '인당매출액'의 값을 산출하고 그 값이 높은 순으로 브랜드를 나열함.

3. 각 지표별 순위에 따라 점수 부여

각 지표의 값 크기에 따라 나열된 브랜드 중 상위 5% 이내의 브랜드는 해당 지표 점수 100점, 상위 10% 이내는 95점과 같이 5% 단위마다 점수를 5점씩 차감하여 지표 점수를 부여하였음.

4. 지표별 가중치에 따른 점수를 통해 브랜드 추출

총 19개의 지표에 대한 지표 점수를 브랜드마다 부여한 후 'FC 생산성', 'FC 성장성', 'FC 안정성', '노하우 집약도', '본사 수익성', '가맹점 수익성'의 6개 차원에 대한 지표의 평균값을 계산한 후 가중치 책정을 적용하여 최종적인 총점을 산출하고, 업종별 총점이 높은 순서대로 외식 1부(가맹점 50개 이상) 100개, 외식 2부(가맹점 50개 미만) 100개, 서비스 50개, 도소매 50개의 브랜드로 구성하여 순위를 추출함.

5. 사회적 유용도 평가

업종별로 추출된 우수 브랜드 중 사회적 유용도 평가를 통해 부적합 브랜드를 제외하여 최종적으로 순위를 선정함.

CEO와 실무자를 위한 실무형 교육

맥세스 실무형 프랜차이즈 전문가 과정

실무 능력 배양에 초점, '생생강의'로 차별성 뚜렷

프랜차이즈 업계에서 몇 년을 종사해도 프랜차이즈에 대한 전문성은 물론 실무 능력이 배양되지 못하는 기현상이 지속되고 있습니다. FC 본사 중 상당수가 부침을 거듭하는 것도 이 때문이라는 지적입니다. 한국 프랜차이즈 발전을 저해하는 요소로 시급히 해소해야 할 과제이기도 합니다. 〈맥세스 프랜차이즈 전문가 과정〉은 이런 업계의 요구에 부응하기 위해 맥세스컨설팅이 2004년 개설했습니다. 무엇보다 철저히 실무에 바로 적용할 수 있는 내용을 중심으로 교육을 진행하고 있어, 타 교육과정과 뚜렷하게 차별화됩니다. 지금까지 이 과정을 거쳐 간 CEO와 실무진들은 프랜차이즈 업계에서 발군의 실력을 발휘하고 있습니다.

특징

- 실무 적용 중심 교육
  - 현업에 종사하는 전문 강사진에 의한 현장감 있는 교육
  - 스스로 문제점을 발견하고 해결책을 제시하는 실무 능력 배양
- 비용대비 최고의 효과
  - 전문 노하우 제공
  - 업무에 즉시 활용할 수 있는 툴 제공
- 교육 기간 내 무료 컨설팅
  - 수강생 담당업무 및 개인별 컨설팅 서비스
  - 수강생 회사 방문 컨설팅
- 프로젝트 보고(필수) : 평가 후 수료(출석 80% 이상)
- 교육대상 : 프랜차이즈 본사 CEO, 본부장 및 실무담당자, FC 업계 진출 희망자, FC 본사 시스템 구축 희망자
- 교육일정 : 2월, 9월 개강. 15주간 총 75시간(매주 토요일 13:00~18:00)
- 교육문의 : 맥세스컨설팅 : www.maxcess.co.kr Tel : 02-549-2324

수강 특혜

- 수강생 개별 상담 및 수강생의 자사 무료 방문 컨설팅 진행
- 팀별 프로젝트 산출물 공유(현 기수 및 과거 기수 우수 프로젝트 연구 산출물)
- 과정별 평가 내용(출석, 과제, 팀 프로젝트)과 수료시험 이수 시 프랜차이즈 경영사 자격증(한국직업능력개발원 등록번호 2013-0608) 시험 응시 자격 부여
- 교육장 내 일본서적 및 국내 300여 편 프랜차이즈 서적 논문 열람
- 성적 우수자 3인 일본 답사 프로그램 항공권(1명) 및 일본 답사 프로그램 숙박권(2명) 제공
- 40여 선진 프랜차이즈 본사의 시스템을 열람하여 학습할 수 있는 특전

맥세스 프랜차이즈 전문가 과정 커리큘럼

주차	교육내용	주요 강의내용	세부 교육내용
1주	입학식 및 FC 핵심전략 및 전술(13H)	입학식	
		FC 시스템 이해와 기획 Ⅰ	1. 프랜차이즈란 무엇인가? 2. 프랜차이즈 산업의 이해
		FC 시스템 이해와 기획 Ⅱ	3. 어떤 장사라도 FC가 될 수 있는가 4. 비즈 콘셉트 이해 및 시스템 구조 파악 5. 우량 FC 본사가 되는 조건
2주		FC 본사 경영론	6. 프랜차이즈 시스템을 통한 본사 경영 방법 7. 프랜차이즈 비즈니스의 사회적 책임
			8. 경영기획과 재무관리
3주		Contract 기능의 해석과 이해	9. 가맹사업법과 시행령 해석 10. 정보공개서 및 가맹계약서 설계, 작성
	[FC 시스템 Ⅰ] 개발영업 시스템 (출점 시스템) 구축	가맹점 개발의 전제조건	1. 가맹점 unit화
		FC 개발 기획 (가맹점 전개전략)	1. FC 출점전략 2. 개발조직 및 RFC 목표관리(KPI) 3. 가맹실무 패키지 시스템
4주		FC 개발실무 전문가 영역 Ⅰ	4. 입지·상권 조사이론(영업지역 설정 의무) 5. 도상연습(팀 Project)
5주		FC 개발실무 전문가 영역 Ⅱ	6. 현장실습(팀 Project)
6주		FC 개발실무 전문가 영역 Ⅲ	7. Map 작업 및 사업계획서 작성
		가맹점 개발(발굴) 전략	8. 사업규모별 가맹점 발굴 전략 9. 가맹점 개발 및 홍보 실무
7주	총동문회 체육대회(출석에 포함)		
8주	[FC 시스템 Ⅱ] 운영시스템 구축	개점기획 및 실무	1. 개점업무 Flow 및 개점업무 2. 점포운영계획서 작성실무
		FC 슈퍼바이저 시스템	1. SV 본질과 기능
			2. SV 운영관리 Ⅰ – 외부환경평가/CRS 평가를 통한 매출활성화 방안
9주			3. SV 운영관리 Ⅰ – 행동계획서, SV Communication 관리
			4. SV 운영관리 Ⅱ – SV 계수로 보는 점포관리 – 가맹점사업자의 의존성, 자율성 및 갈등, 관계만족
			5. SV 점포관리 Ⅰ – 점포생산성을 높이는 특별한 방법, 점포생산성 향상의 체계

주차	교육내용	주요 강의내용	세부 교육내용
10주	[FC 시스템 II] 운영시스템 구축	FC 슈퍼바이저 시스템	6. SV 점포관리 II – 점포의 기능(H/W, S/W) – Store Biz Plan/LSM – 개업 전후 관리/개업 후 4~6개월 활동
			7. SV 점포관리 III – SV에 필요한 Leadership – 부진점 판단 및 활성화 방법/폐점 관리
			8. CRS 평가발표
11주			9. SV 역지사지
	[FC 시스템 IV] 지원시스템 구축	FC 인사/교육	1. 노무관리 2. FC 인사조직체계 3. FC 교육훈련 프로그램 구축(가맹점 및 직원)
12주	[FC 시스템 V] MD 시스템 구축	FC 마케팅 기획 및 실무	1. FC 마케팅 전략 수립(사례 중심) – FC 기업 효율적인 SNS 활용방안 – 21세기 빅데이터 시대의 이해와 활용사례
13주			2 FC 지적재산권 확보및 MKT 전략
			3. 해외진출방법(작지만 큰 기업 해외로 해외로)
14주			4. 신상품(메뉴) 개발
		FC 물류 시스템	5. FC 물류전략 및 물류 시스템 구축
15주	특강 및 수료식	Review/프랜차이즈 비즈니스 모델과 성장전략	
		[발표] 팀 프로젝트 발표 및 평가	
		수료식	

프랜차이즈 차세대 리더를 위한
맥세스 본사구축 성공 CEO 과정

수년간의 프랜차이즈 컨설팅 노하우를 바탕으로 한 '교육 + 자문 컨설팅' 서비스
중견기업 및 중소기업 대상… 성공 프랜차이즈 본사 시스템 구축

프랜차이즈 산업은 새로운 지식산업으로 주목받고 있습니다. 그러나 프랜차이즈 본사 시스템에 대한 이해와 전문성, 그리고 전문인력의 부재로 제대로 사업을 전개해보지도 못하고 주저앉는 경우가 많습니다.
이렇듯 프랜차이즈 사업의 실패 사례가 속출함에 따라, 영속할 수 있는 우수한 프랜차이즈 본사를 구축하고 체계적인 경영 시스템을 구축하는 것이 절실한 실정입니다. 이는 첫 단추부터 프랜차이즈 시스템을 구축하지 못했고, 프랜차이즈 사업에 대한 이해가 미흡했기 때문입니다.
그동안 대기업(자본금 5천억 원 이상)을 상대로 〈프랜차이즈 본사구축〉 컨설팅을 전개해온 맥세스컨설팅은 이를 통해 축적한 경험을 바탕으로 중견기업 및 중소기업을 대상으로 본 교육과정을 운영하고 있습니다. 이는 본사 시스템 구축 - 모델숍 오픈 - 가맹사업 전개 등 프랜차이즈 본사구축에 필요한 사례 중심의 교육과 더불어 자문 컨설팅 서비스를 제공하여 성공 프랜차이즈 본사를 구축할 수 있도록 하는 것을 목표로 합니다.

FC 본사 만들기 교육과정

"우리 스스로 공부하며 FC 본사를 만들고 싶다"

- '프랜차이즈 본사구축 성공 CEO 과정' 목표
  - 영속적인 프랜차이즈 본사로서의 사업 모델 정립
  - 초기, 중장기 시스템 구축을 통한 성공 프랜차이즈 본사 정착
  - 기업의 취약지점 사례 중심 집중 교육을 통한 프랜차이즈 기업 지속 성장 모델 구축

- 교육 대상
  - 보유 사업 아이템에 대한 검증 및 프랜차이즈 사업 전개 희망자
  - 제2, 3 브랜드 신규 기획 희망자
  - 프랜차이즈 경영 시스템을 재구축해야 하는 기업

- 커리큘럼 → 45시간(연 2회)
  1) 프랜차이즈 사업의 이해
  2) 프랜차이즈 사업 진단

3) 프랜차이즈 UNIT 표준화

4) 프랜차이즈 기업 체제 구축

5) TOOL류 구축

프랜차이즈 본사구축 컨설팅

"사례 중심 교육을 바탕으로 탄탄한 FC 본사를 구축한다"

1) 사업 아이템 선정 및 사업성 검토 – 프랜차이즈 시스템 설계 – 모델점 기획 및 개설 – FC 패키지 전개 – 가맹사업 전개 등 FC 본사 시스템 구축 실행 컨설팅

구분		단계별
사업준비(4주)	1단계	최초 인원 구성
	2단계	정보수집
	3단계	사업 아이템 선정
	4단계	시장조사 ← 부적합 시 신규 아이템 발굴
	5단계	사업성 검토
본사 시스템 구축	6단계	FC 본사 설립
	7단계	FC 시스템 구축 ← 점포 無 : 병행
	8단계	직영점 개설
	9단계	프랜차이즈화 검토
가맹사업 전개	10단계	가맹사업 시스템 — Feed Back

창업비 평균 8천만 원, 사업 성공을 위한 최소한의 필수교육

예비 가맹점주를 위한 프랜차이즈 사전교육

- 예비 창업자가 프랜차이즈 브랜드를 선택할 때 대다수 1차적인 홍보광고 내용을 바탕으로 구체적인 데이터 기반이 아닌 브랜드 관계자의 구두자료나 감에 의해 브랜드를 선택하는 경우가 대다수임.
- 이러한 문제의 해결방안으로서 '빅데이터로 분석한 상위 5% 가맹하고 싶은 프랜차이즈'를 기획하였으며, 데이터 기반의 지표를 바탕으로 매년 브랜드 순위를 제공하고 있음.
- 하지만 단순히 브랜드의 순위만으로는 예비 가맹점주에게 적합한 브랜드인지, 구체적으로 브랜드를 운영하기 위한 절차나 계약 조건 등에 대한 이해도는 매우 낮아 (주)맥세스컨설팅은 브랜드의 가맹계약서 및 정보공개서를 바탕으로 자문 컨설팅을 수행하고 있음.
- 또한 프랜차이즈를 운영하면서 발생하는 분쟁의 가장 큰 이유는 가맹을 하는 예비 가맹점주의 프랜차이즈 관련 지식이 부족하기 때문이며 제도적으로 예비 가맹점주가 창업을 하기 위해서 이해하고 숙지해야 할 사항에 대한 의무가 없기 때문임.
- 특히 현행법상 예비 가맹점주의 피해예방을 위해 14일간 계약내용을 검토하도록 숙고기간을 두고 있으나 프랜차이즈에 대한 지식이 부족한 상태에서 내용을 숙지

가맹점주 대상 정보공개서 인지 여부 조사

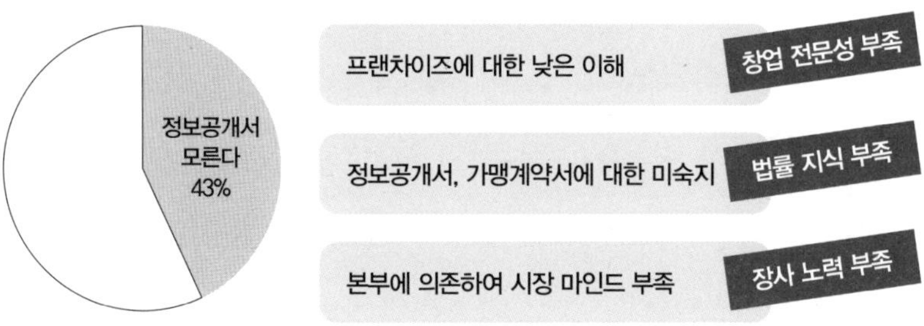

* 자료 : 서울시 가맹거래과(2020)

하기 어려울 뿐만 아니라 그저 기간에 불과한 채 브랜드를 파악하기보다는 어쩔 수 없이 기다리는 경우가 대다수임.

- 예를 들어 취업을 하거나 이직을 하는 경우만 하더라고 해당 기업의 기본 재무 정보나 조건 등을 따져가며 구체적으로 정보를 확인하지만, 평균 투자비 약 8천만 원에서 1억 원 가량이 투자되는 프랜차이즈 창업 시에는 무방비 상태에서 창업을 하는 경우가 비일비재함.
- 따라서 가맹계약 전 숙고기간 동안 계약에 대한 주요 내용과 프랜차이즈에 대한 이해도를 높이기 위한 교육이수가 필요하며 이를 통해 분쟁률을 낮추고 창업의 실패율을 낮출 수 있음
- 커리큘럼(6시간 과정) : 1) 프랜차이즈 시스템 이해, 2) 가맹본부의 의무, 3) 가맹점주의 의무, 4) 분쟁사례, 5) 실전 프랜차이즈 창업

가맹점 창업을 위한 **프랜차이즈 시스템 실무**

국내 최고 프랜차이즈 컨설팅 전문가가 쉽게 알려주는
프랜차이즈 본부 및 가맹점 성공 노하우

우리나라 가맹본부의 평균 지속 기간은 5.6년이고, 사업 기간이 5년 미만인 본부도 42.4%나 된다고 한다. 이는 국내 프랜차이즈 본사의 절반 정도가 설립된 지 얼마 되지 않았음을 뜻하며, 반대로 우후죽순처럼 생겨나 소리 소문 없이 사라지는 프랜차이즈 본사가 많다는 것을 의미한다. 더 심각한 것은 3년도 채 안 되어 실패하는 본사도 많다 보니 프랜차이즈 경험자들의 노하우를 들어도 속 시원하게 답을 얻을 수 없다는 것이다.

사업 초기부터 제대로 된 프랜차이즈 시스템을 구축하고 사업을 전개하여 본부 수익구조 극대화를 통한 우량 본사를 구축하기 위해서는 두 가지 방법이 있다. 첫 번째 방법은 프랜차이즈 본부의 론칭 경험자를 사업 담당자로 영입하는 것이고, 두 번째 방법은 본사 설립 시스템을 구축할 수 있는 어드바이저를 맞아들이는 것이다.

콘셉트 제안부터 매뉴얼 설계 및 구축 등 프랜차이즈 사업의 모든 것 수록!
콘셉트 제안부터 모델점 개점, 인력구축, 상품구성, 매뉴얼 설계 및 구축 등 프랜차이즈 사업의 모든 것을 수록하였다. 또 실전에서 적용한 프랜차이즈 시스템의 의의와 창업 프로세스 개념을 도표를 이용해 설명함으로써 가맹점 창업에 관심 있는 이들이라면 누구나 이해하기 쉽게 하였다.
특히 본부 시스템을 구축할 때 반드시 들어가야 할 다섯 가지 필수사항을 알려준다. 즉 첫째, 해당 회사 및 주변 환경을 분석해야 하고, 둘째, 입지, 개점물품, 상품 등 요소별 유닛을 표준화해야 하며 셋째, 프랜차이즈 밸류 체인에 맞는 본부의 체제를 구축하고, 넷째, 가맹계약서 등 툴류를 작성한 후 다섯째, 각종 매뉴얼을 만드는 것이라고 일목요연하게 설명하였다.

전략적으로 프랜차이즈 시스템을 구축해야 하는 이유를 명확하게 제시!
프랜차이즈 본부는 가맹점을 늘려 본부와 가맹점 모두 성장 · 확대해가는 것이 본래의 목적이다. 그런데 프랜차이즈 본부를 만들기 전에 가맹점 확대 전략 위주로 사업전개를 시도하는 프랜차이즈 본사들이 한결같이 '가맹점이 모이지 않는다'라고 한탄한다.
이 책에서는 프랜차이즈 본부로서의 기능이나 툴을 정비하는 것만이 아니라 현상 분석과 이념 비전의 명확화를 제대로 행하여 전략적으로 프랜차이즈 시스템을 구축해야 한다는 것을 명확하게 보여주고 있다.

중앙경제평론사 Joongang Economy Publishing Co.
중앙생활사 | 중앙에듀북스 Joongang Life Publishing Co./Joongang Edubooks Publishing Co.

중앙경제평론사는 오늘보다 나은 내일을 창조한다는 신념 아래 설립된 경제 · 경영서 전문 출판사로서
성공을 꿈꾸는 직장인, 경영인에게 전문지식과 자기계발의 지혜를 주는 책을 발간하고 있습니다.

프랜차이즈 창업이나 해볼까? 〈최신 개정판〉

초판 1쇄 발행 | 2016년 11월 5일
초판 3쇄 발행 | 2020년 7월 10일
개정초판 1쇄 인쇄 | 2022년 3월 17일
개정초판 1쇄 발행 | 2022년 3월 22일

지은이 | 서민교(MinGyo Seo)
펴낸이 | 최점옥(JeomOg Choi)
펴낸곳 | 중앙경제평론사(Joongang Economy Publishing Co.)

대 표 | 김용주
편 집 | 한옥수 · 백재운
디자인 | 박근영
인터넷 | 김회승

출력 | 한영문화사 종이 | 한솔PNS 인쇄 · 제본 | 한영문화사

잘못된 책은 구입한 서점에서 교환해드립니다.
가격은 표지 뒷면에 있습니다.

ISBN 978-89-6054-292-1(03320)

등록 | 1991년 4월 10일 제2-1153호
주소 | ㊦ 04590 서울시 중구 다산로20길 5(신당4동 340-128) 중앙빌딩
전화 | (02)2253-4463(代) 팩스 | (02)2253-7988
홈페이지 | www.japub.co.kr 블로그 | http://blog.naver.com/japub
페이스북 | https://www.facebook.com/japub.co.kr 이메일 | japub@naver.com
♣ 중앙경제평론사는 중앙생활사 · 중앙에듀북스와 자매회사입니다.